德勒茲的生命哲學

趙衛民 著

臺灣 學て書局 印行

夸父追日（序）

　　大學時跟隨趙滋蕃老師念文學理論，在聯合報副刊任職後，考入哲學研究所。

　　在我們念書的時候除了研究中國傳統哲學外，還有些研究當代西方哲學的氣氛；楊士毅學長研究懷海德，袁保新老師及博士班老同學楊慶亮研究海德格，我仍受趙滋蕃老師影響而研究尼采（並出版《尼采的生命哲學》）。楊慶亮當時就看出康德思想中反省的自我和行動的自我會造成自我的分裂，並認為海德格思想可以會通中國傳統哲學。我受困於海德格對尼采的四大冊批判，也在他的協助下研究海德格。後來我以胡塞爾及海德格的概念架構來研究老子。

　　不過現象學之外有些思想的浪潮：法蘭克福學派的批判理論、結構主義乃至於後結構主義等。1990 年以後，混沌的情況漸漸聚焦：法國哲學家福柯、德里達，然後利奧塔，最後德勒茲；當時看了他的《尼采和哲學》、《反伊底帕斯》英譯。這些時候，鄭樹森先生常不吝賜書。我以尼采、海德格、德里達及德勒茲的概念架構來研究莊子，也出了二本書。直到 2005 年見德勒茲《千高原》在文界勢不可擋，才專心研究。情急之下，也向

鄭樹森先生索書《卡夫卡》英譯；尤要感謝他對我研究的長期關懷。

　　讀完德勒茲英譯及一些評論後，已是 2016 年秋，自此開始動筆，此書大致於 2017 年 6 月竣工，拖一年多後又加了一章〈概念地圖〉以為〈引言〉，竟逾十三載半。消化當代西方哲學的艱難，才構成哲學創造事業的挑戰。尼采曾認為西方哲學需要有「跨歐洲之眼」，故取徑佛教哲學；海德格曾意圖與輔仁大學蕭師毅教授合譯《老子》；至於德勒茲與海德格的關係近似莊子與老子的關係。哲學研究要創造中國哲學的未來，也需要「跨亞洲之眼」。

　　橫亙在我的西方哲學著作《尼采的生命哲學》（1985 年）和這冊《德勒茲的生命哲學》（2019 年）之間的，是披星戴月的追索過程。這是中西哲學會通的時代，沒有出神忘我地吸收當代西方思潮，我們就無法創造中國哲學甚至文學理論的未來。

　　特別感謝學生書局顧問陳仕華教授慨允推薦、及陳蕙文主編等的優秀團隊，學弟楊宗翰教授在編輯事務上的協助。也感謝陳宣輔、王淑儀、甘家銘博士生、陳玉玲、董念華、洪崇德、王軍智等碩士幫忙打字校改，備極辛勞。

趙衛民

於淡江大學中國文學系

2019 年 7 月

吉爾・德勒茲（Gilles Deleuze）的英譯著作縮寫

ES   Empiricism and Subjectivity. An Essay on Hume's Theory of Human Nature, trans. Constantin V. Boundas, (New York: Columbia Univ., 1991).

NP   Nietzsche and Philosophy, trans. Hugh Tomlinson, (New York: Columbia Univ., 1983).

KCP   Kant's Critical Philosophy: The Doctrine of the Faculties, trans. Hugh Tomlinson and Barbara Habberjam, (Minnepolis: Minnesota Univ., 1990).

PS   Proust and Signs, trans. Richard Howard, (Minnepolis: Minnesota Univ., 1972).

B   Bergsonism, trans. Hugh Tomlinson and Barbara Habberjam, (New York: Zone, 1997).

MCC   Masochism: Coldness and Cruelty. trans. Jean Mcneil, (New York: Zone, 1991).

DR   Difference and Repetition, trans. Paul Patton, (New York: Columbia Univ., 1994).

EP   Expressionism in Philosophy: Spinoza, trans. Martin Joughin, (New York: Zone, 1990).

LS   The Logic of Sense, trans. Mark Lester and Charles Stivale,

(London: Continuum, 1990).

SP   Spinoza: Practical Philosophy, trans. Robert Hurley, (San Francisco: City light, 1988).

AO   Anti-Oedipus: Capitalism and Schizophrenia, trans. Robert Hurley, Mark Seem, and Helen R. Lane, (Minneapolis: Minnesota Univ., 1983). **(與加塔利合著)**

K   Kafka: Toward a Minor Literature, trans. Dana Polan, (Minneapolis: Minnesota Univ., 1986). **(與加塔利合著)**

TP   A Thousand Plateaus: Capitalism and Schizophrenia, trans. Brian Massumi, (London: Continuum, 2004). **(與加塔利合著)**

FB   Francis Bacon: The Logic of Sensation, trans. Daniel W. Smith, (London: Bloomsbury, 2013).

C1   Cinema 1: The Movement-Image, trans. Hugh Tomlinson and Barbara Habberjam, (London: Continuum, 2005).

C2   Cinema 2: The Time-Image, trans. Hugh Tomlinson and Robert Galeta, (London: Continuum, 2005).

F   Foucault 1986, trans. Seán Hand, (Minnepolis: Minnesoda Univ., 1988).

FLB   The Fold: Leibniz and the Baroque, trans. Tom Conley, (Minnepolis: Minnesoda Univ., 1993).

WP   What Is Philosophy? trans. Hugh Tomlinson and Graham Burchell, (New York: Columbia Univ., 1994). **(與加塔利合**

著)

CC　Essays Critical and Clinical, trans. Daniel W. Smith and Michael A. Greco (Minneapolis: Minnesota Univ., 1997).

N　Negotiations, 1972-90, trans. Martin Joughin, (New York: Columbia Univ., 1995).

D　Dialogues (with Claire Parnet), trans. Hugh Tomlinson and Barbara Habberjam, (London: Continuum, 2006).

DI　Desert Islands: and Other text, 1953-1974, trans. Michael Taormina, (New York: Columbia Univ., 2004).

RM　Two Regimes of Madness: Texts and Interviews, 1975-1995, trans. Ames Hodges and Mike Taormina, (New York: Columbia Univ., 2007).

PI　Pure Immanence: Essays on a Life, ed. John Rajchman, trans. Anne Boyman, (New York: Zone, 2001).

德勒茲的生命哲學

目　次

導論　概念地圖

德勒茲（Gilles Deleuze, 1925-1995）在二十世紀下半葉逐漸在思想界取得舉足輕重的地位，首先是因《尼采和哲學》（1962年）一書的出版，獲得福柯（Michel Foucault, 1926-1984）的賞識，並結為好友。福柯在 1961 年已因《瘋癲與文明——理性時代的瘋癲與譫妄》的出版，獲得博士學位，聲譽鵲起。而德勒茲與利奧塔（Jean-François Lyotard, 1924-1998）這位以《後現代狀況》聞名的思想家本就是好友。

福柯說：「閱讀海德格爾決定了我全部哲學的發展道路，但是我認為尼采要超過他。我對海德格爾並不精通：我幾乎不了解《存在與時間》以及最近出版的著作。我對尼采的了解當然比我對海德格爾的了解要深。……我是個尼采主義者。」[1]福柯對德勒茲當然是惺惺相惜。後五年，德勒茲以每年出版一本書的速度進行。1967 年，德里達（Jacques Derrida, 1930-2004）這位自稱：

---

[1]　亨利・萊維等《權力的眼睛——福柯訪談錄》，嚴鋒譯（上海：上海人民，1997），頁 116-117。

「先前有好運在福柯堂下研究。」[2]的思想家一連推出《書寫與差異》、《言說與現象》、《論寫作學》,把德勒茲和德里達稱為「差異哲學家」不會有錯。法國 1968 年的學生運動,是一場革命。德勒茲此時推出了前期最重要的著作《差異和重複》,既是博士論文,連其副論文有關斯賓諾莎的,也是冊磚頭書。合《差異和重複》與 1969 年出版的《意義的邏輯》,福柯不禁讚道:「莫非這是德勒茲的世紀。」可說德勒茲已入大哲學家之列。

德勒茲與加塔利(Pierre-Félix Guattari, 1930-1992)這位哲學家與精神分析家的合作,無疑把兩人的思想推向難以企及的方向。德勒茲曾在拉康(Jacques Lacan, 1901-1981)講座下學習,加塔利更是受到拉康研修班的培訓;加塔利無疑受到《重複和差異》的吸引。其實 1967 年德勒茲推出《冷淡和殘酷》,就是酒神版的精神分析。德勒茲「發現精神分析很滑稽,是一個悲傷的事業」,而加塔利有「欲望機器」的概念,有「無意識即是一個機器,精神分裂無意識的一整套理論和實踐的概念。……但他仍用結構、能指、陽具等等的術語來談。」(N, 13)在七十年代兩人合作的《反伊底帕斯》和《千高原》,使他們蜚聲國際,甚至在九十年代合作的《何謂哲學》也成為當年度的法國暢銷書。自《千高原》開始,德勒茲認為是「世界之書」,幾乎涉及所有

2　Jacques Derrida, "Writing and Difference." trans. Alan Bass, (Chicago: Chicago Univ., 1978), p.31.

的學科，或大地上「重要的」事件。

　　德勒茲（和加塔利在《反伊底帕斯》、《千高原》所創造的一些概念，如欲望機器、解除領域化和再領域化（D, 100）等）很生動地表現了世界變化的「強度」歷史，融會了三個懷疑大師：尼采的系譜學、佛洛伊德的精神分析和馬克思的政治經濟學。例如「欲望：除了教士，誰想把它稱為『缺乏』？尼采稱它為『權力意志』。」（D, 133）。以尼采的「權力意志」強化了佛洛伊德的無意識領域。「一個馬克思主義能很快被認識到，當他說一個社會與自己矛盾，是被其矛盾和尤其是階級矛盾所定義。我們寧可說，在社會中一切逃逸和社會是由影響各種群體的逃逸線所定義。」（D, 101）又以所創造的「逃逸線」概念批判了馬克思的「階級矛盾」。

　　德勒茲在 1980 年代除了研究哲學家的專門著作之外，更受矚目的是兩冊電影及一冊畫論。觸角之廣，令人歎為觀止。在1990 年代，他也推出論文學的專著。

　　德勒茲自認是「哲學的門徒」，他「研究概念」，研究哲學家的專門著作計有七位：休姆、尼采、康德、柏格森、斯賓諾莎、福柯、萊布尼茲。研究概念後，始能「創造概念」，這是面對哲學史的態度。本書的展開，即是追蹤這張概念的地圖。大致沿著出版的先後，研究概念的進展。

　　〈記憶與意志〉一章是研究德勒茲關於休姆、康德、尼采的專書。他認為休姆確定了經驗主義的原則，經驗主義基本上是多元論。休姆的貢獻就在於：「所與者（the given）不再給予一主

體，而是主體在所與中構成自己。」（ES, 87）那麼說主體、或對象均不恰當，這裡主體和對象構成了關係；「關係是外在於它們的項」（D, 41），這裡確立了關係邏輯。連詞「和」推翻了動詞「是」的內部世界，關係「在世界中」。故而觀念不過是印象的再現，在突破在習慣中的既定印象和觀念，「和」字可以是一種新創造。如果休姆認為每一知覺是一實體，每一不同的知覺有差異，柏格森（Henri Bergson, 1859-1961）的差異卻是記憶帶來的。

柏格森把一切歸入物質和綿延（duration）的區分，但綿延顯示了差異的本性，即是自我與自我的差異。柏格森的論題：「虛擬（virtual）是純粹的回憶，和純粹的回憶（recollection）是虛擬。」（DI, 44）但純粹回憶封存於過去，常是記憶（memory）記不到的。記憶記不到，就無法帶入未來，由意志帶入未來。虛擬正是意志的功能。至於小說家普魯斯特的《追憶逝水年華》主要說明人生的過程是學習符號，只有藝術能發現符號的意義。我們感性的受苦主要是符號的暴力，只有事後的理智被迫去尋求它的意義，才能獲得失去的時間。非自願記憶喚醒的是「無意識」的記憶。只有這無意識的記憶才能帶回重現的時間。遺忘的過去並沒有過去，始終與現在一起；那就是過去的存有本身。

至於尼采的權力意志哲學，德勒茲對事物被力量占用的情況感到興趣，一切事物都是力量，一切現象都是符號或癥候。一個符號也就是一個朕兆，是力量占用、利用或所表現的形態。這是符合尼采《道德系譜學》所論：「一個事物、一個器官、一個風

俗的整個歷史，能在這方式下變成常新的詮釋和適應的連續符號
－鍊。」[3]事物、器官和風俗都等於符號－鍊，可以追蹤力量占
用、利用或所表現的形態。這也是福柯在法國首先開闢的道路。
德勒茲更由此推明權力和意志的關係：主人創造價值，奴隸依附
價值。意志將創造特殊的力量與力量的關係。永恆回歸最後把力
量放在瞬間，單一的瞬間同時是現在與過去，同時是現在與未
來，時間的線性觀成為現在、過去與未來的共存。過去重現，而
未來閃爍，這成為我們在機會上的倫理力量；意願什麼，把生命
的力量交付實踐的選擇，也就要意願重複同樣的活動一千次。成
為「愛命運」的公式！

　　〈暴力與神聖〉一章仍是德勒茲對哲學家和小說家的研究。
首先是康德，在批判康德上，德勒茲不會沒有尼采的鐵鎚。人與
事物的關係，從來不是事物本身的真實知識。德勒茲認為康德的
批判哲學仍是關係哲學，《純粹理性批判》是理性各機能之間的
關係。例如要獲得知識，想像的綜合必須服從理解的範疇，一切
現象的形式必須服從範疇的法則。但我們確實不知特殊現象的內
容所服從的法則。而在《實踐理性批判》中，理性實踐地決定了
因果性的超自然客體，能夠以類比決定一自然。德勒茲認為《判
斷力批判》是前兩個批判的基礎，想像「在反省對象的形式中，
展示了最深的自由，它是在形象的沉思中遊戲。」（KCP, 49）

---

[3]　Friedrich Nietzsche, "On the Genealogy of Morals." trans. Walter Kaufmann
　　and R. J. Hollingdale, (New York: Random House, 1967), p.77.

但崇高使理性的要求與想像經歷到矛盾；當一致出現時，痛苦使愉悅可能。這是面對（自然的）暴力，自己伸展到力量的極至。後來 1978 年此書的英文版（序），用尼采來改寫康德，成為康德的變調——《純粹理性批判》用「時間脫節了」和「我是他人」來改寫，《實踐理性批判》改為「善是法律所說的」，《判斷力批判》則是「一切意義都失序了」；康德成為未來哲學和藝術的序曲。

　　《受虐狂：冷淡和殘酷》是研究精神分析之作，挑戰了佛洛伊德和拉康。虐待狂以小說家薩德之名命名，小說中雌雄同體的創造是亂倫的父女同盟的產物，女人模仿男人而取悅男人。但從虐待狂的父女關係到受虐狂的母子關係；是一套無意識的戲劇，步步逃離了伊底帕斯情結，後者（母子關係）更是「歷史實在」。如果說虐待狂是伊底帕斯情結的女人版，受虐狂更是改寫了伊底帕斯情結的母親版。佛洛伊德在性器前期的口欲期和肛門期，他認為：「前述的性體系可以持續至終生，不斷地支使著大部分的性活動。虐待症的風行以及肛門區作用的類似泄殖腔，皆顯示其的確為遠古印象的殘跡。」[4]在母親版重建「遠古印象」下，口欲期及肛門期有一倒轉，是從子宮的和排泄腔的母親到口腔的母親，這是從原始的、妓女的母親到養育的母親。陽具期已被肛門期同化，消失了。甚至德勒茲建立了酒神版的精神分析，

4　佛洛伊德《性學三論　愛情心理學》，林克明譯（台北：志文，1981），頁82。

原始的野蠻女性「她穿著皮衣，她揮舞著鞭子，她待男人如奴隸。」（MCC, 47）狄奧尼索斯野蠻女人轉化為古希臘高級妓女或阿佛洛狄忒女神，她為瞬間而活，她是肉慾的，她也是雌雄同體，但她的性別同等是贏得勝利。至於再生的母親在口腔期上，是嬰兒藉由口腔吸飲奶水，確定了母子關係。

　　《哲學中的表現主義：斯賓諾莎》是磚頭書，哲學博士的副論文；通過尼采之眼，甚至永恆回歸學說來閱讀斯賓諾莎。[5]斯賓諾莎的泛神論表現出上帝與自然的關係。上帝的表現，無非是自己構成能產的自然，且在表現他自己前生產出所產的自然。上帝的無限，表現在自然的無限屬性，上帝也內在於一切表現他的，表現就是展開，一在多中，多在一中。上帝是一無限實體，「一在多中顯明自己（實體在屬性中顯明自己，和這些屬性在它們的模式中顯明自己）。它多樣的表現，涉及統一。」（EP, 16）模式的本質是力量，實體的本質是無限的力量，我的有限力量只是這無限力量的一部分，故模式放在萬物分殊的樣態上說。而模式的本質是以特異性來區分，而特異性是存有的差異。「存有（模式的本質）的差異立刻是內在的和純粹的量的。」（EP, 197）這是說特異性是內在的量，只以強度來衡量。

　　有限的模式得由強度量來表現，德勒茲也重視斯賓諾莎的自然傾向（conatus）觀念。「自然傾向的確是模式的本質（或力

5　Adrian Parr ed., "The Deleuze Dictionary." (New York: Columbia Univ., 2005), p.261.

量）的程度……」（EP, 230）開始存在就要進入活動，模式開始表現，模式以強度量為特性，與其他模式發生關係。把自然傾向放到存在的生活情境中，每一瞬間都經歷到感情，這也是模式的力量。不過斯賓諾莎也將感情分為主動和被動，尼采亦然，主動就將表現為適當的觀念。

《斯賓諾莎的實踐哲學》發表在 1970 年，善與惡的問題直接被好與壞取代。例如《舊約》中亞當吃禁果的神話中，水果有毒就決定亞當身體的部分，對水果的觀念就決定亞當心靈的部分。好的關係增加力量，壞的關係減少力量。

〈差異和瘋狂〉一章研究德勒茲博士學位主論文《差異和重複》，是可以和海德格《存有與時間》分庭抗禮的哲學傑作。

德勒茲傾向經驗主義的主觀式進路既已成熟，故而要與海德格的客觀式進路有所區隔。同樣是存有論，他也大致肯定海德格跟隨鄧斯·司各脫（Duns Scotus）給與存有的單義性嶄新的光彩。海德格著名的「存有論差異」是存有和存有物之間的差異，西方傳統形上學的歷史是存有被遺忘的歷史，以追問存有物的方式來追問存有，不是恰當的進路。故而其名著《存有與時間》是以存有在人之中的涉及，就人是會提問的存有物開始說起；就「為何總有事物而不是空無」步步追問，追問的則是存有。至於德勒茲則是追隨尼采、柏格森的生命哲學的具體性，他仍是存有的單義性，但從人的存有直接說起。這如在中國好有一比，海德格以存有為主正如老子以道為主，而德勒茲以人的存有為主正如莊子以德為主。並非海德格不重人的存有（此有，Dasein），或

老子不重德，這只是概括而談；但不礙德勒茲和莊子在生命哲學的具體性上顯其精采、變幻。

在外在經驗的重複中，有內在的重複；重複到不可取代的，即個體的差異。那是特異性，生命祕密震動的回音。這種重複把法律放入疑問，指責名義的或一般的特性。

尼采在自然本身發現重複，一個意志意願自己通過所有變化，在永恆回歸中，遺忘成為未來的思想，遺忘成為積極的力量。疊歌是動物的歌聲，重複不斷地唱著，是力量通過重複而成為韻律感。力量表現為直接的符號，符號包括旋轉、迴旋、吸引、舞蹈和跳躍，都是運動。力量直接成為符號，而非需要中介的抽象概念。

由萬物的差異說到存有，德勒茲說到「游牧的」，沒有財產、圍牆或丈量，是開放空間的分配。

對時間有三重綜合。第一綜合：現在的重複。基於習慣，生活的現在因需要而有緊迫性，是被動的自我。但這是名義的主體，還不成熟的主體，幼蟲的主體。第二綜合：過去的重複。「記憶為時間奠基」（DR, 79），過去造成現在消逝，過去是時間的根據，因為現在不消逝則無法成為過去。記憶雖是主動的綜合，但非自願記憶（involuntary memory）卻是被動綜合，它常是愛欲，我們如何拯救無法記憶的過去？這需要第三綜合：未來的重複。這首先開始於詩人韓波的名言：「我是他人。」康德在「我思」與「我在」之間考慮到的時間關係，思考的我與行動的我之間的破裂，行動的自我就像在思考的我之中的他人。悲劇的

本質和冒險，只有在瘋狂的時間中，第三個重複：那未來即永恆回歸的重複，「英雄變得『能夠』行動。」（DR, 89）

　　而在無意識綜合中，第一綜合把心理能量投資、聯繫、束縛在身體的部分。第二綜合是：愛欲－記憶。過去的虛擬對象和現在的真實對象的合作，虛擬對象卻是在真實對象中缺少的局部對像。他以此評斷梅蘭妮・克萊因的偶像對象和拉康的對象小 a。且純粹的過去，不可記憶的過去在精神分析家之手畢竟被性愛化了，拉康「象徵的陽具」「代表一個從未呈現的過去：對象＝x。」（DR, 103）第三綜合在精神分析上是死亡本能。原欲逆流到超我，成為自戀自我沒有記憶，死亡本能去性欲化而沒有愛。

　　在《意義的邏輯》中，談到佛洛伊德強調精神分裂的抓住表面和皮膚的傾向，好像它們被無限多的小孔刺穿。身體是表面，裂開了洞穴，身體就呈現了深度，裂縫的深度。內在的痛苦，在皮膚裂縫表面下的痛苦，因此摧毀慣性表意的字詞，力量在字詞中出現，服從的慣性轉為征服的行動，轉為命令。

　　精神分裂的二元性有熱情－字詞和行動－字詞。「與身體的二元性相關聯，斷片化身體和無器官身體。」（LS, 103）一個是受傷的語音價值，一個是不能表述的音調價值。兩者本質上為主動，遠離表面的固定意義。但在無意義上，熱情－字詞是被動的，分解到語音要素，是恐怖和熱情劇場；行動－字詞是主動的，形成音調要素，是殘酷劇場。不論是局部的混合或完全的混合改變了身體，都是氣體的混合或液體的混合。主動混合的祕密在於「海洋原則」（LS, 101），最大最深的洞穴是海洋。

　　至於擬象（simulacra），酒神狄奧尼索斯是以擬象為機制，無論相同與相似，模型和複製是來自於擬象的「升至表面」（LS, 300），所以擬象是來自混沌的力量，或者說來自海洋。上升至表面，相同與相似，模型與複製就朝向相反的方向，錯誤的力量。柏拉圖原始的模型陷入「無底的深淵」（LS, 121），模型與複製的區分就打破了。

　　〈反伊底帕斯〉一章分析《反－伊底帕斯》及小說家《卡夫卡》，均與加塔利合著。反－伊底帕斯就是反－精神分析，在精神分析核心的是伊底帕斯情結，把我們的欲望生產唯心主義化了。「伊底帕斯情結基本上是壓制欲望機器的裝置，不可能是無意識的形構。」（N, 17）

　　當德勒茲說欲望機器是服從二元性法則時，是因為欲望受制於機器「和」機器的聯結。流－生產的機器與另一流－生產的機器聯結，打斷了起先的流而接續了新的流向，如胸－嘴。因此「欲望－機器使我們成為有機體」（AO, 8）欲望－機器也是我們的器官－機器，成為特定的透視點、能量流，其實只是暫時的流變；有時卻取得專橫的權力欲，以其透視和能量流來解釋一切。

　　精神分裂分析也像精神分析一樣，可以有三重綜合。在第一重綜合中是連結綜合，欲望－機器是現在，現在在一種錯誤意識裡。精神分裂的妄想症已突破精神分析的家庭領域，由此產生的是偏執狂機器。在第二重綜合中是帶有創傷的過去，一種反生產的分離綜合，至於無器官身體則拒絕欲望－機器。完全身體形成

了一個表面，記錄了一切生產，力量和代理在這表面上再現自己的力量，是奇蹟性機器。「正如力比多做為生產能量被轉化到記錄能量（神聖力量（Numen）），這記錄能量的一部分被轉化到完善能量（淫欲力（Voluptas））。是這殘餘的能量在無意識的第三綜合之後成為動機力：聯繫綜合……消費的生產。」（AO，16-17）在第三綜合產生的是游牧的主體，以強度的方式再生生命，由欲望直接生產實在，主要是革命家、藝術家、先知。欲望－機器造成偏執狂機器，它壓制；無器官身體是奇蹟性機器，它吸引；至於第三綜合的獨身機器，是「被壓制者的回歸」，自然＝生產的新公式。

　　《卡夫卡》處理的是卡夫卡的動物，變形的問題。卡夫卡的動物，主要是人向動物變形的過程，因為有「惡魔力量」的壓制，這壓制是非人性的，人之中的小孩要建立逃逸線，逃離這種壓制，作家的變成－小孩與變成－動物是一體的。「變形是隱喻的反面。」（K, 22）另外，由來自鄉下的猶太人，卡夫卡的本土語是捷克語，被壓抑或被遺忘；他著迷的意第緒語是「解領域化的游牧運動而對德語加工」（K, 56），故少數文學是政治的。

　　〈千高原〉一章分析《千高原》，亦與加塔利合著。尼采斷片式的表現，書仍是混沌－世界的意象，還不是混沌宇宙的多樣性。根莖的書主要是連接和異質的原則，多樣性和斷裂的原則。此書力圖在所有學科產生強度效應。可說是《反伊底帕斯》再進一步的廣度化或戲劇化。

　　根莖與「層」相反。大地原是能量－流，不成形的、不穩定的物質，游牧的特異性，瘋狂的或短暫的粒子。「層是捕獲的行動，它們像『黑洞』，或吸收，它們在大地上符碼化和領域化。」（TP, 45）層化效應，給予物質以形式，封鎖特異性於共振和累贅的系統，生產出大或小的分子，並組織其為克分子的聚合（TP, 45）。

　　能否在生物中建立分子知覺？哪怕只是在環境中認出一、兩種化學物？德國生物學家馮・于克斯庫爾說明扁蝨難以忘懷地與世界結合。能量的強度即因為環境的束縛、限制，行動的和知覺的特性已結合環境，兩個層。

　　佛洛伊德將群集誤為單一個人，但狼人絕非相信自己是一隻狼，而是感覺自己變成為狼，狼群中的一隻。但只是分子動物，而不是真的變成狼，克分子動物。榮格的動物常成為神話、傳說中的基型，作為無意識的象徵。但在分子知覺的變化核心中，首先是變成－女人，變成－女人才知道如何去愛，然後是變成－兒童。臉是非常特殊的機制，白牆／黑洞系統。意義把符號刻在白牆上，是一個符號系統，是層；主體把意識和激情放在黑洞中，也是層。臉的非常特殊的機制置定在其交叉處，它犧牲了身體的系統，臉的超符碼化。

　　〈影像的折疊〉一章分析德勒茲在 1980 年至 1990 年間獨自研究繪畫、電影，以及兩位哲學家福柯及萊布尼茲。

　　面對培根的畫作，不要形象成為核心，成為了打破再現的代表，自然也就中斷敘事、逃避圖示。培根有興趣的是人與動物之

間不可辨明或不可決定的地帶，人變成動物，動物也變成人的精神。肉是人和野獸共同的地帶，「受苦的人是野獸，受苦的野獸是人。」（FB, 31）受傷的肉體有痙攣的痛苦和脆弱。藝術的感覺要直接觸及生命力，力量成為韻律，投資在不同的感覺領域就成為不同的藝術。

電影不再是固定鏡頭的拍攝，而是可以變動，解放了觀點；還有剪輯，造成蒙太奇的視像。在現代，理想的綜合使運動成為形式的辯證，如同停頓的和特權的瞬間。雖然這也只是由庸俗的瞬間推向頂點和高潮。這樣的運動仍不是時間的真實展開。綿延是整體，整體是綿延，這才是時間的真實運動。德勒茲把運動－影像和時間－影像分屬戰前和戰後的電影。

事物就是影像，知覺在事物中，事物不離影像的行動與反應。在運動－影像上的三個變體是知覺－影像、動作－影像、感情－影像。知覺－影像是主觀透視，單一中心的主觀知覺。動作－影像是主觀的知覺仍知覺到空間中許多影像的彼此衝擊、互動，動作卻要經過虛擬的動作，在生命中採取的行動。感情－影像是尚未釐清知覺的對象和應採取的行動，此時與對象的一致是直面混沌狀態，並從內部經驗自己。

戰後時期在視像中的尋求，電影中的角色變成觀眾，他無法參與行動。「時間的直接影像能被視為德勒茲對感受維度的定義和主體性的拓樸學。」[6]時間－影像是純視－聽情境，無論是維

6　Felicity Colman, "Deleuze and Cinema." (Oxford: Berg., 2011), p.134.

斯康堤將動作漂浮在情境中的夢幻美學，安東尼奧尼將界限－情境推向非人性化風景的、空的空間，費里尼將日常生活構成奇觀等等，構成對隱喻的批判。

　　水晶－影像是加塔利提出，德勒茲解釋說：情感是間斷的內部，故回憶－影像填充間斷來引發情感；引發情感是引發與時間的關係，首先是回到過去。引回到過去，不是心理上因果的過去，是在命運裡超線性的過去。命運來自時間的深度，是真正的過去，就可以說是時間之謎。虛擬影像是過去，不可追憶的過去、純粹的過去。虛擬影像和實際影像共存，不可辨明處是水晶－影像。

　　《福柯》探討的是福柯的權力－存有。權力－存有是力量之間的關係，不穩定、消失的，在微觀物理學的層次；進入了鉅觀的整體，就進入知識－存有的層化，陳述和可見性的戰役。力量不是單個的成為主體，也不是以其他力量為對象；暴力有主體和對象，只是力量的伴隨結果。在這點上，德勒茲認為福柯走得比尼采遠。

　　至於討論萊布尼茲，書名《折疊》，萊布尼茲流動的物質是多孔的洞穴，洞穴間是蒸氣的流動，去圍繞和刺穿宇宙。粒子間必是集結或聚合，不是點；在集結或聚合時轉入折疊，形成有彈性的壓縮力。大自然中，地、水、火、風都有折疊的力量，形成自然的元素。至於靈魂，是主詞在述詞中，而非述詞在主詞中；重要的是關係和事件，故單子已然開放到世界中，單子無需有窗。

〈概念和感受〉一章主要是分析《何謂哲學》和《批評與臨床》二書，後者也可以算是「何謂文學」。

德勒茲認為哲學要創造概念。「新概念必然關聯到我們的問題，我們的歷史，我們的變化。」（WP, 27）這也就是尼采「一切價值的重估」的問題，以「權力意志」估量舊概念。

概念和內在性平面相互作用。內在性要生發出超越性而不是被超越性控制或框限。「生命的可能性只有內在的判準，生命的可能性是經由自己重估。」（WP, 74）

德勒茲更認為地理環境的特殊重要性：「思想發生在領域和大地的關係中。」（WP, 85）在此義上，哲學是地理哲學。領域是封閉的領域，大地是開放的大地；大地是流動的大地，有解域的運動，故超過領域。德勒茲區分的是「國家的帝國空間和城邦的政治空間。」（WP, 86）帝國是垂直的超越性，城邦是水平的內在性，希臘是內在性，中國、印度、猶太、伊斯蘭都是垂直的、天國的、帝國的統一，超絕的要素，各自透過六線形（《易經》）、曼陀羅、生命之樹、意象符（imaginals），和基督教聖像都用形象填滿在內在性平面上，這都是壓制性的思想。但希臘哲學只有意見的交換而有辯證，沒有達到（哲學的）概念。概念在另一方面只有在地平線上的鄰近和聯結，所謂橫向的；德勒茲以此地理哲學反對海德格仍是歷史的。

《批評與臨床》是德勒茲最後一部文集，也輻射面依然廣泛地「專論」文學與生命的問題。句法的創造就是風格，要打破母語的熟悉性，創造陌生的語言。結合每一陌生的語言也成為精神

分裂症患者對抗母語的方法。甚至生命是回歸到原子式的冒險，放棄機體的組織。深度、表面和體積或滾動的表面，一切失去了穩定的中心；而在於無意義的多樣性，宇宙的恐怖和榮耀。例如沒有劍的劍的閃光；沒有貓的貓的微笑。「感受的名單或星座，一個強度的地圖，是一個變化。」（CC, 64）感受是強度的感受，造成變化。「必須由感知來取代概念，即一種在變化中的知覺。」（CC, 87-88）要感知變化，感知多樣性。

〈九十年代哲學家的回響〉一章簡論阿甘本、巴迪歐、齊澤克、朗西埃對德勒茲的討論。

第一章　記憶與意志

　　在德貢布《當代法國哲學》的導言中，有一段著名的話可以說明法國學界的狀況：「在法國哲學的最近演化中，我們可以追踪自 1945 年以後以三個 H 聞名的一代，變遷到 1960 年以後以三個『懷疑大師』而聞名的一代：三個 H 是黑格爾（Hegel）、胡塞爾（Husserl）、海德格（Heidegger），和三個懷疑大師是馬克思、尼采、佛洛伊德。」[1]德勒茲（Gilles Deleuze, 1925-1995）、福柯（Michel Foucault, 1926-1984）、德里達（Jacques Derrida, 1930-2004）、利奧塔（Jean-François Lyotard, 1925-1998）等哲學界明星全都是 1960 年以後的一代。

　　事實上，1960 年以後在德勒茲也是一條清楚的分界線。他的第一本書《經驗主義和主體性》出版於 1953 年（28 歲），是研究休姆人類天性的理論。但德勒茲曾敘述自己的學習過程。「集中在這歷史中挑戰理性論與傳統的作者。（而且我在盧克萊修、休姆、斯賓諾莎和尼采之間看到秘密的聯繫，由他們對否定

---

[1]　Vincent Descombes, "Modern French Philosophy." (Great Britain: Cambridge Univ., 1980), p.3.

性的批判，對歡愉的教養，對內在性的憎恨，力量與關係的外在化，指責權力……等等）。」（N, 6）但在對待這些哲學家時，「我看我自己是從背後對待一位作者，給他一個是他自己的子嗣的孩子，但是畸形。」（N, 6）但尼采卻不同，「他給你一個相反的趣味──當然，既非馬克思也非佛洛伊德能給予任何人的──專以你自己的方式，以感受強度、經驗、實驗說出簡單的事……把自己開放到任何地方都在它們之內的多樣性，開放到通流過它們的強度。」（N, 6）這簡單的自述就可以看出，1962 年出版的《尼采和哲學》（37 歲）這部里程碑的著作在他哲學生涯中所代表的意義。當年也結識福柯。

不惟如此，海德格在 1936 年開始關於尼采的講座，用近十年時間鄭重討論尼采權力意志、永恆回歸、藝術、虛無主義幾個重大哲學主題，視之為傳統形上學最後一位哲學家，在 1950 年出版計四大卷，1961 年英譯。先是福柯在《瘋癲與文明》中的系譜學運用，德勒茲的《尼采和哲學》（1962 年）倒成了後海德格的尼采詮釋了。至 1969 年老作家柯羅索夫斯基（Pierre Klossowski, 1905-2001）出版《尼采與惡性循環》扉頁題「給德勒茲」，這三種書引發法國「新尼采學」的浪潮，1977 年在艾力森（David B. Allison）編的《新尼采》之後達到高峰，哈伯瑪斯（Jürgen Habermas, 1929-）下結論說：「尼采對現代性的批判沿著兩條路被繼承著。懷疑論者尼采……的繼承者是巴塔耶（Georges Bataille, 1897-1962）、拉康（Jacques Lacan, 1901-1981）、福柯；作為對形上學最早的批評者尼采……這方面的繼

承者是海德格和德里達。」[2]這裡沒有標記德勒茲的顯著位置。希瑞夫特（Alan D. Schrift）的《尼采的法國遺產》中追溯後結構主義的系譜學，共討論了四位：德里達、福柯、德勒茲和西蘇（Hélène Cixous, 1937-2012），最後一位是女性主義健將。至於利奧塔，他是為轉離尼采而轉到康德和列維納斯（Lévinas）。但是利奧塔出版於 1974 年的《力比多經濟》（"Libido Economy"）仍被視為在 1970 年代轉向尼采的基本動力。[3]

無論如何，自《尼采和哲學》出版後，1963 年出版《康德的批判哲學》，1964 年出版《普魯斯特與符號》，1965 年出版《尼采》，1966 年出版《柏格森主義》，1967 年出版《受虐狂：冷淡與殘酷》，1968 年出版《差異和重複》（博士論文）、《哲學中的表現主義：斯賓諾莎》（副論文），1969 年出版《意義的邏輯》，1970 年出版《斯賓諾莎的實踐哲學》。福柯以書評〈哲學劇場〉高度讚揚《差異和重複》和《意義的邏輯》，他曾說：「也許有一天這世紀會被認為是德勒茲的世紀。」（N, 8）與精神分析學家加塔利（Félix Guattari, 1930-1992）的合作，無異又把哲學生涯推向另一高峰：1972 年合作出版《反伊底帕斯》，成為當年度法國最佳暢銷書。1975 年合作出版《卡夫卡》，1980 年合作出版《千高原》，1991 年合作出版

---

2 汪民安、陳永國編《尼采的幽靈》（北京：社會科學文獻，2001），頁 287。

3 Alan D. Schrift, "Nietzsche's French Legacy." (New York: Routledge, 1995), p.105.

《何謂哲學》，又成為 1991 年度暢銷書。而他自己在 1981 年出版關於弗蘭西斯‧培根的《感覺的邏輯》，1983 年《電影 I》，1985 年《電影 II》，1986 年《福柯》，1988 年出版《折疊——萊布尼茲和巴洛克》，1993 年出版《批評與臨床》，是最後關於文學的作品。這二十幾年由創造力的爆發，到靠人工呼吸器呼吸，以至於 1995 年以跳樓自殺，結束了這場大爆發。

　　柯羅索夫斯基的《尼采與惡性循環》是獻給德勒茲（1925-1995）的書。他在開篇〈挑戰文化〉中引用尼采的話：「我們認為必要生活在完全『反哲學的』態度，依據現今所接受的觀念——而且當然不是作為在價值上有羞愧的人——為了從生活體驗來判斷大問題。帶有最大經驗的人，把它濃縮到一般的結論：他難道不是最有力量的人？——長期以來，我們將智者混淆於科學家，甚至更長的時間是混淆於宗教上被讚揚的人。」[4]尼采的這段話也可以用來說明德勒茲，從生活體驗來判斷哲學問題，這是德勒茲經驗主義的態度。「最大經驗」是無窮盡的生活體驗，外部事物的試探與危險，將自己的有限經驗擴充到最大，那就是不斷地橫向聯結。最大的經驗而能以最少的語言表達出來，足以對抗科學錯誤的系統與宗教錯誤的信仰。

　　某些程度上，可以說德勒茲＝尼采，但這又是太簡單的結論。德勒茲在哲學之路上，有自己追踪的路線。尋索這條路線留

---

[4]　Pierre Klossowski, "Nietzsche and the Vicious Circle." (Chicago: Chicago Univ., 1997), pp.1-2.

下的踪跡，也足以了解德勒茲如何擴充自己有限的經驗，在生活體驗上如何既有力量，又有智慧。我們運用柯羅索夫斯基的引言作定影劑，並不干擾德勒茲的尋索，以及他的畫出路線。

第一節　習　慣

經驗是一場流變，在時間中展開，無時而不變，無時而不移。經驗本身是橫向思維，是廣度量。經驗在我們生命的畫幅中展開，從感覺開始，最後導入了心靈的構成。在重複的生活經驗中，我們可能固定了經驗的模式，就使生命呈現僵化，只有在細微感覺的差異中，逐漸鬆動經驗的模式才使生命豐富而成長。

人經驗到一個事物，在主客體的兩端，確實可有主觀的入路與客觀的入路。在主觀的入路上就把所經驗到的，做為所與（the given）。休姆是在這條路上，甚至當德勒茲說：「事物和事物的知覺是相同的事物，相同的影像。」（DR, 63）是與休姆在同一條路上。至於客觀的入路，就可以問「為何有某物，而不是個無？」這是海德格（Martin Heidegger, 1889-1976）的問題。這兩者均可是存有論的。

印　象

1953 年德勒茲出版第一本書《經驗主義和主體性》是關於休姆人類本性的結論。此書獻給他的老師讓・伊波利特（Jean Hyppolite），黑格爾專家。此書可說是關注英美的經驗主義和實

在論，尤其呼應威廉‧詹姆斯（William James, 1842-1910）的澈底的經驗主義。「關係是外在於它們的項，當詹姆斯稱他自己為多元論者，在原則上，他沒有說別的。這也是當羅素稱他自己為實在論者的情況。我們在這陳述中看到對一切經驗主義者適用的情況。」（ES, 99）經驗主義建立的是經驗的實在，要產生對主體性的批判。經驗主義是多元論，在經驗的流變中，既非主體，也非客體，而是印象、知覺的運動。

當詢問心靈如何構成為主體的？德勒茲認為休姆的貢獻就在於挑選出經驗主義的純粹狀態：「所與者（the given）不再給予一主體，而是主體在所與之中構成自己。」（ES, 87）什麼是所與呢？所與者是外來的，在所與之中卻是內在的。顯然休姆是放在主體與知覺層次上。「休姆說是可感覺的流變，印象和影像的收集或一組知覺，它是那出現的整體，即那等於外表的（appearance），它也是運動和改變，而沒有同一和法則。」（ES, 87）既然在感覺與知覺間，不斷運動和改變，主體當然也在變化中。這就形成對主體的批判。「心靈同一於在心靈中的觀念……，心靈不是一個主體，它也不需要一個主體而去成其為心靈……觀念並非客體的再現，而是印象的再現；至於印象，它們並非再現的，也並非偶然的，而是它們是內在的。」（ES, 88）在經驗主義上，存有論的入路從主觀的內在印象開始，印象產生於與客體的「關係」。

休姆提出兩種印象：「感覺印象藉一套機制來定義，和參考到身體作為這機制的程序。反省印象藉著自發性或傾向

（disposition）來定義，而且被參照到身體作為這自發性的生物學來源。」（ES, 97）經驗主義建立在經驗的實在，但在主觀性的進路上，主體不過是兩種印象，「感覺印象只形成了心靈，給它的只是一個來源，而反省印象構成了在心靈中的主體。」（ES, 97）簡單說，感覺印象是心靈的來源，而反省印象是主體的來源。但現在感覺印象參考身體的機制，反省印象更參考到身體的生物學來源以產生自發性傾向；換言之主體的自發性傾向，是避免不了「身體的生物學來源」的，更可以說是其積極的動力來源。

生物學來源

現在就生物學來源可以說明人類天性（原則，如何在心靈中構成主體，有兩個原則：結合原則（principles of association）和激情原則（principles of the passions）。所謂結合原則，「主體是一實體，在有用原則的影響下，追尋一個目標或意圖；在看到一個目標中，它組織手段，在結合原則的影響下，建立了觀念之間的關係。」（ES, 98）看來結合原則可以代換為有用原則，是對人類有用，建立目標、組織手段，才「建立」觀念之間的關係。那麼就結合原則所建立的「觀念之間的關係」，很清楚的是人為的，或者說虛構的形式。所謂激情原則，「『作為原始的，內在的運動。』這是帶有飢餓、口渴和性的欲望的情況……也有激情，例如驕傲和謙卑、愛和恨，在性別之間的愛、歡愉和憂傷，沒有特殊的身體傾向與它們一致。」（ES, 97）激情原則直

接作為飢餓、口渴和性慾的生理原則；至於驕傲和謙卑、愛和恨等等，甚至苦樂，這種種均屬心理原則，好像不那麼直接訴諸身體傾向。但「通過激情的中介，傾向自發的引起觀念的出現，而對象的觀念與激情一致。」（ES, 98）身體傾向自發地引起對象的觀念，故而心理原則又回溯到生理原則，所謂生物學來源。

「結合原則提供主體以其必要的形式，然而激情原則提供其以獨特的內容，後者作用為主體個別化的原則……如果關係不能分開於其環境，主體不能分開於其獨特的內容，這對它直接是基本的，是因為主體性基本上是實踐的。……這些關係，手段－目的，動機－行動，的確是關係，但它們也更多。事實上沒有理論的主體性，而也不能有，這變成了經驗主義的基本目標。──如果主體是構成在所與的，那麼事實上，只有實踐的主體。」（ES, 104）這裡仍以傳統的形式和內容觀念作對比，但在形式上是理論的主體性，這些關係都是人為的設定，故理論的主體性被否定，只能設定實踐的主體。結合原則依賴關係，如果關係不能離開環境，關係就很難普遍化。但激情原則訴諸身體傾向，反而成為獨特的內容。

因果關係

1972 年，德勒茲新撰《休姆》一書：「關係本身是所謂結合原則的效果，鄰近、相似和因果關係這些都正是構成了人性。人性意謂著在人類心靈中那普遍的和連續的，從不是作為項的一個觀念或另一個觀念，而只是從一個特殊觀念通過到另一個特殊

觀念的方式。休姆在這意義上，將奉獻自己於一致地摧毀三個形上學偉大的終極觀念：自我、世界和上帝。」（PI, 39）什麼是「從一個特殊觀念到另一個特殊觀念」？休姆也說：「每一個是特別地宣稱到心靈的另一方面：臨近性對感覺；因果關係對時間；相似性對想像。」（ES, 100）感覺到事物的臨近性，在時間的前後中觀察到有因果關係，想像事物具有相似性。故客觀觀念均與「主體」有關。也就是「一個觀念自然地引進另一個並非觀念的性質，是人性的性質。……觀念被指明在心靈裡，同時心靈變成主體。」（ES, 101）不是客觀的實在，而是人性關係的實在，在人性中有其根柢。

因果關係除了與時間有關，還與超越性有關。「在因果關係的情況中關係是超越性（transcendence）。」（ES, 100）超越性涉及主體構成，那麼主體構成也與時間有關，因果關係如何涉及自我作為主體？「表達諸如『明天』、『常』、『必然』，傳達某些不能在經驗中給予的……因果關係是一個關係，依此我超過所與……簡言之，我推斷、我相信、我期待……因果關係的作用能如下述說明：作為相似的例子被觀察到（一切時候我已見到 a 跟隨著或伴隨著 b），它們結合在想像中，但在我們的理解中仍然不同和彼此分開。這融合的性質在想像中構成習慣。」（PI, 40）主要是在想像中 a 跟隨著 b 的相似或在理解中 a 與 b 有所不同，理解的小小不同似仍受大大相似的支配，故想像和理解的融合會是「在想像中造成習慣」。故而以因果關係為基礎的人類想像，構建了自我作為主體的超越性。而這並無法脫離結合原則的

有用原則，面對目標，組織手段。

　　人生彷彿受習慣支配，又以有用的思考為主。但不能低估這部關於休姆的作品，在德勒茲哲學中所佔的分量。如果大致把心靈區分為觀念及印象，德勒茲認為觀念只是印象的再現，而印象卻如知覺一樣是內在的。「心靈同一於心靈中的觀念，……觀念並非客體的再現，而是印象的再現，至於印象，它們並非是再現的，也並非偶發的，而是它們是內在的。」（ES, 88）內在性在此奠基，且非主體。不惟如此，休姆也認為「『每一知覺是一實體，和知覺的每一不同的部分是不同的實體。』」（ES, 88）換言之，每一不同的知覺，即知覺與知覺間是有差異的，知覺又可以區分成不同的部分，這也是有差異的，故德勒茲根據休姆所說下了結論：「『一切可分開的是可區分的和一切可區分的是不同的。』這是差異原則。」（ES, 87）

關係邏輯

　　德勒茲提出休姆式的原子論與結合主義：「原子論顯示，觀念和感覺印象參考到準確的極小而產生了時間與空間，和通過結合主義顯示關係如何建立在這些項之間，常外在於項和基於其他原則。在一方面，心靈物理學；在另一方面，關係邏輯。」（PI, 38）如果觀念是印象的再現，觀念及感覺印象均有極其微小的差異。另一方面，「思想本身存在於與外部的基本關係的世界，項是真正的原子和關係是真正的外在通道的世界，連詞『和（and）』推翻了動詞是（is）的內部性的世界，多色彩樣式的

滑稽世界和非總體化的斷片，溝通是通過外在關係發聲。」
（PI, 38）如果稍稍比較，原子主義和關係邏輯大致可比配於人
類心靈成為主體的兩大原則：激情原則和結合原則。這也就是
說，原子主義並非沒有激情原則的動力論，在連詞「和」
（and）的核心中並非沒有動詞的「是」（is）。只不過他不像
海德格那樣把是（is）視為問題來追問存有在人生中的起源，而
是人生已從感覺（sensation）和知覺（perception）開始，不需再
靜態地視存有為一問題來探究。他的原子論「設想心靈為一組獨
特的觀念，每一個觀念都帶有在經驗中不同的根源或一組根
源。」[5]我們的心靈，在每一個獨特觀念中已有經驗的根源，如
果說我們的觀念在經驗中受制於習慣，而有一主體的觀念引發虛
妄的因果律，重要的是變化（Becoming）的問題，而非存有
（Being）的問題，簡單說，在變化之外並無存有。不是存有的
靜態起源而是變化的動態變化。德勒茲的原子主義是休姆「每一
知覺是不同實體」的轉換。重要的是原子主義既帶有經驗的根
源，故一定通往世界：這就是關係邏輯。「當然，每一哲學史都
有經驗主義的章節：洛克（Locke）和柏克萊（Berkeley）都有
他們的位置，但休姆卻非常奇怪的完全取代了經驗主義，給出了
它的新力量，一個理論，關係的以及『和』（AND）的實踐，
這是羅素（Russell）和懷海德（Whitehead）所尋求的，但關係

5　Adrian Parr ed., "The Deleuze Dictionary." (New York: Columbia Univ., 2005), p.12.

到偉大的區分卻還是秘密的或邊緣的,甚至當他們激發了新的邏輯和知識論概念。」(D, 11)這也就是說我們的觀念總是關聯到世界的觀念,所謂關係邏輯:這是德勒茲認為休姆為經驗主義帶來的新力量,現在這關係邏輯中的偉大的區分則是德勒茲必須把這「秘密的或邊緣的」視為自己將能開展的壯麗事業。

那麼,什麼是關係邏輯呢?「什麼是關係?它是使我們由既定印象和觀念通到目前未給定的觀念。」(PI, 39)如果在習慣中的既定印象或觀念是自我、世界和上帝,那麼摧毀這些形上學最偉大的終極觀念將是創造。故而「和」(AND)可以是一種新創造。心靈中的兩種原則,激情原則需經過反省的過濾:「由想像來反省激情,使它共鳴和超過自己偏愛和呈現的特性。休姆顯示美學的和道德的傷感(sentimental)如何在這方式下形成:激情在想像中反省,本身變成想像的,在想像中反省激情時,想像解放了激情,無限地延伸超過自然的界線。」(PI, 48)激情原則不是被瓦解了,而是被想像解放了,可能突破習慣的自然界限。事實上,我們知道結合原則需要激情原則的動力,但激情原則的動力是引向結合原則。想像一般是歸給習慣的,「習慣原則作為在想像中類似情況的融合,經驗原則作為在理解中不同情況的觀察。」(PI, 41)想像中的反省卻可能解放在慣性中被壓制的激情,超過「類似情況的融合」,成為「不同情況的觀察」,想像中的反省要成為理解,才使習慣原則轉變成經驗原則。

德勒茲很清楚地解明了關係邏輯。「事物並不開始活著,除了在中間(in the middle)。在這方面什麼是經驗主義所發現

的，不在他們的頭腦，而是在世界中，那是像生動的發現，生命的確定性，如果人真正的忠於它，會改變了人的生命方式？它不是『是否可以了解的是來自於可感覺的』的問題，而是十分不同的問題，關係的問題，關係是外在於它們的項。『彼得比保羅小』，『杯子在桌上』：關係不內在於項之一結果會成為主體的，也不是兩者都成為主體。關係會改變，項卻不會。」（D，41）關係是在中間發生，既不需要分別主客，當然也不是互為主體。「關係是外在於觀念」（ES, 109），項與觀念的關係何在？「項這裡算的是不同的印象、知覺或觀念，這些是首先所與的。關係（因果的、相等的、類似的、距離的，其他）只是由思考它們的主體加在項之上。」[6]經驗主義所發現的是人可能隨著經驗的廣度量而成長，生命力量的成長，即那才是經驗主義者「生動的發現」。

第二節　記　憶

　　柏格森是不是一個經驗主義者呢？

　　梅洛龐蒂（Maurice Merleau-Ponty, 1908-1961）的《知覺現象學》與沙特（1905-1980）的《存有與虛無》為法國現象學之奠基之作。梅洛龐蒂在 1956 年邀請德勒茲為他主編的《著名的哲學家》撰寫〈柏格森〉一節，德勒茲於同年發表《柏格森的差異概

6　Peter Hallward, "Out of this World." (London: Verso, 2006), p.154.

念》三十餘頁，1957 年為法蘭西大學出版社編柏格森選集《記憶與生命》，在柏格森三大著作《時間和自由意志》、《物質與記憶》、《創造進化論》中，《物質與記憶》是處理記憶概念的。

　　在〈柏格森〉中，德勒茲已突顯出柏格森哲學的肯定面，並與海德格劃清界限。「柏格森有力的廢棄了對他看來是錯誤的問題：為什麼有某物而不是空無，為什麼有次序而不是混亂？」（DI, 24）事物已經在那裡了；你必須「從中間」開始。「存有是一個壞概念，在它用來將任何事物對立於空無，或事物本身對立於它所不是的任何事物。在兩種情況中，存有留存，它遺棄了事物，它不過是個抽象。」（DI, 24）雖然存有有其動態的狀態「是」（is），但單提出來思考，「它不過是個抽象」，好像可以離開事物獨立存在，就產生事物與存有的對立，甚至把事物與事物以外的其他事物對立，成為「非」或「無」的否定性。如果把德勒茲哲學稱為存有論，他至少開出海德格以外的新問題。直面存有是直面差異，差異以外並無存有，而差異先前在於休姆「不同知覺間的差異」，現則在於柏格森的「記憶」。

　　德勒茲－柏格森選擇差異化（differenciation）的動力起源於生命衝動（élan vital）……激情的生命是差異進入了行動。[7]休姆的激情原則要通過反省，柏格森這裡的差異卻可以說是由記憶帶來的。在存有論的主觀進路上，對事物的知覺與事物是一回事。所以在〈柏格森〉中，「存有是事物的差異本身，柏格森稱

7　Paul Patton ed., "Deleuze: A Critical Reader." (USA: Blackwell, 1996), p.91.

為細微差異（nuance）。」（DI, 25）

綿延

在柏格森，量和性質、理智和本能、幾何學次序和活力的次序、科學和形上學、封閉和開放，都歸於物質與綿延（duration）的區分。（DI, 26）這兩者的區別也很清楚：「綿延顯示了差異的本性，自我（self）與自我的差異，而物質祇是未差異化的。」（DI, 27）自我與自我能有不同，是過去與現在之差異。「綿延正是生命衝動，因為它是虛擬的（virtual）本質要被現實化，我們因此需要第三面相把它顯示，在某些方面是前兩者的調停，正是在這第三面相中綿延被稱為記憶（memory）。」（DI, 28）虛擬與過去有關，等著「要被現實化」，成為現在；祇有在回憶中；虛擬是什麼意義之過去？又與記憶有什麼差別？

〈柏格森之差異概念〉中，德勒茲說明：「綿延是與自己的差異；記憶是差異的程度的共存；生命衝動（élan vital）是差異的差異化；這三個階段定義了柏格森哲學的圖示論（schematizism）。記憶的角色是給綿延本身的虛擬性一個客觀的一貫性，使它成為具體的普遍，並且使它現實化自己。當虛擬現實化自己，即是說差異化了自己，它是通過生命和在一種有活力的方式。在此義下，是真的，差異是有活力的。」（DI, 44）綿延是自己在過去與現在的差異，記憶卻有許多不同程度的差異，所謂「細微差異」，生命衝動使這些差異表現出來，就是差異化。圖示論也就是系統論。我們活在現在，我們有記憶，綿延

是從過去到現在，虛擬指的是過去的什麼，與現在共存？德勒茲解釋說：「當然，虛擬是那並不行動的模式，既然它只有差異化自己，以停止成為自己，甚至例如它保持了它的根源的某些事物，它才會行動。的確，無論如何，接下來的是虛擬是『是什麼』（what is）的模式。柏格森的這課題特別著名：虛擬是純粹的回憶（recollection），和純粹的回憶是虛擬。」（DI, 44）虛擬如果不行動，就封存在過去，虛擬的「差異化自己」，不再成為自己，甚至即使「保持了根源的某些事物」，並不行動的模式就不會有行動，除非改變而有差異。當回憶的時候，我們憶起某些事物，這是「差異化自己」；這是行動，所以它不是虛擬，也不是「純粹回憶」。純粹回憶是封存在過去的，回憶所無法回憶到的；如果回憶是回憶過去，那麼回憶所無法回憶到的，是什麼意義的過去？同時還有積極的未來功能？

　　「記憶是未來的功能，記憶和意志是相同的功能，只有能夠記憶的存有物能轉離於自己的過去，從過去解放，不重複它，並且做出某些新的。」（DI, 45）記憶不只是記得的，而與過去整體有關，如果能記得過去整體，就能「轉離自己的過去」，「從過去解放」，就與意志同樣有未來的功能。回憶是回想得到的，顯然無法回憶到的成為過去的核心。

符號

　　與〈柏格森〉相關的，是《普魯斯特與符號》（1964 年），落在《尼采和哲學》（1962 年）和《康德的批判哲學》（1963

年）後；但《電影 I》（1983 年）中對柏格森有兩篇評論，《電影 II》（1985 年）中也有兩篇評論，無怪乎 1966 年出版《柏格森主義》，「主義」可以奉行不悖。

由符號來探討《追憶似水年華》，也就是解釋藝術作品的符號，並觸及「重複與差異」的最深刻主題。德勒茲認為：「我們的世界是由符號組成。『世界』是由它們形構出人們、對象、實體放射出的符號系統所統一；我們發現不到真理，我們學習不到東西，除非藉由破解和詮釋。」（PS, 5）世界是複數，可以說是由人們的透視觀點（眼睛）所構成的世界，是千差萬別的世界，就如南美的諺語說：「世界像孔雀的翎毛一樣美麗。」孔雀的翎毛上充滿無數眼睛的圖案，也可以說是萊布尼茲的單子世界。

「普魯斯特的作品並不基於記憶的說明，而是基於符號的學習。」（PS, 4）所以《追憶似水年華》主要在學習符號；記憶則牽涉到符號與時間的關係，不光是時間。主人翁所參與的世界首先是世俗的世界。「世俗的符號並不參照到某些事物，它『代表』它，宣稱是與它的意義是相等的。它預期行動就像預期思想，取消思想也取消行動，和宣稱它本身是適當的：由此是老套的面相和空虛。」（PS, 6）故而世俗符號對應的是休姆的「習慣」，在有用原則的思考上既預期行動和思想也取消思想和行動，宣稱世俗符號就代表世界的意義，僵化的習慣只是老套的面相和空虛。符號已代表思想和行動。

第二個世界是愛的世界。但被愛者的符號給我們的是一個錯誤的符號：「被愛者的符號，一旦我們『解說』它們，將被顯示

為欺騙：對我們說話，應用於我們，它們仍然表達了把我們排除在外的世界，和被愛者不會也無能使我們知道。」（PS, 9）因為我們的「解說」無法達到一個我們被排除在外的另一個世界；故這樣的解說被愛者的符號，就成為欺騙的符號。「愛的符號的詮釋者必然是謊言的詮釋者。他的命運表達在格言中，去愛而不要被愛。」（PS, 9）因為符號隱蔽了另一個世界的根源，故成為謊言。去愛而不要詮釋，被愛造成欺騙；故去愛而不要被愛。

第三個世界是感覺印象或性質，這就是小瑪德蓮蛋糕的味道使主人翁聯想起貢布雷。「這些是真實的符號，直接給我們非常的喜悅，符號被實現，是肯定的和歡悅的。但它們是物質符號。」（PS, 13）即使是肯定和歡悅的符號，但受限於物質。「物質的意義如果沒有它實現的理想本質，就是空的。」（PS, 13）物質的意義要實現的理想本質卻是在藝術世界。

第四個世界是藝術世界，理想本質與真理有關。「我們尋求真理，只有當我們以具體處境的觀點決定如此做，……總有符號的暴力迫使我們去尋求，剝奪了我們的平靜。真理並非由親和力也非由善意展現而是由非自願的（involuntary）符號洩露。」（PS, 15）我們只由從生活經驗中在具體處境的觀點中決定去尋求真理，因符號的暴力破壞了我們日常生活習慣的平靜。符號的暴力是非習慣性的，故而是非自願的符號，也就是無意識的符號。至於親和力和善意表現的是道德理想的社會，是先天的。

在具體處境中，符號的暴力畢竟是相遇的偶然。「相遇的偶然性保證了所尋求的必然性。」（PS, 16）偶然的相遇成為真理

的必然，去尋求符號的意義。這說明我們並無先見之明，只有事後的智慧。「是理智去發現——證明它『跟在後面』。」（PS, 23）理智跟在相遇的事件之後發現符號的意義。故而「我們感性的受苦，迫使我們的理智去尋求符號和在其中具體化的本質。」（PS, 73）作家在感性上的受苦是必然的，呼應歌德的名言：「靈魂的喫苦受難，使文學成為必要。」

　　在符號與時間的關係上，這四個世界相應於四種時間線：「浪費的時間，失去的時間，時間重現（rediscovery）和時間復得。」（PS, 87）

過去的存有

　　在發表〈柏格森〉十年後（1966 年），德勒茲已撰寫完著名的《尼采和哲學》（1962 年）和《康德的批判哲學》（1963 年）後，德勒茲出版《柏格森主義》，所以他的柏格森概念也需要其他哲學家概念對照的衡定。「柏格森並未使用『無意識』這詞來指明在意識以外的心理學實在——存有在其自己。嚴格地說，心理學的是現在。只有現在是『心理學的』；但過去是純粹的存有論；純粹的回憶只有存有論的意義。……當我們尋求一個逃避我們的回憶。」（B, 56）回憶不到的純粹回憶是存有，是過去的存有，這是（人的）存有在其自己；純粹回憶不是心理學的，而是存有論的。「柏格森的綿延在最後的分析中，除了以共存較少由繼起來定義……這樣的共存，重複必然再引進到綿延中，完全不同於物質的『物理』重複之『心靈』（psychic）重

複……諸平面（planes）的而非單一平面的要素的重複，虛擬的而非現實的重複，我們過去的整體活動了（play），再開始重複它自己，同時，在它繪出的所有層次中。」（B, 60-61）現在與過去的共存，現在是心理學的，但過去是存有論的，一再重複的過去被引進到綿延中，即使是例如感覺，單一平面的要素的重複，也還是「心靈重複」。但虛擬的而非現實之重複，那逃避我們的回憶，回憶所回憶不到的純粹回憶，是心靈所有平面的重複，卻是過去的整體，過去的存有。

　　無法低估柏格森哲學在德勒茲哲學中的重要性，德勒茲在《柏格森主義》（1966 年）之後推出他前期最重要的著作是《重複和差異》，迅即把他推入哲學大師之林。其實他以柏格森哲學研究小說家的《普魯斯特與符號》（1964 年）就說明他的確於柏格森哲學有所轉進。「對於柏格森來說，理解過去是被保存於自身之中的，這就足夠了，……柏格森並未追問過去作為存有自身又是怎樣為我們所獲取的……『然而什麼才算是一個回想不起來的回憶？』普魯斯特提出了這個問題……非自願的記憶（involuntary Memory）提供了它的答案。」（PS, 59）對於柏格森，過去是存有自身；但我們如何在無法回憶到的回憶中去獲得過去的存有？現在純粹記憶直接稱為「非自願的記憶」。其實答案出奇的簡單。

　　　　這個過去所表現的不是某種曾在的事物，而僅僅是當下的某物，它和作為當下的自身共存。過去並不是被保存於某

種異於自身的事物之中，因為它就是其自身，它被保存於
自身之中，並且在自身之中持存──這些就是《物質與記
憶》的著名主題，此種過去的存有自身，柏格森把它稱為
虛擬，普魯斯特談到記憶的符號所產生的狀態之時：「真
實的，但不是現實的；理想的，但不是抽象的。」（PS, 58）

　　當下的某物，在感受（affect）中是與自身共存的。強度的
感受激發出無意識的記憶，直接讓我們躍入過去整體之中，即過
去的存有。過去當然不在物中，而是在人的純粹記憶中，內在性
的生命。由「非自願的記憶」帶來所謂「重現的時光」。這被人
遺忘的回憶當然真實，是現實上無法回憶的；理想的，涉及了人
內在性的成長，即生命的成長，具體而不抽象。利奧塔（Jean-
François Lyotard, 1925-1998）曾這樣評論：「一個過去定位在遺
忘的這面，比任何過去更近於現在的時刻，同時它不能被自動的
和意識的記憶促發──一個過去德勒茲說不是過去而常在那
裡。」[8]這與佛洛伊德（Sigmund Freud, 1856-1939）壓抑的無意
識有別，是遺忘的無意識。
　　德勒茲說：「知覺的，馬上把我們放入物質中；記憶的，馬
上把我們放入心靈中……這兩個活動，知覺和回憶『常彼此穿
透，常彼此交換某些它們的實體，好像藉著滲透過程。』」（B,

---

[8]　Jean-François Lyotard, "Heidegger and 'the Jews'." trans. Andreas Michel
　　and Mark Roberts, (U.S.A: Minnesota Univ., 1990), p.12.

26）每一知覺是不同的實體。知覺是對物質的關係，知覺與記憶只有「程度上的不同」，「彼此滲透」，而記憶則進入心靈。

　　整個 50 年代，研究休姆的《經驗主義和主體性》是 1953 年，三十幾頁的〈柏格森的差異概念〉是 1956 年，《柏格森主義》的結集出書是 1966 年，落在《尼采和哲學》（1962 年）之後。從 1953 年到 1962 年，這九年如果不是研究和消化哲學，還能是什麼呢？就像柏格森的名言：「你必須等方糖溶解。」直至 1983 年的《電影 I　運動－影像》中與現象學簡單分別：「所有意識是事物的意識（胡塞爾），或更強烈的，所有意識是事物（柏格森）。」（CI, 58）如此強而有力！

第三節　意　志

　　1962 年德勒茲出版了《尼采和哲學》這部里程碑的著作，福柯的《瘋顛史》出版於 1961 年，並已通過巴黎索邦大學的哲學博士論文答辯。[9]福柯早德勒茲一年奠定了學術地位，卻激賞《尼采和哲學》這冊書，與其同時，福柯也於 1962 年寫了一篇〈尼采、佛洛伊德和馬克思〉有代表性的文章，大體上說：福柯和德勒茲曾為出版《德國思想家尼采全集》的第五卷而進行合作，但他們各自構建了自己的解讀（福柯強調尼采的歷史觀點，

9　米歇爾・福柯《瘋癲與文明》根據英譯縮寫本而譯，劉北城、楊遠嬰譯（北京：三聯，1972），頁 271。

德勒茲則更重視永恆輪迴、權力意志和價值轉換等主題）。[10]法
國哲學在福柯及德勒茲這一代哲學家，甚至德里達與利奧塔等掀
起新尼采學之浪潮。1965 年，德勒茲出版《尼采》小冊子。

力量

海德格視尼采的「權力意志（the will to power）」概念完成
了西方傳統的形上學。既然德勒茲認為休姆、斯賓諾莎和尼采有
秘密的聯繫，由他們對否定性的批判，對歡悅的教養，對內在性
的憎恨，力量與關係的外部化，指責權力……等等（N, 86）。如
果稍稍聚焦在「力量與關係的外部化」，可以說休姆的知覺與甚
至是柏格森的記憶都可以說是「力量與關係的外部化」。但是直
接說到力量與關係的主題卻是尼采的權力意志，可見力量概念非
常簡易直截。

那麼什麼是力量（force）？「我們將永遠不會發現某種事
物的（人的，生物學的或甚至物理學現象的）意義，如果我們不
知道力量占用了事物，利用它，占有它或在它之中被表現。一個
現象不是一個外表（appearence）或甚至一個幻影，而是一個符
號，一個癥候，在一個存在的力量中發現其意義。哲學整體是一
個癥候學，和一個符號學。科學是癥候的和符號學的系統。尼采
用意義和現象的相互關聯來代替外表和本質的形上學二元性，原

10　米迪特・勒薇爾《福柯思想辭典》，潘培慶譯（重慶：重慶大學，2015），
　　頁 171、185。

因和結果的科學關係。一切力量是占用、支配、利用實在的量，每一知覺在種種面相，是占用了自然的力量之表現。自然有歷史。事物的歷史，一般來說，是力量的繼起占有了它，或力量的共存為占有而奮鬥。相同客體，相同現象改變了意義，基於占用它的力量。歷史是意義的變化，那是說『多少深刻的繼起，多少共同獨立的征服過程。』（GM II, 12）」（NP, 3）事物的意義歸結為人的，科學的現象的意義，都被力量占用、利用或表現。現象的意義由於力量的作用，成為一個符號，一個癥候。現象是意義，歷史是意義的變化，都是由於力量的占有或改變；每一個知覺的種種面相，也是力量的表現、占用、支配、利用了自然。形上學二元性的思辨和科學因果性的探討，被意義與現象的問題取代，而意義無法脫離力量之作用，只須辨明力量作用的形態，人的科學的現象就成為符號學、癥候學。一個符號也就是一個朕兆，力量占用、利用或所表現的形態，德勒茲視之為尼采的系譜學。現象＝意義＝符號＝力量，是德勒茲提出的等式；如此簡直直截的等式，使得勒茲可以「重估」一切現象。「符號」概念的加入，也可以重探柏格森記憶中的符號。

權力意志

尼采事實上說到符號。「不論我們理解任何生理器官（或立法制度、社會風俗、政治用途、藝術中的形式或在宗教儀式）的用途（utility）多麼的好，這對於其根源沒有任何意義。……但目的和用途只是符號，權力意志變成某些較少力量者的主人，並

加諸功能的特性；一個事物、一個器官、一個風俗的整體歷史，
能在這方式下變成常新的詮釋和適應的連續的符號－鍊，其過程
無須彼此相關聯⋯⋯。」[11]權力意志所占用的從生理器官到政
治、社會、藝術，其（人的）目的和用途只是符號。顯然在根源
上沒有任何意義，意義就在目的和用途中。權力意志占用的歷
史，一個事物、一個器官、一個風俗當然也可視為現象。故現象
＝意義＝符號＝權力意志，權力意志看來像實質的統治勢力。但
尼采強調的是生命、是權力意志：「剝奪了它們最基本的概念
——活動性，這樣生命的本質，其權力意志被忽略了；人忽視了
自發的、侵略的、擴張的、給出形式的力量，給出新的詮釋和方
向，雖然『適應』只在此之後才跟隨著。」（同上，78-79）活
動性與適應是個對比，像是本能對習慣。活動性由自發的、侵略
的、擴張的來決定。「常出現在意志的形態和更大力量的道路和
常以許多更小力量的代價而獲得。」（同上，78）權力意志是力
量由意志決定，意志常犧牲更小的力量以達到更大的力量；但不
是適應既定的權力。

　　德勒茲如何說明權力與意志的關係呢？德勒茲說尼采哲學是
意志哲學。「依尼采意志哲學，必然取代古老的形上學，它摧毀
並替代它⋯⋯它有兩個原則⋯⋯『意願（willing）＝創造』和
『意志＝歡悅（joy）』⋯⋯主人的內在權利（right）是去創造

11　Friedrich Nietzsche, "On the Genealogy of Morals." trans. Walter Kaufmann
　　and R.J. Hollingdale, (New York: Random House, 1967), p.77.

價值。……權力意志被設想為好像意志想要權力，好像權力是意志所想要的，結果權力轉入某些再現的（represented），奴隸和無力者的權力觀念形成了，權力是依據已成既定價值分配來判斷。」（NP, 84）意願是想要去創造，意願把創造視為目標，要某些新的；意志就是創造裡的歡悅。權力無非是力量與力量之間的關係，如果祇是依循現行的勢力，權力只是再現既定的價值，無所謂創造。主人創造價值，奴隸依附價值。

　　力量－關係，力量與力量之間的關係，權力已引入系譜學的要素。「權力意志是那在意志裡所意願的，權力是在意志中起源（genetic）和差別的要素。這是為何意志基本上是創造的……起源要素（權力）決定了力量與力量的關係，並且限定了關聯的力量……權力意志所意願的是特殊力量關係，特殊的力量性質，和也是權力的特殊性質：肯定與否定。……一切現象表現了力量關係，力量和權力的性質，這些性質的細微差異，簡言之，力量和意志的形式。每一現象不僅反映了一個型式（type），構成其意義和價值，也反映了權力意志作為要素，由此衍生出其意義的意旨（signification）和其價值的價值。」（NP, 85）權力由意志決定，故權力成為起源要素與差異要素，意志帶出了特殊的力量與力量的之關係。故特殊的力量性質也是權力的特殊性質。一切現象包含生理（器官）、心理、人的、社會、政治、經濟，都表現力量關係，都表現了各種不同的細微差異。或許應該說意志決定了力量的特殊方向，故權力就有特殊的力量關係，有一特殊的方向。權力在這特殊的方向上，要把權力極大化。

回歸

永恆回歸（eternal return）是尼采哲學另一重大主題。尼采在《蘇魯支語錄》中寫道：「如果我曾與諸神在他們的神桌——大地上擲骰賭博，以致大地戰慄而裂開，噴出大焰；因為大地是諸神之神桌，和戰慄於創造新語言和諸神的擲骰子。」[12]擲骰子，神聖的機會（chance）或偶然（accidents）這也是我們的命運，偶然成了必然。德勒茲說：「擲骰子肯定了變化，和它肯定了變化的存有。」（NP, 25）機會或偶然就是變化，變化就是存有，但除變化外別無存有。德勒茲的存有學是變化學，或許就此他認為自己的哲學是活動的動態存有論，而海德格是沉思的靜態存有論。「骰子被投擲一次是機會的肯定，在落下時它們所形成的結合是必然性的肯定。必然性是機會的肯定，在正是存有是肯定變化和統一是肯定多樣性。」（NP, 26）機會的多樣性，形成的結合成為必然性。故在骰子的一擲下，存有肯定變化，統一肯定多樣性。「多和一的相互關聯，變化和存有的相互關聯形成了遊戲。」（NP, 24）變化在存有中。變化即是存有；不能離開變化去沉思存有，變化即是一切。在尼采這裡，似乎已預取了德勒茲和加塔利在《千高原》中的魔術公式：「一元論＝多元論」。（TP, 23）大地如神桌，我們的命運流轉於其上。

德勒茲分析說：「命運在永恆回歸中也是歡迎機會。」

---

[12] Walter Kaufmann trans. and ed., "The Portable Nietzsche." (USA: The Colonial, 1954), p.341.

（NP, 28）既然機會就是生命的變化，這就是歡迎，肯定自己的命運，也是尼采「愛命運」的學說。當然，永恆回歸不會是相同者的回歸。「不是『相同』或『一』在永恆回歸中回來，而是回歸本身這個一應該屬於多樣性和不同的。」（NP, 46）機會就是差異和變化。永恆回歸屬於經驗的綜合，「永恆回歸決不是同一的思想，而是綜合的思想，絕對差異的思想要求科學以外的新原則。」（NP, 46）

　　經驗的綜合必然是實踐活動，德勒茲認為永恆回歸一定作為倫理的和選擇的思想。「作為一倫理思想，永恆回歸是實踐綜合的新公式：不論你意願什麼，在這一方式意願它，你將意願它的永恆回歸。」（NP, 68）選擇是選擇在一種處境中如何行動的方式，是實踐的綜合。也定然把生命的重量交付在實踐的選擇上，如果你將行動，同樣的情形重複一千次，你是否願意重複同樣的行動一千次而無怨無悔。如果是的，那麼你就去做吧，「回歸除掉了一切拒絕它的反應力，它既肯定變化的存有，也肯定力量的變成主動。」[13]的確，對尼采而言，緩慢的反應（slow to react）而沒有掙扎，才能使人脫離被動的、消極的反應模式，那種模式只是發乎激情或止乎習慣，主動或積極的模式是表現出力量的選擇。「永恆回歸的思想淘汰了落在永恆回歸以外所意願的任何事物。它使意願成為創造，它帶來『意願＝創造』的等式。」（NP, 69）這種改變是行動的創造，帶出了前所未有的能力，朝

---

[13]　同5，p.4。

向未來的創造，「變化的普遍存有應該屬於單一的變化。只有變得－主動才有存有，那是變化整體的存有，回歸是一切事物，但一切事物是肯定在單一的瞬間（single moment）。」（NP, 72）永恆回歸最後歸於單一瞬間，但單一瞬間決定了整個變化。單一瞬間是短暫的現在，很快就提出了時間的三向度，「消逝的時間不會消逝，如果它不是已經過去和正要到來──同時作為現在。如果現在沒有自動的消逝，如果它必須要等待新的現在，為了變成過去，一般的過去將不會在時間中構成，還有這特殊的現在不會消逝。我們不能等待，瞬間必須同時是現在和過去，現在和尚要到來。為了它去消逝（和為了其他的瞬間而消逝）。現在必然與自己共存於作為過去和尚要到來。瞬間與其自己的綜合關係，作為現在、過去與未來，安立自己於與其它瞬間的關係。永恆回歸是通道（passage）問題的答案。」（NP, 48）實踐的綜合成為時間的綜合，這是釐清《蘇魯支語錄》第三部分的〈幻相與謎〉，是時間之謎，也是時間之心，通道是時間的通道。線性之時間觀變成共存，現在、過去與未來的共存，在一短暫的現在──瞬間中閃現，過去重現而未來閃爍。這是選擇也是命運的單一瞬間，尼采的「愛命運」。

　　1965 年推出的《尼采》，收在英文版《純粹內在性》中，德勒茲說：「尼采的概念是無意識範疇，計算的是這戲劇如何在無意識中演出……一切價值的變化是定義在這方式：力量的主動變化，在權力意志中肯定的凱旋。」（PI, 82）無意識範疇也就是非理性範疇，尼采在《道德系譜學》的分析「罪」與「壞良

心」都是由本能的內在化開始，對佛洛伊德有一定的影響。但德勒茲批判消極和否定，相信尼采的主動和肯定。「肯定是意志最高的權力。但什麼被肯定？大地，生命……虛無主義責難和嘗試否認的並不那麼是存有，因為我們有時知道存有相似於虛無（Nothingness）像一個兄弟。毋寧說是多樣性，毋寧說是變化。」（PI, 83-84）肯定大地與生命，表示肯定多樣性與變化；甚至大地與生命基本上是經驗主義。「變化的世界是流變（flux）和多樣性的世界，但也是機會和渾沌（chaos）的世界。」[14]一切遷流，變動不居，只有變化沒有目標。如果知覺已是實體，從感覺、知覺的多樣性到回憶到意志，從尼采的透視主義（perspectivism）看出去的是多樣性的世界。

變形

1967 年，德勒茲組織一個尼采研討會，以〈權力意志和永恆回歸〉為題，評論與會名家的論文。例如華爾（Mr. Wahl）談到「這變形（metamorphosis）的力量在尼采多元論的核心。」德勒茲評論說：「的確尼采的整個心理學，不只是他個人心理學而且還有他發明的心理學，是面具（mask）的心理學，多面具的拓撲學，和在每一面具之後仍有另一面具。但是為何有那麼多隱藏的事物，最一般的理由在尼采和他的作品，本性上是方法論的。一個事物從不只有一個意義。每一事物有許多意義，表現了

14　Ronald Bogue, "Deleuze and Guattari." (London: Routledge, 1989), p.29.

在其中作用的力量和變化。在這點上更多的是，並沒有『事物』，而只有彼此隱藏的詮釋，像把一個面具放在另一個面具之上，或語言彼此包含。」（DI, 118）變形是尼采多元論的核心，也是德勒茲多元論的核心。變形與面具心理學何關呢？「在尼采，自我──有時稱為文法的虛構，有時稱為面具──已失去了自我的同一。（尼采一貫地執行去棄絕同一，把它帶入一種拒絕像在物理學最後所了解的原子主義……）」[15]在尼采著名的「自我是文法虛構」聲稱裡，其實除了反對自我作為主體的學說，也反對把自我投射到萬物作為實體。[16]這是反對傳統的主體形上學和實體形上學。但德勒茲卻以每一知覺是不同的實體出發，架上關係哲學，刻意與尼采保持「差異」。既然自我不是同一，自我只是面具，內在是一組太過複雜的感覺和知覺，自我統一的面具只是假象，面具之後還是面具。變形的概念，不也是德勒茲哲學中的重要概念嗎！至於永恆回歸，德勒茲說：「狄奧尼索斯的肯定（yes）在永恆回歸中發現。」（DI, 121）自《悲劇的誕生》起，在希臘神話中的酒神始終是尼采哲學的核心，與休姆的激情和柏格森的生命衝動可以合拍。甚至狄奧尼索斯的肯定，也可以被歸為強度（intensity）。「他（尼采）知道他稱為永恆回歸的是把我們帶到迄今未探索的層次中：即非擴延的量，也不是局部運動，也不是物理的性質，而是純粹強度的領域。」

15　David B. Allison ed., "The New Nietzsche." (New York: Dell, 1977), p.40.

16　同 11，p.45。

（DI, 122）這純粹強度的領域只有歸於意志，正如尼采所說：
「以全副意志仰望之處，那就是美。」這當然還是以主動、積極、肯定的哲學家、藝術家、先知為估量，而非被動、消極、否定的適應生存的反應。

　　不能低估德勒茲的休姆學，但五十年代只有〈柏格森的差異概念〉三十幾頁，到《尼采和哲學》有八年的空白是沉潛於研究。故《尼采和哲學》（1962 年）奠定他的哲學，使他的哲學臻至成熟期；之後的《康德的批判哲學》（1963 年），《普魯斯特和符號》（1964 年），《尼采》（1965 年），《柏格森主義》（1966 年），大部頭的《差異與重複》（1968 年），《哲學中的表現主義：斯賓諾莎》（1968 年），《意義的邏輯》（1969 年），《斯賓諾莎的實踐哲學》（1970 年），可以說德勒茲在尼采哲學中找到他的哲學語言，和主要的哲學思想，可以說持續終生，先在《差異與重複》的鉅作中達到高峰。至於他與尼采的差異，是由研究休姆而來的知覺實體與關係哲學和柏格森的記憶說的合套，或要待德勒茲與加塔利合作《反伊底帕斯》和《千高原》展現。

　　無論如何，從休姆、柏格森到尼采研究，德勒茲哲學的系統架構已大致完成。

第二章　暴力與神聖

　　德勒茲的《尼采與哲學》（1962 年）是他的第二本書，以尼采學研究而獲得福柯的欣賞結為至交。德勒茲發表〈柯羅索夫斯基和身體語言〉（1965 年），後收入《意義的邏輯》（1969年），德勒茲與福柯成為加里馬爾社《尼采全集》的共同責任編輯。1967 年，柯羅索夫斯基翻譯的《愉悅的知識》出版，是由德勒茲與福柯合寫的序文。[1]此三人像是法國的新尼采聯盟。1968 年，福柯推薦德勒茲擔任在萬森的新巴黎大學教授。

　　在一本分析法國 60 年代反人文主義的思想著作，仍然以福柯代表法國的尼采主義。理由是：「以其『基本的尼采主義』的角度來看，德勒茲的路線並未遠落在福柯之後。如果我們較喜歡轉到福柯來分析『法國尼采主義』，主要是因為在範圍上他有無可否認的便利，較少只是重複尼采的進路；德勒茲常這樣做，雖然有才能，在《差異和重複》中和《意義的邏輯》中。」[2]德勒

---

[1]　篠原資明《德魯茲：游牧民》，徐金鳳譯（石家庄：河北教育，2001），
　　頁 36。

[2]　Luc Ferry and Alain Renaut, "French Philosophy of the Sixties." (Amherst:
　　Massachusetts Univ., 1990), p.69.

茲的尼采主義如此有力，使他在哲學界嶄露頭角，當然他不會放棄。但德勒茲也在塑造他的柏格森主義（《柏格森主義》（1966年）），「反」佛洛伊德主義（《冷淡與殘酷》（1967年）），斯賓諾莎主義（《哲學中的表現主義》（1969年），《斯賓諾莎：實踐哲學》（1970年））。至於《差異和重複》及《意義的邏輯》，至少福柯說過這樣推崇的話：「二十世紀或將是德勒茲的世紀。」

如果說《柏格森主義》是延續〈柏格森的差異概念〉（1956年）那篇三十幾頁的文章，或者說因為《尼采和哲學》所帶來的新眼界，但也可以說是需要，把差異概念更延伸、更擴大。《普魯斯特與符號》（1964年），多少運用了尼采的符號概念和柏格森的記憶，綜合研究普魯斯特的小說。另外如《尼采》（1965年），以上一共有三本書，都可以視為〈柏格森的差異概念〉和《尼采和哲學》概念的延伸，那麼加上他的青年之作《經驗主義與主觀性》（1953年）所研究過的休姆，計有休姆、柏格森、尼采三家。在《尼采和哲學》之後，德勒茲研究過康德、佛洛伊德（拉康）與斯賓諾莎三家。

《康德的批判哲學》（1963年），緊接著《尼采和哲學》推出，扣緊著對康德的批判。德勒茲的尼采主義，不會缺乏尼采的鐵鎚；尼采本人批判康德，故而他與尼采同一陣線。「我那本關於康德的書是不一樣的；我喜歡它，我寫它像一本關於敵人的書，試著顯示它的系統如何作用，它的許多詐騙——理性的法庭，機能的立法操作（我們對這些的服從更為虛偽，我們被標識

為主法者）。（N, 6）這是經驗主義對理性主義的攻擊，但要
「顯示它的系統如何作用」。

第一節　批　判

事實上，《尼采和哲學》的第三章〈批判〉即以康德為主要
的目標。如把康德定位在真理意志，尼采的權力意志才能說明內
在的起源；也就是說真理意志需要權力意志之足才能行走。「事
物的本質是在佔有它，並在其中表現的力量中發現，它在與這第
一個有親密關係的力量中發展，被對立於它的、或能抓住它的力
量所危害或摧毀。本質常是意義和價值。」（N, 77）事物的本
質等於原初內在力量的表現，並在與其原初內在力量有親密關係
的力量中發展。所以權力意志不僅是說明人的主觀進路，也說明
事物本質的客觀進路。關於這點，研究尼采及海德格的學者米歇
爾‧哈爾（Michel Haar, 1937-2003）說得很清楚：「權力意志是
存有的字語，但這字語是習慣用語，兩個名詞是不可分的，而每
一個名詞失去其通常的意義。雖然它在這裡是一關於存有物全體
的肯定（在這意義上是『形上的』肯定），這習慣用語首先用以
摧毀意志的傳統形上學的概念。至於名詞『權力』，它只在企圖
征服那概念時，得到自己的意義。……意志的古典看法或是將它
轉為形上的實體或更通常轉為主體的能力……最後，它把意志了
解為一統一、同一……因為意志作為意識的能力即非統一，也非

最先的名詞，它是眾多性和複雜性本身，而且是衍生的。」[3]尼采以權力意志命名了存有，但權力意志是萬物全體的肯定，故它是存有學客觀的進路，如把意志作為意識的能力又是存有學主觀的進路；但沒有像意志這樣的事物，它只是心理上感覺的「眾多性和複雜性」。這邊重在指明權力意志在存有學上是有客觀進路的，但德勒茲很快將其拉回主觀進路。對人來說，「本質常是意義和價值」。事物原初內在的力量，已指向發展的變化，在這力量－關係中，或是親密關係或危害關係，已是力量的關係哲學。故德勒茲很清楚地說明：「超越原則是限制原則，而不是內在的起源。……在權力意志和其衍生的方法，尼采處理了內在起源的原則。」（N, 91）換言之，超越原則只是形式的。

至於尼采的透視主義：「並沒有道德事實或現象，只有對現象的道德解釋。」（N, 90）或者可以說既然有很多真理，就沒有（唯一的）真理。

形式

在《康德的批判哲學》中，德勒茲提出了問題。「綜合這樣仍是經驗的和後天的；意志被病理學地決定，欲望機能仍在較低的狀態。為了後者達到其更高的形式，再現必須停止成為客體的再現，甚至先天的一個。它必須是純粹形式的再現。」（KCP, 6）德勒茲大體上是用內容與形式的兩分來決定；康德是「純粹

3　David B. Allison ed., "The New Nietzsche." (New York: Dell, 1977), p.9.

形式」的，欲望機能較低的狀態，是內容的；較高的狀態，成為意志，是形式意志。欲望與意志的區分，德勒茲在尼采的權力意志概念中已有答案。

　　大體上，康德的批判哲學仍可屬於一種關係哲學，主要是理性各機能之間的關係。它大致把機能簡單的列出：1.直覺（特殊的再現直接地關聯到經驗客體，並在感性（sensibility）有其來源），2.概念（再現中介地關聯到經驗客體，經過其他再現的介入，在理解中有其來源），3.理念（一個概念超過經驗的可能性，並在理性中有其來源）（KCP, 8）。在《純粹理性批判》中，理解的「範疇為想像力的綜合提供了統一，否則無法為我們確保任何在康德意義上的知識……通過範疇，我們是真正的立法者。它並未告訴我們特殊現象經其內容的觀點所假設的法則，但構成了一切現象經其形式觀點所必須服從的法則。」（KCP, 16-17）也就是說要獲得知識，想像的綜合必須服從理解的範疇時，因為理解在此是主導的機能，但範疇的鋪設，也為一切現象立法，一切現象的形式必須服從這法則。但我們確實不知特殊現象的內容所服從的法則。但為使「一切」對象為可能的，理性形成了超越理念，除了有絕對主體的靈魂，還有完全系列的世界及實在整體的上帝。（KCP, 19）這時候，「不僅現象經形式的觀點服從範疇，他們的內容也一致於或象徵化了理性的理念。」（KCP, 20）這樣康德的關係哲學僅限於理性的各機能之間的關係，而且是縱向的思維，屬於絕對主體的內在性，經感覺一步步上昇。想像力的綜合服從理解範疇的管理，為一切現象的形式立

法：至於現象的內容，也成為理性理念的象徵。可以大膽說，現
象的「特殊」內容，就在人的理解法則之外。

自由

在《實踐理性批判》中，「實踐理性是呈現理性到對象的關
係，不是為了知道它們，而是為了實現它們。」（KCP, 40）但
實踐理性要如何實現它們呢？這必須訴諸欲望機能。「讓我們考
慮因果性概念，它會在欲望機能的定義中，（再現的關聯到它傾
向產生的客體）……決定欲望能在其更高的形式，它『統一因果
性概念和自由概念』，那是說它給因果性概念一個超感性客體
（自由存有物作為生產的創始原因）……理性實踐地決定了因果
性的超自然客體，且決定因果性本身為自由因果性，能夠以類比
形成一自然。」（KCP, 35）因果性是欲望作用到它傾向產生的
客體，但欲望在更高的形式上是意志。「實踐理性如何獨獨可能
涉及把心靈再現的轉為實在？在那他稱為『病理學』模式的，他
承認它實際上不能；它所能做的是產生實在的幻想的或精神錯亂
的印象。但轉化到更高的形式，康德稱其為意志。欲望能介入實
在……為了把欲望轉化為意志，在真實世界有其理性因果的作
用。」[4]欲望是低級的，只有病理學的模式，但只有欲望轉為意
志，此時客體成為超感性客體，理性因果性是自由因果性。「類

---

[4]　Charles J. Stivale ed., "Gilles Deleuze: Key Concepts." (Montreal: McGill-Queen's Univ., 2011), p.55.

比地」成為一自然，就是把自然理性化了，把自然人類形態化了。

崇高

《判斷力批判》是「想像力作為自由的和理解作為未決定之間的一致，它是在機能之間自由和未決定的一致。這一致界定了恰當地審美的常識（趣味）（taste）。」（KCP, 49）看來是因為理解未決定或者不決定，故想像力是自由的。因為美是不通過欲望，產生快樂；不通過概念，產生判斷。沒有一個機能是立法而成決定性的，而德勒茲認為《判斷力批判》是前兩個批判的基礎。（KCP, 50）但這主觀的和諧或審美的常識，會不會仍停留在休姆所謂的「習慣」呢？想像「在反省對象的形式中，展示了最深的自由，它是在形象（figure）的沉思中遊戲。」（KCP, 49）因為不由概念決定，故非抽象的形式，可以是自由變換的形式。但是對象的內容又在哪裡呢？對象的內容的確出現，是在崇高（sublime）中。

但首先，崇高不是像美在想像與理解機能的關係，而是想像與理性機能的關係。「崇高使我們面對在想像與理性之間的直接主觀關係。但這關係主要是不同意而非一致。在理性的要求和想像之間所經歷到的矛盾。這是為何想像出現為失去自由和崇高感看來是痛苦而不是愉快。但在不同意的根柢上，一致出現了。痛苦使愉悅可能，當想像藉由在一切方面超過它的某物而面對自己的界限，可以承認是在否定的方式中，以再現理性理念的

不可達到性來給它自己，而且使這不可達到的某物在感性自然
（sensible nature）中呈現。」（KCP, 51）理性的要求無非是理
性的理念，是無限，在高位；而想像跳過理解，直接被理性的理
念抓住，失去了想像的自由，故是痛苦。想像有面對自己的界限
的痛苦，但在它突破了美感的和諧的慣性，這痛苦使愉快可能。
但理性的理念之不可達到，居然在感性自然中呈現，這是理性與
自然的矛盾。「在崇高中，想像屈服於十分不同於形式反省的活
動。崇高感被經驗到，當面對無形式的或畸形的（deformed）
〔巨大（immensity）或力量（power）〕……經驗到暴力，自
己伸展到力量的極度。」（KCP, 50）想像面對的是無形式、畸
形的自然，想像經驗到自然無形式的暴力，必須擴展自己的力
量，達到理性理念的無限。

　　不過對康德的哥白尼革命有些反諷的是：「哥白尼革命教導
我們，是我們給出了次序。這裡有古代智慧概念的反轉：聖人被
界定，部分來自他自己的屈服，部分來自『最後的』與自然一
致。康德建立了批判意象與智慧對立：我們是自然的立法者。」
（KCP, 14）換言之當理性給出次序，為自然立法時，這是康德
的哥白尼革命。但部分對自然屈服，部分最終與自然一致，這是
古代聖人的智慧。這是批判康德少了古代聖人的智慧。

時間

　　德勒茲對康德的批判，在《重複與差異》中納入時間的綜合
中討論，之外仍有些餘味，1978 年《康德的批判哲學》的英文

版的〈序〉副標題為「可能概述康德哲學的四個詩意公式」，譯
者說：「康德現在幾乎是尼采式的，一個『概念的發明者』。」
（KCP, xvi）

I. 《純粹理性批判》：哈姆雷特的偉大公式：「時間脫節了。」

II. 《純粹理性批判》：詩人韓波（Rimbaud）的公式：「我是他人。」

III. 《實踐理性批判》：卡夫卡的公式：「善是法律所說的。」

IV. 《判斷力批判》：韓波的公式：「一切意義都失序了。」

前兩個公式出自重新為時間觀念來估量康德，「只要時間依
然在關鍵（hinges）上，它屬於運動。……現在運動屬於時間。
一切改變，包含運動，我們從一個迷宮到另一個迷宮。……一切
事物移動和改變是在時間中，但時間本身並不改變、並不移動，
它不過是永恆的。它是一切事物改變和移動的形式，但它是不變
的形式並不改變。」（KCP, viii）時間不靠繼起來完成一個運
動，而是一切都在時間中移動、改變，但時間是永恆的。這聽起
來像海德格的《時間與存有》（"Time and Being."）。所以德勒
茲說康德必須發現或創造時間的新定義。「哈姆雷特完成了時間
的解放──它已經變成城市時間，別的什麼都不是，是純粹的時

間順序。」[5]換言之，哈姆雷特必須等待時間的順序，而不是由行動展開時間。

「我是他人」：「奇怪地關聯到亞里斯多德的思考方式：『對木頭發現自己，自己是小提琴，實在太糟了！如果銅喚醒了喇叭，那不是它的錯。』……對韓波這是一個事物的決定形式的問題，不同於它所具體化的物質。一個模子，像亞里斯多德。對康德，它是一般時間的形式問題，區分了我（I）的行動與這行動所分配到的自我（ego），無限的變調，不再是一個模子。時間移動到主體中，為了從在主體中的我區別出自我來。它是一個形式，在其下我感受自我，即心靈感受它自己的方式。」（KSP, ix）我是他人，如同自我的分裂，但這不是物質的模子的問題，而是時間的形式。簡言之，行動的我分配到反省的自我上，當時間來到主體上，產生自我的分裂，我感受到自我，這邊心靈感受它自己的方式，這就沒有統一的心靈。

「法律本是善的模仿，善作為最高原則……康德反轉了法律與善的關係，……是善依賴法律……法律沒有自己以外的內容，以法律是純粹形式和沒有客體：既非可感的也非可了解的……道德法則呢，則被定義為普遍性的純粹形式。」（KCP, x）法律本來模仿善，現在善依賴法律。而法律是純粹形式，只是普遍性，所以我們無法知曉道德法則的內容。它沒有內容，只有通過它的

5　德勒茲後來修改和擴展這篇〈序〉。吉爾·德勒茲《哲學的客體：德勒茲讀本》，陳永國、尹晶主編（北京：北京大學，2010），頁250。

行動！

　　德勒茲以《判斷力批判》作為前兩批判的基礎。「一切機能成為沒有規則的操作。」（KCP, xi）是「美和崇高的美學，感覺本身有效，而且展開在情感（pathos）中超過一切邏輯，它能抓住時間在其洶湧前來，在其線索和眩暈的根源。」（KCP, xii）理性各機能的自由遊戲，使最低層的感覺本身有效，美和崇高的美學成為情感的美學。Pathos 是希臘字，一種動情哀感，在時間到來時抓住時間線。「一切機能不規則的操作，將定義未來的哲學；正如對韓波一切意義的失序，定義未來的詩。新的音樂做為不和諧，和作為不和諧的和諧，時間的來源。」（KSP, xiii）在混沌中，感傷抓住了時間的來源，重新創造。德勒茲把康德反轉，康德美學成為未來哲學與藝術的序曲。

第二節　暴　力

　　康德的崇高感所面對的是無形式的，或畸形的自然，想像經驗到自然無形式的暴力。而熟悉尼采的，自然不會忘記酒神狄奧尼索斯的節慶（Dionysian Festivals）。「在近乎每一狀況下，這些節慶集中在過度的性放縱，這浪潮推翻了所有家庭生活，和它尊嚴的傳統。最野蠻的自然本能都被解放了，包含甚至感覺性（sensuality）和殘酷的恐怖混合，這常對我看來是真正的『巫術

釀造』。」[6]酒神的狂歡就是這最野蠻的自然本能，過度的性放縱，甚至達到殘酷與恐怖。力量的極大化，就得思考暴力。在《尼采與哲學》的理解中，德勒茲就曾批判佛洛伊德：「我們能想像尼采將怎麼想佛洛伊德：再次他將廢止心靈生命太過『反應』的概念，無知於真正的『行動』，無能去設想和引起真正的變化（transmutation）。」（NCP, 211）這無非是以尼采主動的力量概念來引起生命的變化。

狼人

狼人（wolf man）是佛洛伊德精神分析的五大案例之一。德勒茲引述佛洛伊德的說法：「佛洛伊德說狼人：『在他的虐待狂（Sadism）中，他維持古代的認同於他的父親；但在他的受虐狂（Masochism）中，他選擇他父親為性欲對象。』」（MCC, 60）虐待狂以薩德侯爵（Sade, 1740-1814）的名字命名，受虐狂以馬佐赫（Sacher Masoch, 1836-1895）的名字命名，狼人的認同與選擇，混合著性與暴力。對薩德小說的思考其來有自，至少柯羅索夫斯基著有《薩德我的鄰居》（1947 年）[7]，莫里斯・布朗肖（Maurice Blanchot, 1907-2003）著有《洛特雷阿蒙與薩德》（1949 年），布朗肖說：「（薩德的）道德是建立在絕對孤獨

---

[6] Friedrich Nietzsche, "The Birth of Tragedy." trans. Walter Kaufmann, (New York: Vintage, 1967), p.39.

[7] 皮埃爾・柯羅索夫斯基《薩德我的鄰居》，閻素偉譯（桂林：灕江，2014）。

的首要現實之上的，……一個人與另一個人沒有任何關係，……別人的最大痛苦總是比不上我的歡樂，我會用數樁聞所未聞的罪行，換取最小的享樂……。」這引述出自喬洛・巴塔耶（Georges Bataille, 1897-1962）的《色情史》一書。[8]薩德著有《所多瑪的一百二十天》，暴力與色情如何建立起道德？馬佐赫著有《穿皮衣的維納斯》，兩人俱是小說家。

　　德勒茲的《受虐狂：冷淡與殘酷》別開生面地研究受虐狂，運用了佛洛伊德及拉康（Jacques Lacan, 1901-1981）精神分析學的許多概念。拉康的口號是「回到佛洛伊德」，拉康學派的影響力大，德勒茲、德里達、利奧塔這輩人多少出入過拉康舉辦的每星期一次的研討會。英文版不到 140 頁的小書，卻突破了佛洛伊德的精神分析，甚至西方傳統哲學，性變態或性倒錯輻射到政治、經濟領域；薩德和馬佐赫本就是色情小說家，《受虐狂：冷淡與殘酷》也可以看成是小說研究。德勒茲盛讚柯羅索夫斯基的最偉大洞見：「虐待狂的幻想基於一個論點，父親摧毀了他自己的家庭，煽動女兒去折磨和謀殺母親。」德勒茲結論說：「在虐待狂中，女人的伊底帕斯意象造成爆發：母親變成了最卓越的犧牲，而女兒被抬到了亂倫共謀的位置。」（MCC, 59-60）這好像是伊底帕斯情結中弒父娶母的另一面？

8　喬治・巴塔耶《色情史》，劉暉譯（北京：商務，2003），頁 149。

單性生殖

　　至於受虐狂，德勒茲說：「受虐狂作為幻想（phantasy）和行動的最古老層次，難道沒有退轉到母子關係，如到歷史的實在嗎？」（MCC, 59）虐待狂的父女關係到受虐狂的母子關係，而後者是歷史的實在，這一齣無意識的戲劇如何發生呢？德勒茲是否藉受虐狂研究來突顯出母子關係的獨特性，甚至優越性？

　　德勒茲試圖將自然－母親及文化－父親的關係定位。「因此驚人的是甚至最開明的精神分析作家把象徵次序（symbolic order）的出現結合於『以父之名』。這當然堅守著把母親獨特未分析的概念，作為自然的再現和父親作為文化和法律的唯一原則和再現。」（MCC, 63）母親作為西方形上學獨特未分析的概念，是否因為此概念的分析，可以突破西方形上學的框架？象徵次序是拉康的象徵界，他也一向以父親的名字來代表，故而受虐狂研究有突破精神分析研究的能量。但是我們還是不知道佛洛伊德伊底帕斯情結中的父子關係如何成為虐待狂中的父女關係？「薩德小說中有許多女英雄，但她們的行動，她們共同享受的樂趣，和她們共同的投射都是模仿男人；男人是觀賞者和統治的天才，她們的一切活動奉獻給他。薩德雌雄同體的創造是亂倫的父女同盟的產物」（MCC, 59）虐待狂（sadism）以薩德（Sade）的名字命名，就是先有癥候。癥候學主要檢查能量在其中運轉的機制，女人成為模仿男人的女英雄，故雌雄同體，故而是取悅男人。隨著柯羅索夫斯基等的薩德研究，而對精神分析的佛洛伊

德、拉康派有所轉進；故斷言在無意識戲劇中是「亂倫的父女同盟的產物」。至於受虐狂（masochism）的戲劇：「多數馬佐赫的小說包含狩獵的場景……理想的女人狩獵一隻熊或一隻狼，並奪走牠的皮……動物代表原始的高級妓女的母親，誕生前的母親，她被狩獵和被奪取，是為了口腔的母親的利益，伴隨著達成再生的目標，一個單性生殖的第二次誕生，其中就如我們所見，男人沒有份。」（MCC, 61）狩獵動物的皮，是為了母親的再生，從高級妓女的母親成為口腔的母親，這是母親的轉變，根本不需要父親，而可以再生。

　　這段對母親意象還不是很清楚，馬佐赫的三個母親意象是：「首先是原始的、子宮的、高級妓女的母親，排泄腔的和沼澤的母親；第二個是伊底帕斯的母親，所愛的人的意象，她變成連結於虐待狂的父親，成為犧牲或共謀；和在這兩者之間，口腔的母親、草原的母親，養育並帶來死亡。」（MCC, 55）在母親的單性生殖中，沒有伊底帕斯母親的位子，而且伊底帕斯弒父娶母的意義，已獨獨變成殘暴父親的意象，故母親與虐待狂的父親連結時，犧牲是母親的死亡，共謀是虐待狂取代了受虐狂。那麼受虐狂的重點只是從子宮的和排泄腔的母親，成為口腔的母親，這裡好像模仿了佛洛伊德的口欲期、肛門期、陽具期三個階段，但卻把肛門和子宮放在誕生前（pre-birth）的母親的階段，以口腔期的母親為再生。前者是沼澤的意象，後者是草原的意象。

酒神版女性主義精神分析

　　這冊關於受虐狂研究的書，雖然依傍佛洛伊德的精神分析概念，拉康的分析架構，寫起來卻有些像尼采《悲劇的誕生》版女性主義精神分析，或酒神版女性主義精神分析暴力的戲劇性場面：「『她穿著皮衣，她揮舞著鞭子，她待男人像奴隸，和她即是我的創造和真正的薩爾馬提亞（Sarmatian）女人。』」（MCC, 47）薩爾馬提亞女人在戰爭中扮演的角色，包含男性穿著女裝戰鬥（可能激發了希臘的亞馬遜部族），在公元三世紀奠定草原的霸主地位，領導者是女王。原始野蠻的女性是母親意象的原型，像《悲劇的誕生》中原始狄奧尼索斯野蠻人。這是馬佐赫自認他所創造的人物意象。高級妓女的母親，卻煥發出原始希臘的美感。「第一個類型是希臘女人異教徒，古希臘高級妓女或阿佛洛狄忒式（代表愛與美、性欲女神），騷動的製造者。她的生命，以她自己的話，是奉獻給愛與美，她為瞬間而活。她是肉欲的（sensual），她愛一切吸引她的人，當然也給出她自己。她相信女人的獨立性和愛情飛逝的特質；對她來說，性別是平等的；她是雌雄同體。但她是阿佛洛狄忒式，女性主動者，她勝利──像歐姆菲爾（河流女神）以女性穿著閹割了赫拉克勒斯（大力士）。」（MCC, 47）她用愛和美控制男人，使男人失去了力量。她的性別平等是贏得勝利，故雌雄同體。這好像是希臘女性肉體的狄奧尼索斯節慶，肉欲的愛與美，如河流一樣使人喜悅。無論如何，這是子宮的母親，誕生前的母親。

至於再生的母親，口腔的母親，也是草原的母親。「自然是草原，馬佐赫描繪草原是偉大的美……自然的再現，由草原、海洋和母親的同一意象，指向傳達觀念：草原埋葬了希臘的肉欲世界和同時拒絕虐待狂的現代世界。它像冷淡（cooling）的力量轉化了欲望和使殘酷變化。這是草原的彌賽亞理想主義。」（MCC, 54）我們記住自然＝草原＝海洋＝母親這一等式，自然是哺育的母親，草原和海洋也是哺育的自然。所以口腔的母親並非母親在口腔期，而是嬰兒藉由口腔吸飲奶水，得到母親的哺育。故而在再生的母親上，確定的是母子關係。再生的母親，猶如母親版的再生的狄奧尼索斯，母親版的第二個狄奧尼索斯。草原，德勒茲一再重複的主題。

伊底帕斯的母親就明顯的是完全希臘化的母親，彷彿完全離開了狄奧尼索斯。阿波羅戰勝了狄奧尼索斯，日神戰勝了酒神。

暴力的形式涉及能量的使用，「虐待狂的『冷漠（apathy）』基本上直接反對感覺：一切感覺甚至和特別是惡行的，都在根據上責難，將帶來危險的消散，防止能量的濃縮和沉澱到非個人的演示的肉欲（sensuality）。」（MCC, 51）在惡行時必須冷漠反對自我的感覺，只有非個人的和演示的肉欲才能保持能量的濃縮。反對自我的感覺豈非反對自我嗎？「顯示了受虐狂及其戲劇性特質的，是在女性折磨者的特殊殘酷形式：理想的殘酷，特殊的冰點，理想被實現的那點。」（MCC, 55）受虐狂的殘酷形式並不反對自我，而是因為理想是殘酷的，是特殊的冰點，故是自我朝向理想。至於暴力所施與的客體，虐待狂的父女聯盟是怎麼

樣建立的？「父親只能是父親，是藉由蹂躪法律，藉由解消家庭和玷汙其份子……使薩德的女英雄成為虐待狂的是她們雞姦地聯合於父親，在一基本地聯盟來反對母親。」（MCC, 60）伊底帕斯的父親是超我殘酷的化身，否定自我及一切既定的事物如法律、家庭，他超過一切的法律。至於受虐狂，「被打的，在他裡面令他丟臉和被譏笑的是父親的意象和相像，和父親攻擊似的回歸可能性。不是孩子被打，而是父親被打。」（MCC, 66）自我朝向理想，首先要打擊超我，受虐狂的母子聯盟打擊父親的意象和相像，以預備再生。

　　虐待狂蔑視法律，受虐狂同樣顛覆法律。「在現代思想裡反諷和幽默採取了新形式：他們現在指向顛覆法律。這把我們引回到薩德和馬佐赫，他們表現了兩個企圖於顛覆，於把法律上下翻轉。」（MCC, 86）我們如果把法律置於中心：虐待狂的反諷是向上運動，粉碎一切法律；受虐狂的幽默則是向下的運動，從法律到它的結果。（MCC, 88）小說風格的誕生，指向顛覆法律。「法律不應基於善的原則而只基於形式，虐待狂形成新的方法，從法律上升到更優越的原則……受虐狂，……他依賴在他頭上的罪，使懲罰成為條件，使被禁止的快樂可能。」（MCC, 89）德勒茲的康德學依據最高的法則行事，故只「基於形式」，法律亦然，故虐待狂上升到更優越的原則。而受虐狂「在他的服從中反叛」（MCC, 89），他一樣顛覆法律，只是表面服從。

歷史背景

如果把薩德和馬佐赫放在歷史背景裡，就可以在文學的風格中看出他們的政治傾向。薩德在 1789 年法國大革命的背景裡，「有一個深刻的政治洞見，在薩德革命共和國的概念作為制度，是基於反對法律和契約；但這個概念完全是反諷的，因為它是性欲和性欲化的，好像慎重考慮挑戰任何以立法或契約的條件去思考政治。……我們得考慮馬佐赫幽默的貢獻，和他在法律與契約的關係概念，在 1848 年革命的脈絡中，結果權力的基本問題出現在真正的亮光中。」（MCC, 79-80）這可以是對他們小說的政治思考的總結，無意識衝動觸及了法律與政治的界限。「色欲（pornological）文學不單只挑戰語言的規範，同時亦質疑法律的權威性。」[9]

這本小書把色欲小說放在佛洛伊德及拉康的精神分析來研究，也即是精神分析研究。如果說虐待狂的無意識衝動類似於康德的形式意志為自然立法，那麼受虐狂的母親版狄奧尼索斯似乎可以產生真正的無意識衝動。「為什麼相信完美世界的觀念？馬佐赫在《離婚的女人》中問道。我們所需要去做的是『戴上翅膀』和逃進夢的世界。他並不相信否定或摧毀世界，也不是把它理想化：他做的是否認並懸擱它，為了確保理想本身懸擱在幻想中。」（MCC, 32-33）我們實際沒有翅膀，只好在夢裡戴上翅膀，飛逸到理想世界；但現實世界在那裡，只能否認或懸擱它。

---

[9]　羅貴祥《德勒茲》（台北：東大圖書，1997），頁 120。

理想在幻想中存在，這是受虐狂的消極和無力。

　　但無意識不知道否定，力量真正的關鍵在動物性，在生物學的範圍。「動物性是深刻地受傷，當其器官從動物到人的變形發生了，這受苦過程的經驗是受虐狂企圖再現的。」（MCC, 69）動物性總在文化狀態中受到壓抑，這亦即是痛苦的根源。《反伊底帕斯》的主題紛紛浮現了。

　　這本書中提到佛洛依德的天才，設想到「重複」是在時間的綜合中，一個「超越的」綜合（MCC, 115），將匯流入德勒茲大作《差異和重複》中。

第三節　神　聖

　　德勒茲《哲學中的表現主義：斯賓諾莎》（1968 年）是作為博士論文《差異與重複》審查的前冊，英譯本也有 400 餘頁，是磚頭書。處理完被他視為敵人的康德，無意識暴力的佛洛伊德、拉康式主題；斯賓諾莎的《倫理學》正當其時，況且他與尼采有「秘密的聯繫」。德勒茲哲學是通過研究這些哲學的概念，形成其廣大的體系。

　　尼采的永恆回歸學說，曾以人經歷過痛苦的生命，而如果願意同樣的生命一再重複，他視為勇氣的試金石。「德勒茲的斯賓諾莎是通過弗里德里希·尼采之眼閱讀的，且特別是尼采的永恆

回歸學說。」[10]即使通過尼采之眼，斯賓諾莎也還是有其倫理系統，德勒茲稱為「表現主義」；在現代藝術裡，重個性、重感情、重主觀表現，斯賓諾莎的倫理學有那麼強烈的色彩嗎？拈出「表現（express）」一詞，就成為斯賓諾莎存有的話語，不如把「表現」視如尼采的權力意志。

表現

斯賓諾莎的泛神論，表現在上帝與自然的關係。「『一切自然現象涉及和表現了上帝的概念。』」（EP, 14）上帝生產出自然萬物，也可以說是上帝表現出他自己：「表現他自己藉由在他自己中，構成了能產的自然（natura naturans），在表現他自己以前，經由在他自己之中生產出所產的自然（natura naturata）。」（EP, 14）上帝的生產，就是上帝的表現；表現就會有生產的意思。但甚麼是「上帝的概念」呢？「我們有上帝更偉大和更完美的知識，與我們對自然的知識相稱。」（EP, 14-15）上帝的知識相稱於自然的知識，我們如何有自然的知識？「事物的定義或觀念被說來是表現事物的本性為它是在其自己。」（EP, 15）尤其是觀念，觀念可以表現事物真正的本性；看來我們如何理解事物也涉及表現問題。

「表現在一方面是一個解說（explication），一個展開

10　Adrian Parr ed., "The Deleuze Dictionary." (New York: Columbia Univ., 2005), p.261.

（unfolding）那表現出它自己的，一在多中顯明自己（實體在其屬性（attributes）中顯明自己，和這屬性在它們的模式（mode）中顯明自己）。它多樣的表現，涉及統一（unity）。一仍然涉及那表現它的，印在那展開它的之中，內在於不論甚麼顯明它的：表現在這方面是涉及（involvement）。」（EP, 16）這邊既涉及一與多的問題，也涉及斯賓諾莎三大概念：實體、屬性、模式。上帝表現他自己，就生產出自然萬物，顯明是要說明我們如何能理解，不也同樣是表現的意思嗎？上帝的無限，表現在自然的無限屬性，上帝也內在於一切表現他的，表現就是展開，一在多中，多在一中。

「屬性像觀點在實體上；但在絕對的限制中這些觀點不再是外在的，和實體包含於自己之中，其觀點在自己上的無限。它的模式是由實體演繹如性質是由事物的定義演繹；但在絕對的限制中，這些性質採取無限的集體存有。它不再是有限理解的問題……。」（EP, 22）上帝作為實體有無限的屬性，屬性也像觀點投射在實體上，但既涉及無限，觀點只能從內在的說，上帝表現出的無限屬性，投射觀點在上帝上也是無限的，實體就包含有這些無限的觀點。「模式涉及上帝的概念和表現它，所以符合於它們的觀念同樣表現上帝的永恆本質。」（EP, 16）我們能理解的是模式，但模式是上帝作為唯一實體演繹的，所以模式也涉及上帝的概念。因為是對絕對，只能是無限理解的問題。我們對模式有觀念，觀念能符合模式就表現上帝的永恆本質。事物的性質是多，必須採取無限的集體存有，多在一中，事物的性質就成為

上帝永恆的本質。

　　「屬性對斯賓諾莎是動態的和積極的形式。而這裡馬上我們有那看來基本的：屬性不再是被歸於（attributed），而在其意義上是『歸給』。每一屬性表現一個本質，和把它歸給實體。……屬性參照它的本質到內在的上帝，它是形上學必然性的原則和結果。」（EP, 45）動態和積極的就不是靜態的，這很容易透過表現概念了解，「斯賓諾莎說每一屬性表現一個特定的無限和永恆的本質……或每一屬性表現實體的本質，其存有或實在。」（EP, 13）所以本質，存有或實在的意義是相同的，每一屬性都從一個方向表現一個特定的無限和永恆的本質，這就是把它歸給實體。屬性不再是被歸因於上帝，屬性所表現的本質也歸給上帝，所以參照它的本質到內在的上帝。但這只是形式地說，斯賓諾莎採用的方法是形式的方法。（EP, 48）「屬性是……存有的單義（univacal）形式……屬性是上帝的創造；上帝的這些表現是單義的，構成上帝的本性為能產的自然，並涉及到事物的本性為所產的自然，在特定的方式下，同樣地再表現它們。」（EP, 49）上帝的表現就構成上帝的本性，存有的單義形式就是上帝，上帝作為能產＝自然，有無限的屬性，這無限的屬性還是存有的單義形式。如果不經無限的理解，就不是存有的單義形式的表現，而只是經有限的理解描述（predicate）事物的性質成為外在的決定。「它們並不構成實體的本性，而只是描述甚麼構成了那本性。所以它們並不形成存有的本質，而只是作為早已形成的本質的樣態。」（EP, 50）描述並不是表現，形容也只是想像

而不是觀念。「屬性是話語表現了實體的本質或性質,而固有(propria)只是形容地指出這些本質或性質的樣態。」(EP, 50)固有不是無限的理解,不構成屬性,不是表現,只是靜態的描述。「在一切事物中給上帝卓越性——神聖的口和眼,道德的性質和崇高(sublime)的激情,山和天空。」(EP, 51)外在的描述甚至已有的命名,或者類比,都不是屬性的表現。說上帝全知全能,也是固有,不是屬性;例如山使人想起「崇高」,天使人想起「超越」,這都是固有。

模式

上帝作為能產的自然,必有力量(power),模式也該有力量。「力量和本質的同一,是被同等地聲明(在相同的條件)模式和實體。這些條件是屬性,由此實體具有全能,與本質同一。和這樣模式涉及相同的屬性,構成了上帝的本質,被說來是去『解說』或『表現』神聖的力量。」(EP, 92)力量和本質同一,有屬性作為相同的條件,模式和實體同一,實體就是上帝的本質。

模式也能「解說」或「表現」神聖的力量。「一個模式的本質是力量,對他相應著模式的特定能力要被感受(affected)到,但因為模式是自然的一部分,這能力常被運用或是在由外在事物所產生的感情(affection)(這些感情稱為被動的)或是由其自己的本質所說明的感情(稱為主動的)。」(EP, 93)模式與模式之間的關係成為力量關係,外在的力量被感受到,是被動

的；由自己的內在力量出發是主動的感情。「斯賓諾莎並沒有混淆模式的本質與實體的本質：我的力量仍是我自己的本質，上帝的力量仍是他自己的本質，而我的力量同時是上帝的力量的一部分。」（EP, 92）模式的本質是力量，實體的本質是無限的力量，我的有限力量只是這無限力量的一部分。故模式放在萬物分殊的樣態上說，而上帝是唯一的實體。

那麼屬性與本質的關係在於：「如果上帝的力量和本質能夠被有限的本質解說（explicated），這是因為屬性是形式，共通於它的構成其本質的上帝，和它們包含其本質的有限事物。上帝的力量分開和解說他自己在每一屬性中，依據包含在那屬性的本質。」（EP, 92）上帝的本質是力量，模式的本質也是力量，其中有屬性作為本質可以共通，但屬性有本質不也是力量嗎？只是這力量藉由形式來表現。模式與模式之間必有區分，是依據甚麼呢？「斯賓諾莎是朝著區分成特異性（singularity）的觀念，屬於模式的本質本身。存有（模式的本質）的差異立之刻是內在的和純粹地量的；因為這裡在問題中的量是強度的。」（EP, 197）存有是單義的，不論無限的實體（上帝），或有限模式的本質。模式的本質是以特異性來區分；而特異性是存有的差異，是內在的量，只以強度來衡量。特異性在德勒茲哲學中處處迴盪。

德勒茲總結實體、屬性與模式的關係：「實體是，這樣說，一切性質的絕對存有論的同一，絕對無限的力量，存在於一切形式的和思考一切形式的力量。屬性是無限的形式或性質，和因此

不可分。所以有限既非實質的，也非性質的。但也不只是外表，
它是模式的，即量的。」（EP, 198）實體和屬性在質上是存有
論的同一，上帝（實體）思考一切形式，屬性就是這無限的形
式，藉形式共通於無限及有限。絕對無限的力量只能是質的，有
限的力量既包含於他也被他表現。但模式的本質純粹是量的強度
量。

情感

　　模式的本質難道沒有質的部分嗎？嚴格講，質的部分與屬性
和實體應是同一的，但有限模式卻得由強度量來表現。有限的模
式進入存在，就不單由本質來衡量，這裡有德勒茲重視的自然傾
向（conatus）概念，和關係哲學。「自然傾向的確是模式的本
質（或力量的程度），一旦模式開始存在。一個模式來到存在，
當其廣延的（extensive）部分是外在地決定於進入了以模式為特
性的關係：那時，和只有那時，其本質本身被決定為自然傾
向。」（EP, 230）開始存在就要進入活動，身體在空間中橫向
進行，模式開始表現，模式以強度量為特性，與其他模式發生關
係。只有這時被決定為自然傾向，這是以模式的獨特本質來表現
的。德勒茲說「一個模式的本質永恆地在關係中表現自己。」
（EP, 209）也就是說在這裡可以經由關係哲學建立斯賓諾莎的
經驗主義。「一個存在的模式的自然傾向此則與模式在每一瞬間
經歷到的感情（affections）不可分。」（EP, 231）把自然傾向
放到存在的生活情境中，每一瞬間都經驗到感情。「自然傾向由

我們實際經歷到的感情和感覺決定，稱為『欲望（desire）』，這樣它必然伴隨著意識。對感覺與觀念的聯結，我們必須進一步加上欲望與感覺的聯結。只要我們被感受的能力仍然由被動的感情所運用，我們的自然傾向由激情決定，或如斯賓諾莎所說，我們的欲望本身由激情誕生。」（EP, 231）加上《尼采和哲學》的主動和被動模式，被動的感情和激情聯結，產生欲望，主動的感情和意識聯結，產生觀念，事實上是權力意志。不過，進入了關係哲學，如果沒有《康德的批判哲學》首先分析理性機能的關係，很難綜合各機能之間的「聯結」，所以德勒茲說：「自然傾向的動力（dynamic）特性是與其機械的聯合。」（EP, 230）動力要進入活動，機械則是各機能之間的主動「裝配（assemblage）」。

德勒茲《哲學中的表現主義：斯賓諾莎》卷帙浩繁，涉及哲學史問題如笛卡爾和萊布尼茲（Leibniz）思想的比較。就像《尼采和哲學》後推出了《尼采》的小書，他兩年後又推出《斯賓諾莎的實踐哲學》小書。從篇幅上看，他的斯賓諾莎研究比尼采研究更重。德勒茲說：「當尼采寫道：『我真的驚訝，真的歡悅……我幾乎不知道斯賓諾莎：把我現在帶向他的是本能的引導。』」（SP, 129）他引的是尼采 1881 年寫的信。本能的引導無非是如何擺脫激情的生命。他甚至說：「尼采是嚴格的斯賓諾莎主義，當他寫：『較大的活動是無意識；意識通常只出現在當一個整體想要使自己附屬於較高的全體。他首先是這較高整體的，在自我以外的實在的意識。』」（SP, 21）生活大半的活動

在無意識中，意識是把我和客體作為一個整體去附屬於超絕（transcendent）的整體，對超絕整體的意識成為首先的，這是在自我以外的實在的意識。我們不可能對之有經驗。

斯賓諾莎甚至說明意識有三重幻覺：「亞當如何想像自己是快樂而完美的？通過三重幻相的操作：既然它只相信結果，意識將滿足它的無知，以倒轉了事物的次序，把結果當作原因（目的因的幻覺）：它將解釋物體在我們身上的結果解釋為它自己行動的目的因。在這方式中它將把自己當作第一因，和祈求它的力量在物體之上（自由命令（decrees）的幻覺）。而在意識不再能想像它自己是第一因，也不是目的組織者，它祈求上帝賦有理解和決意（volition），藉著最後因及自由命令的操作，旨在為人預備可與祂的光榮和懲罰相稱的世界（神學的幻覺）。」（SP, 20）意識與幻覺不可分，倒果為因，結果是好的就視結果為原因，其實我們對原因一無所知。意識又認為自己是主體，故對物體有力量。最後是死後的至福，死後的世界，相信是另一個世界。

我們的意識看來有很大幅度的虛幻。「斯賓諾莎有時定義欲望為『胃口（appetite）』伴隨著胃口的意識。」（SP, 20）意識只是我們的胃口而已。

好壞

德勒茲認為斯賓諾莎也有關係哲學，譬如說禁止亞當吃蘋果：「這是一個兩個物體之間相遇的例子，特有的關係不能相容

＝水果將充當毒藥；即它將決定亞當身體的部分（和與此平行，水果的觀念將決定它的心靈的部分）去進入新的關係，不再與他自己的本質一致。但因為亞當對原因無知，它認為上帝道德地禁止它某些事物，而上帝指示顯示消化這食物的自然結果。」（SP, 26）水果和亞當的身體是兩個物體，兩個物體相遇就構成了關係，特有的關係不能相容；水果有毒就決定亞當身體的部分，對水果的觀念就決定亞當心靈的部分，這是斯賓諾莎的身心平行論。這是自然的結果而不是道德的禁令。善與惡的問題直接被好與壞取代，德勒茲引用尼采的話說：「『超過（beyond）善與惡，至少這不意謂：超過好與壞。』善是一個物體直接地混合它的關係於我們的，以它的力量的全部或部分，增加我們的。例如一個水果，對我們而言，壞的是當一個物體分解了我們的身體的關係……分解了我們的血液。」（SP, 22）好的關係增加力量，壞的關係減少力量。故斯賓諾莎用「倫理學，即是說存在的內在模式的拓樸學，取代了道德性，其常把存在參照到超絕的價值。」內在模式是我們自己內在的力量，超絕的則在我們自己的經驗之外。斯賓諾莎的《倫理學》為尼采的《道德系譜學》開路。

　　從道德性可以推到社會。「法律不論是道德的或社會的，並不提供我們任何知識，它無法知道任何事。最糟的是，它防止知識的形成（暴君的法律）。最好的時候，它預備知識並使之可能（亞伯拉罕的或基督的法律）。在兩個極端之間，它取代了知識，在那些因為其存在模式而無能於知識的人（摩西的法

律）。」（SP, 24）最好的是亞伯拉罕或基督的法律，只是為知
識做預備，還不是知識，道德與知識無關，摩西的存在模式，使
它的法律只有道德無能於有知識。最糟的是暴君的法律，只有命
令。

　　「斯賓諾莎不停指責三種人物：帶著悲哀的激情的人；利用
這些悲哀的激情的人，需要他們來建立起他的權力；和為人類的
情況悲哀，為一般的人類激情悲哀的人……奴隸、暴君和教士，
道德主義者的三重。」（SP, 25）暴君的法律就是命令，要悲哀
的激情的人服從，建立他的專制威權。教士正好為暴君利用他們
的「宗教打扮，以致人可以勇敢為奴役像為安全奮鬥。」（SP,
25）

動物

　　比較特殊的是倫理學與動物行為學（ethology）的關係。
「斯賓諾莎倫理學與道德無關，他設想它為動物行為學，即快與
慢速度的，感受與被感受能力的混合，在這內在性平面（the
plan of immanence）上。」（SP, 125）感受是放在動物行為的層
次，不只是人。雖然內在性平面擴大來講是自然平面。「內在性
平面，自然平面分配感受，但在可被稱為自然的事物和人造的事
物之間並不做成任何區分。」（SP, 124）但要說到活動和感
受，只有以動物行為學為參考架構。「扁蝨，吸食哺乳動物血液
的動物。他以三種感受定義這種動物：首先與光線有關（爬到枝
頭）；次則是嗅覺（讓你掉到通過樹枝下的哺乳類動物）；三是

熱的（尋找無毛區，最溫暖的點。）」（SP, 124）德勒茲是引述馮・于克斯庫爾（J. von Uexküll, 1864-1944）的研究。三種感受都是體感，動物行動和感受。

另外小漢斯的故事也是佛洛伊德著名的案例，開《反伊底帕斯》的先聲，小漢斯「做了一個拉曳的馬在城裡拉車圖樣的感受表（昂首闊步、有眼罩、走得太快、拖拉重物、顛躓倒下、騷動喧嘩……等）。」（SP, 124）也就是馬在動物行為上的行動和感受，無由據以判定小漢斯是有病的。甚至德勒茲在感受與行動上區分出差異。「在耕田的馬或拉曳的馬和競賽的馬之間的差異，比起牛和耕田的馬之間的差異更大。」（SP, 124）行動的快與慢和感受的不同，最有動物行為的差異。

《斯賓諾莎的實踐哲學》（1970 年），是在法國 1968 年五月風暴後，尤其是 1969 年與加塔利相遇開始合作計畫，大量閱讀，結論部分已露出端倪。另在 1978 年開始在萬塞訥開講斯賓諾莎課程，為期三年。[11]他說斯賓諾莎在模式上區分三種觀念：感情（affection），概念和實體。在感情上：「當我身處偶然際遇，承受感情之時，有時我承受的是悲苦的感情，有時是愉悅的感情。」前者令「行動能力減弱」，後者令「行動能力增強」。而概念：「它所表象的並非一個物體對另一物體的作用，也即這兩個物體之間的混合，而是它們的特徵性關係的內在適合或不適

---

[11] 汪民安、郭曉彥主編《德勒茲與情動》（南京：江蘇人民，2016），頁 4-22。原譯為「情感」，均改譯為「感情」。

合」，概念已「上升至對原因的理解」。至於本質：「有必要將
每個人的特異本質理解為一種強度或強度的極限。」故特異性即
強度，而「如果你達到了一個純強度的世界，所有一切都被設想
為彼此相合。這時如斯賓諾莎所言，你對自身的愛也就同時是對
不同於你的事物之愛。」由感覺經由概念到達本質，這三種觀念
被稱作「客觀現實」，表達相當簡明。

第三章　差異和瘋狂

　　《差異和重複》（1968 年）是德勒茲的博士論文，也是一本哲學上的傑作，連同一樣卷帙浩繁的副論文《哲學的表現主義：斯賓諾莎》至此一共也出了十本書。信心十足地批判先前的哲學思想，包括海德格（Martin Heidegger, 1888-1976）在內，故《差異和重複》頗有與《存有和時間》抗衡的意味。其實 1955 年海德格來到法國參加有關他思想的研討會，加布里埃爾・馬塞爾（Gabriel Marcel）（原文為巴塞爾，應誤），呂安西・哥德曼（Lucien Goldmann），讓・斯塔羅賓斯基（Jean Starobinski）、保羅・里柯（Paul Ricoeur）和德勒茲等，甚至米歇爾・哈爾（Michel Haar）這樣的年輕哲學家也參與海氏著作的法語翻譯，海德格當時在法國已成為歐陸的最重要的哲學家了！[1] 德勒茲不可能對海德格不熟悉。

　　德勒茲對海德格的相對緘默，單看他以尼采學起家，與海德格四卷《尼采》書大異其趣，便已耐人尋味。海德格著名的「存

---

[1]　伊森・克萊因伯格《存在的一代》，陳穎譯（北京：新星，2010），頁272-273。

有論差異」與德勒茲《差異和重複》已頗有「重複」；而他主觀式的進路，羽翼已豐。何況 1967 年，較他年少的德里達一下推出了三冊作品《書寫和差異》、《言語和現象》、《論文字科學》，帶著頗強的海德格色彩，延異（differance）正從「存有論差異」概念別闢蹊徑。在氛圍上，為示區別，都得這樣隔一隔。何況《差異和重複》在哲學上的成就非凡，足以和《存有與時間》分庭抗禮。

第一節　差　異

　　德勒茲《差異和重複》計 340 頁左右，〈海德格差異哲學的摘記〉只占二頁，大體根據海德格代表作《存有和時間》以後的論文或書來「摘記」差異概念（DR, 64-66）。〈何謂形上學〉：海德格的「非」（not）參照的不是存有中的否定，而是存有作為差異；它參照的不是否定，而是提問。《理性的本質》：「非」表現的不是否定，而是在存有和存有物之間的差異。〈何謂形上學〉：是否「是」（is）從未和無處揭露自己為不同於那「是」著，即我們稱為存有的存有物。〈征服形上學〉：差異是折疊（fold）。它是存有的和存有構成存有物的構成，在開顯（clearing）和遮蔽（veiling）的雙重運動中。《理性的本質》：存有論差異符合於提問，它是提問的存有，它是一個問題，劃分出存在的決定領域。〈征服形上學〉：這是一個轉向超過形上學：「存有本身能在其真理中展開存有和存有論的差異

保存於自己中，只有當差異明確地發生。」《同一和差異》：差異不能附屬於同一或平等，但必須被思考為相同，在相同中。

存有

德勒茲大致肯定海德格跟隨鄧斯‧司各脫（Duns Scotus, 1265-1308）給予存有的單義性嶄新的光彩。但海德格的「無」的概念，他刪除掉存有而不是在非－存有的（非）插句的方式，是在存有與提問間的符合。所以德勒茲問：海德格的在這種方式下設想存有，能真的脫離任何附屬於與再現的同一的關係嗎？它看來不能，看他對尼采永恆回歸的批判。

德勒茲相當精準地抓住寥寥可數幾篇文章的重點，海德格為存有劃「╳」而不是用（非）的插句，這表示還是對存有論差異提問的方式。海德格批判永恆回歸為「存有的人性化」：「現在他自己要被解釋為就存有物全體而言，這裡的一切是在轉圈子。」[2]海德格是避免從「人性化」的角度開始的；這就是存有學的主觀式進路，一定被海德格歸屬（權力意志）形上學。在這裡可以見出海德格的有意區隔：「他一方面與『以人的觀點來看』的傾向水火不容，因為這種傾向只會加劇以前的形上學所堅持的存有概念的混亂。……另一方面，他又發現作為一個存在哲學家要徹底擺脫主體性是不可能的。……由於對來自以前各種生

---

[2] Martin Heidegger, "The Eternal Recurrence of the Same." trans. David Farrell Krell, (San Fancisco: Harper and Row, 1961), p.105.

命哲學的哲學具體性（如柏格森、尼采、狄爾泰）的渴望一直沒
有實現，所以《存有與時間》的邏輯總是在贊成和反對哲學主觀
定義的遺產之間搖擺不定。」[3]狄爾泰、尼采、柏格森是哲學主
觀主義的遺產，德勒茲的企圖就是在實現生命哲學的哲學具體
性。海德格的搖擺在《存有與時間》中的決斷：「決斷論就是一
種意志論，它和尼采的『權力意志』理想如出一轍。」（同上，
55）《存有與時間》是存有在人之中的涉及，避免不了主觀主義
的遺產；在《存有與時間》後的轉向，「追問」存有本身，就難
免德勒茲認定「存有論差異」符合提問。至少存有論的客觀式進
路為了避免人性概念，而追問物的存有模式，顯然是迂緩的。海
德格式的提問在《何謂事物》中最為典型：「假如我們不了解事
物本身，去決定那種真理適合於它，我們如何了解事物的基本真
理呢？」[4]要展現物的存有模式，提問涉及與傳統形上學入路的
折衝；德勒茲還是認定海德格屬於單義存有論，但是很難避免再
現存有概念的同一。不過，海德格的「不斷」提問存有，尤其在
《康德與形上學問題》中的說明，德勒茲說：「理念的潛能，它
可決定的虛擬性。在這點上，海德格是尼采式的。」（DR,
201）在存有論的主觀性進路，存有就是差異，差異之後更無存
有，這如何是可能的？不沉思存有，不去提問，把存有劃刪除

---

[3] 理查德・沃林《存在的政治》，周憲、王志宏譯（北京：商務 2000），
頁 53。譯文據台灣中譯習慣改。

[4] Martin Heidegger, "What is a Thing?" trans. W. B. Barton, Jr. and Vera
Deutsch, (Chicago: Henry Regnery, 1967), p.27.

線，這次不是存有還在刪除線下隱現，而是存有消失不見。那麼在海德格存有和存有物之間的差異，只剩下後兩者，即存有物、差異兩者，換到主觀性進路，即人、差異兩者。重點是差異，在人的概念之下，如何差異化自身。人如何進至差異，差異概念首先要被思考到，人－差異，人如何差異化？雖然差異之後並無存有，差異還是存有論的。

特異性

《差異和重複》的〈引言〉卻是〈重複和差異〉，這說明差異和重複是共生的概念，而且先得說明重複概念，才能進一步了解什麼是差異。「重複是必要的和可證明的指引，只有關係到那不能被取代的。重複作為指引和作為一個觀點，關注的是不可交換和不可取代的特異性（singularity）。」（DR, 1）「重複是必要的和可證明的指引」，很容易讓我們聯想到德勒茲引述過休姆的話：「習慣，那麼是人類生命的偉大引導。」（ES, 94）在生活經驗上來說，我們首先可以了解的重複是習慣，對人生起一種指引作用。但德勒茲說明：重複之所以可能，是關係到不能被取代的，無非就是差異。進一步說，重複關係到差異，而差異是不可交換和不可取代的特異性，差異是作為特異性而提出來。

什麼是特異性？「也許這重複在外在指引的層次中，在它自己的部分，發出那使它有生氣的秘密震動的回音，在特異性中一個更深刻的，內在的重複。這是節慶的明顯矛盾：他們重複一個『不可重複的』，他們並沒有對第一次加上第二次和第三次，而

是把第一次帶到無限次的力量。」（DR, 1）在外在習慣的重複中，差異是使它有生氣的祕密震動的回音，差異是特異性，是不可重複的第一次。差異使重複可能，特異性使習慣可能，人的差異首先要尋索特異性，只有特異性的第一次，把生活習慣帶到無限次的重複。人的特異性，不可重複的第一次，自然有沒有特異性？「如果重複能被發現，甚至在自然中，它是在力量的名字中肯定它自己來反對法律，它在法律之下作用，也許優於法律。如果重複存在，它馬上表現特異性來對立於一般的，普遍性對立於特殊的，不同的對立於通常的，瞬時性對立於變更和永恆對立於永久。在每一方面，重複是一個違反。它把法律放入疑問。它指責名義的或一般的特性，贊成更深刻地和更藝術的實在。」（DR, 2-3）特異性即是那力量，重複只能在力量的名字下肯定自己。自然的重複是力量的重複，法律只是「持續而不是重複」，「在關係到大的，永久的自然客體，法律主體經驗到自己的無力去重複。」（DR, 2）自然的力量是特異性，運作為重複的自然規律，反對法律。特異性對立於一般性，一般性只是「現象必然出現為相等於在選擇要素之間的特定的量的關係。」（DR, 3）以上是數學到物理學的運用。「選擇和保持相同的要素，再現了現象是相等的。」（DR, 3）以上是道德律。這二者都是一般性。德勒茲甚至說道德律是來自於自然律的模型。「道德律的應用能被設想，只有在良心中恢復自然規律的意象和模型。」（DR, 4）如果我們記得康德的墓銘誌：「在上者群星的天宇，在內心者道德的律則，都使我心存敬畏。」也就了解了德

勒茲的話。

「重複屬於幽默和反諷，它在本性上是違犯或例外，常顯現一種特異性，對立於包括在法律之下的特殊，顯露普遍的對立於產生法律的一般性。」（DR, 5）德勒茲重複了《虐待狂：冷淡和殘酷》中虐待狂與受虐狂的論證。不論是否病態的重複，幽默和反諷是下降和上升，幽默是延緩和尋求例外，反諷是推翻法律，重複都是特異性的作用。這裡是特異性對立於（法律下的）特殊，普遍性對立於一般性，但在頁二中是「特異性來對立於一般的，普遍性對立於特殊的」，可見特異性就有普遍性。甚至特異性是不是也有不同的和瞬時性？

情感

按照德勒茲，「一種力量是克爾凱郭爾（Søren Kierkegaard, 1813-1855）和尼采共有的。（法國詩人佩吉（Charles Péguy, 1873-1914）也應加上，為了形成教士、反基督和天主教這三聯畫（triptych））。……使重複不僅是對語言和思想特殊的力量，優良的情感（pathos）和病理學，也是未來哲學的基本範疇。」（DR, 5）克爾凱郭爾著有《重複》：「重複和回憶是同一種運動，只是方向相反；回憶是往後的重複，被回憶之物已然存在，而真正的重複是向前的回憶。」[5]這就有重複與時間的關

---

[5]　索倫・克爾凱郭爾《重複》，王柏華譯（天津：百花文藝，2000），頁4。

係。至於佩吉和天主教，可以暗含在《冷淡與殘酷》中的討論；佩吉的名言是：「康德倫理學有乾淨的手，但在講，實際上沒有動手的方式。」什麼是情感？pathos 是希臘字，是生活中的一種經歷，或激起憐憫、同情和悲傷情緒。「什麼發生了？……『身體發生了什麼』和『靈魂發生了什麼』……在主動的力量，固有在事物中有能力去行動，和被動的刺激，身體被作用。」[6] pathos 在英文中通於 passion，激情。至於病理學，就是德勒茲所謂的癥候學。pathos 在尼采也是個關鍵字。那麼特異性就是在重複中活動的力量，主動和被動在《尼采和哲學》中也是核心概念。這三人的重複是力量的重複，故力量與優良的感傷是一路。

德勒茲列出他們三人一致的主要命題：「1.使重複本身成就某些新的。在尼采的情況下：解放意志於束縛他的，使重複成為意願的客體。2.重複對立於自然規律。克爾凱郭爾關注意志最內部的要素，這是因為一切圍繞意志變化。尼采在自然本身發現重複，這是因為他在自然中發現某些優於法律的統治：一個意志意願自己通過所有變化，力量對立於法律。大地的內部對立於表面的法律。疊歌（refrain）是永恆回歸與循環或流通，作為成為相似或成為相等──簡言之，自然動物的信實性和自然感性原則。3.重複對立於道德律，對立到變成倫理學延宕（suspension）的那點上，超過善與惡的思想，重複出現為孤獨和特異的邏各斯

6　F. E. Peters, "Greek Philosophical Terms." (New York: New York Univ., 1967), pp.152-153.

（logos），私人的思考家。重複的形式在永恆回歸中，是直接的、普遍的、特異的再聯合的視野形式，推翻一切一般的法律。4.重複不只對立於習慣的一段性，也對立於記憶的特殊性。重複是未來的思想。在重複和藉由重複，遺忘變成積極的力量，當無意識變成積極的和優良的無意識（例如遺忘即力量，是永恆回歸生活經驗的具體部分），一切事物總結在力量中。」（DR, 6-8）

　　1.重複常成為規律的形式，例如法律及習慣都束縛人的意志，只有意願新的重複。2.克爾凱郭爾關注意志最內部的要素，意志可產生變化。尼采發現自然律優於法律，大地的內部是自然力量的來源，與法律對立。疊歌是動物的歌聲，重複不斷地唱著，是力量通過重複而成為韻律感，這是永恆回歸的循環或流通，取代了相似與相等的法則；要恢復自然動物的信實性和自然的感性法則。3.尼采何以能超越過善與惡，如果不是發現力量來對抗法律。孤獨是離群索居，遠離眾人，離開世俗的價值標榜，孤獨中可以發現特異性的力量。特異性既是力量，是直接的、普遍的，不須經過任何中介，也是未有習慣和法律之前的原始力量。4.習慣和記憶都可能是封鎖意志的方式，重複是精神的指向投向未來，遺忘記憶成為關鍵的一步，這也是尼采的思想。遺忘記憶的封鎖成為積極的力量。永恆回歸是回歸到生活經驗中，回歸特異性的力量。基本上來說，特異性可以是尼采權力意志的別名，權力意志即生命原始特殊的力量，意志最內部的要素即力量，可以指出未來的方向。

劇場

　　「在劇場中，英雄重複，正因為他分離於本質的無限知識，這個知識在他之中，浸沒於他之中和活動在他之中，但活動像某些隱藏的，像封鎖的再現。……他不知道他知道。」（DR, 15）什麼是這個知識，本質的知識，如果不是特異性，還能是什麼呢？特異性的力量造成英雄重複的行動，但他只是行動，重複果敢的行動，他不知道他知道，除非達到最後的認知。特異性在此又等同於斯賓諾莎的本質了。這樣，我們就知道「尼采的主要觀念是把在永恆回歸中的重複奠基在上帝之死和自我的解消兩者之上。」（DR, 11）既不在超驗性也不在自我主體，而是在自我之前的特異性，是力量。

　　「這是在作品中出產生一種運動，能夠影響心靈，在一切再現之外；它是一個使運動本身成為一作品，而沒有插入的問題；用直接的符號代替中介的再現的問題，發現震動的旋轉、迴旋、吸引、舞蹈和跳躍，直接觸及心靈的問題。這是劇場的人的觀念，在他的時代之前的導演的觀念。在這意義上，某些完全嶄新的，始於克爾凱郭爾和尼采。」（DR, 8）力量表現為直接的符號，符號包括旋轉、迴旋、吸引、舞蹈和跳躍，都是運動。表演成為劇場。「符號是劇場的真正要素。它們表明到精神和自然的力量，活動在文字、姿態、角色，再現的客體之下。它們表明重複是真正的運動，對立於再現，那是抽象的錯誤運動。」（DR, 23）抽象的概念需要中介，顯然指明黑格爾的概念是抽象的錯誤

運動。力量的表現，成為直接的符號。這是精神和自然的力量，力量的重複是真正的運動：但德勒茲還是把力量歸於特異性。「在法律的一般操作之下，無論如何，常只有特異性的遊戲。在自然中周期的一般性是特異性的面具，通過它們的干涉而出現；在道德生命中習慣的一般性之下的，我們再發現學習的特異過程。」（DR, 25）法律是人為的，特異性的力量變換、組合，是遊戲狀態。在自然的規律中，是周期的一般性，是特異性的力量表現而形成的「面具」，實質上是力量的舞蹈。在道德律中，是習慣的一般性；實際上，學習是學習在習慣以外的，使生命成長，更有活力的特異過程。自然仍要歸於人，「有更深的重複，『特異的主體，他者（other）的內部性和核心。』引發這個重複。」[7]特異的主體是含有特異性的主體，主體只是暫時機構宜的稱呼，特異性是一種力量的流動，基本上是反主體的。

德勒茲怎麼批判亞里斯多德呢？「特殊的（種的）差異不能再現一個普通的概念（即是說理念），包圍著一切特異性和差異的轉動，而只是參考到特殊的瞬間，其中差異只是與一般的概念一致。……最普遍的和最特殊的。特殊的差異只參考到整個關聯的最大的，適應希臘之眼的那個點，──特別對希臘之眼去尋求意謂（mean），而失去了狄奧尼索斯運送的和變形（metamorphoses）的意義。」（DR, 31-32）亞里斯多德下定義

7　Henry Somers-Hall, "Deleuze's Difference and Repetition." (Edinburgh: Edinburgh Univ., 2013), p.21.

的方式是採用生物學分類的方式，即是界、門、綱、目、科、屬、種的分類方式愈往下層，則被歸屬的生物越接近。屬（genus）和種（species）的討論，即以種差來為人下了一個本質性定義：人是有理性的動物，人與動物的種差在理性，理性成了人的本質。德勒茲卻認為特異性即是差異的轉動，即是最普遍的概念，甚至是理念，也是最特殊的。亞里斯多德的希臘之眼是尋求「意謂」，一般的概念，失去的酒神之眼是尋求變形的力量，是最普遍又最特殊的概念，特異性的概念，但特異性為何又是（康德的）理念（Idea）呢？這個理念正注入了尼采的權力意志，凡以全副意志仰望之處，那就是美。

單義

「在結果上，在單義性（univocity）中基本的不是存有被說到是在單一和相同的意義上，而是說在單一和相同的意義上，個體化的差異或內在的樣式（modality）。存有對所有這些樣式相同的，但這些樣式並不相同，它對所有（all）是相同的，但他們本身並不相等。它是說到所有在一個單一的意義上，但他們本身並沒有相同的意義。單義存有的本質是去包含個體化的差異，而這些差異並沒有相同的本質和並不改變存有的本質。」（DR, 36）這一段對單義存有論說得相當清楚，不是說及存有本身，在單一和相同的意義上，而是說及個體化的存有，個體化的存有就是個體化的差異，自然的是內在的樣式也是差異。相同的都是存有，但不需要去說及它，只需要說「存有對這些樣式是相同

的」，存有在個體化的差異中顯明出來，存有即差異，但差異不是個體，而是個體化的差異，內在的樣式。存有的所有（萬物）都是相同的，但萬物的存有並不相等，因為有個體化的差異。故所有萬物在存有的一個單一的意義上，但個體有個體化的差異，內在的樣式也有差異，故意義是不同的。這些個體化的差異，現在可以給它一個名字，德勒茲說是特異性；萬物的特異性並沒有相同的本質，但這並不改變存有的本質。存有祇能由差異來說，差異之外無所謂存有，現在從個體化的差異來說，是特異性。

由單義存有論，存有對這些內在的樣式是相同的，但內在的樣式是差異。德勒茲說到游牧式的分配，是邏各斯（logos）以外的分配，他以諾摩斯（nomos）來說明這種分配。「這必須要稱為游牧的（nomadic），游牧的諾摩斯，沒有財產、圍牆或丈量（measure），沒有那被分配的區分，而是在那些把自己分配到開放空間的區分──沒有限制的空間，或至少沒有精確限制的空間。」（DR, 36）諾摩斯在希臘文中還有習慣及傳統的意思，故德勒茲說的不是諾摩斯，而是游牧的諾摩斯；不是定量分配或有圍牆限制的空間，而是開放空間的分配，沒有限制的空間。德勒茲甚至稱為遊戲空間。游牧的諾摩斯，遊戲的諾摩斯，「參考到都市以外的空間，通常是草地，不服從法律，或城市（或城邦）的組織模式。」[8]草地或是草原，沒有丈量和精確限制的空

---

[8]　Ian Buchanan and Marcel Swiboda ed., "Deleuze and Music." (Edinburgh: Edinburgh Univ., 2004), p.21.

間，是游牧空間，也是在《虐待狂：冷淡和殘酷》中已說到是母性空間。

發　展

　　德勒茲提到發展單義存有三個主要發展。第一個是鄧斯・司各脫（Duns Scotus, 1265-1308），他提出物質具有思惟能力，並將個體性（haecceity, thisness）作為個性化原則。「他看到存有在普遍與特異的交叉的這面。……這些改變（variation）……是個體化的樣式，其中有限的和無限的構成的正是特異的強度。」（DR, 39）存有對萬物既是普遍的分有，個體化的樣式卻是特異性。現在有限的現實個體，和無限的特異性所構成的個體化樣式，正是「特異的強度」，換言之，祇有特異性是力量的來源，構成強度。強度通於無限，造成改變。

　　德勒茲贊許斯賓諾莎的「哥白尼革命」，因為他說到變化，「打開差異的可能性。」（DR, 40）「存有本身是說到實體和模式的單一獨特的意義，甚至雖然模式和實體並沒有相同的意義或並沒有在相同方式下的存有。……實體是相等的由所有屬性符合其本質來指示，和相等的由一切模式符合於其力量的程度來表現。」（DR, 40）存有本身是上帝無限的實體和個體有限的模式的單一獨特的意義，雖然這兩者之間並沒有相同的意義，無限的實體和有限的模式也不會有相同方式下的存有。上帝無限的實體，他的所有無限屬性自然符合其本質；個體的有限模式卻是依其力量的程度無非是特異性的強度來表現。這兩者都是存有單一

而獨特的意義，這自然是單義存有論。

　　至於尼采，「永恆回歸是存有的單義。」（DR, 41）「只有極度的形式回歸，──那些大或小，展開在限制中和伸展到他們力量的限制，轉化他們自己和把一個人（one）改變成另一人（another）。只有極度的、過度的，回歸；那成為某些其他的和變成同一。這是為何永恆回歸說到的只是變形的劇場世界和權力意志的，意志純粹強度的面具，這正像易變的個體化要素，不願讓他們包含在這或那個個體的，這或那個自我的人為限制。」（DR, 41）極度的形式是把力量伸展到限制，衝破人為的限制，才能轉化他們自己，這是說回歸到特異性的力量和強度，回歸到個體化的差異和內在的樣式。強度的力量是回到個體化的存有中，不願包含在「這個或那個個體的人為限制」中，這是權力意志的，意志的純粹強度。就像韓波說的，「我是他人」，一個人改變成另一個人，成為變形的劇場，這是個人與屬己的存有「同一」。

　　對黑格爾的批判：「黑格爾辯證法的印跡在現象學的開始常被注意：這裡和現在被置定為空洞的普遍，即抽象的普遍，聲明隨著它們引出差異，而事實上差異並不以任何方式跟隨，和仍然連接在它自己空間的深度中，在常由特異性組成的有差別的實在的這裡－現在中。」（DR, 52）抽象的普遍不能引出差異，差異是由特異性組成，這裡－現在出現為有差別的實在，這是「空間的深度」。這裡－現在是鄧斯·司各脫的個體性，後來德勒茲提到的「感覺的存有」。

　　在《意義的邏輯》（1969 年）中，德勒茲對特異性有更完整的說明。「特異性是真正的超越事件，和佛靈蓋蒂（Ferlinghetti, 1919-?）稱它們『第四人稱單數』。遠非是個體的或個人的，特異性主持著個體和個人的起源，它們是分配到一『潛能』中，既不承認自我，也不承認我，但以現實化自己和實現自己而產生它們，雖然這現實化的形象（figure）一點兒也不像實現的潛能⋯⋯只有當世界聯合於匿名的（anonymous）和游牧的，非個人的和先於個人的特異性，開放，我們最後才踏上超越的領域。」（LS, 118-119）佛靈蓋蒂是美國詩人、畫家，「第四人稱單數」表示不是你、我、他，只有在個體和個人的起源上去追索。把特異性視為力量或能量的流動，是一種潛能，潛能現實化自己和實現自己產生自我和我，但這現實化的形象落在你、我、他的我中，落在「互為主體」的人際關係之網中，一點兒也不像特異性的能量和強度。非個人的和先於個人的才是個人的特異性，才是匿名的和游牧的能量的分配，這是超越的領域。

第二節　重　複

　　差異是在其自己（in itself），重複是為其自己（for itself），總有自為的成分。德勒茲說：「想想我們稱為重複的，在一個生命中，更精確地，在一個精神生命中。」（DR, 83）但差異仍是在重複的核心。

沉思

　　塞謬爾・巴特勒（Samuel Butler, 1835-1902）是位小說家，他在《生命與習慣》中說：「離開習慣沒有連續性⋯⋯因為甚至穀類在田裡逐漸習慣一個迷信以直到它自己的存在，和只有把大地和水分，轉為小麥，是通過自信自己有能力這樣做，沒有這樣做的信心，它是無力的⋯⋯。」（引自 DR, 75）這是不是所謂「有機綜合」？德勒茲評論道：「什麼有機體不是由元素和重複的、沉思的情況做成，和收縮了水、氮、炭、氯化物和硫酸鹽，因此糾纏著它被組成的所有習慣？有機體喚起到第三九柱神（Ennead）的崇高話語：一切是沉思！也許是反諷的，說一切是沉思，甚至石頭和木頭，動物和人，甚至阿克特翁（Actaeon）和雄鹿，納息西斯（Narcissus）和花，甚至我們的行動和我們的需要。但是反諷同樣仍然是個沉思，不過是個沉思，⋯⋯普羅提諾說人決定自己的影像，和欣賞它，只有以轉回去沉思他由之而來的。」（DR, 75）沉思、收縮、習慣這三者的關係為何？有機體「是由元素和重複的、沉思的情況做成」，那麼元素涉及收縮，但收縮也是沉思；重複造成習慣，但習慣還是沉思。連小麥都有它的自信，自信還是沉思。有機體因此糾纏著收縮元素的，由此它被組成的習慣，普羅提諾（Plotinus, 204-270）是新柏拉圖主義之父，著《六部九章集》，他以談及九柱神的創世神話來分節，第三九柱神中有《論自然，沉思和一》，他說：「一切都是沉思。」那麼有機體和動物，人都是沉思。希臘神話中阿克特

翁看到女神黛安娜洗澡,被變成一隻雄鹿,被自己的獵狗撕碎,連變形都是沉思?至於納息西斯的自戀,就像普羅提諾說的:「人決定自己的影像並且欣賞它」。如說這樣的沉思漫無邊際像個反諷,反諷還是個沉思。

　　德勒茲振振有詞地說:「在構成的被動性次序裡,知覺綜合參考回到有機綜合,及像是意義的感性(sensibility);它們參考回到我們主要是感性。我們是由收縮的水、大地、光和空氣造成——不僅先於這些的認知和再現,而且先於它們的被了解到。每一有機體在其接受的和知覺的元素中,也在其內臟中是收縮的總和,記憶的和期待的總數。在這主要的有生命力的感性層次中,活過的現在構成在時間中的過去和未來,需要是未來出現於其中的方式,作為期待的有機形式。保留的過去出現在細胞遺傳的形式。」(DR, 73)知覺綜合才能談到意義,有機綜合主要是感性,故在德勒茲,意義是要參考回到感性。我們收縮元素就像有機體接受的和知覺的元素,甚至臟腑構成都是收縮的結果。經由收縮的持續,記憶和期待就有時間的要素。生物以需要為主,活過的現在在深遠沒有記憶的時間中保留的過去,出現在細胞遺傳的形式。有機體包含單細胞生物、植物、動物、人類,故從一切包含元素的結合,進展到有機體,細胞是生物的最小單位故是生物學,都是收縮與沉思。「一個動物為自己形成眼睛,是以造成分散的和擴散的光度的刺激,能夠在它身體的特許的表面再生。眼睛束縛了光亮,它本身是束縛的光亮。這例子足夠顯示綜合的複雜性。因為的確有再生的活動,把要被束縛的差異看作是

客體；但更深刻的是有重複的激情，由此出現新的差異（形成的眼睛或在看的主體）。興奮作為一個差異，已是基礎的重複的收縮。到刺激同樣變成重複要素的範圍，收縮綜合……。」（DR, 96）收縮元素，光元素的刺激在特許的表面再生，就形成眼睛，故眼睛「束縛」了光度。收縮的元素不同就形成差異，這就是收縮綜合。就把這些要被束縛的差異形成器官，重複的激情想要收縮差異。外在刺激的差異「已」是不斷重複的收縮。這是生理器官構成的「沉思」。

需要

　　德勒茲式的需要重複總是由外而內的道路，經驗主義總要談到綜合。「雞頸的點動，伴隨著心臟的脈動是有機綜合，在它們用來作為與穀子的知覺綜合的啄食之前。」（DR, 76）有機綜合還在生理器官，或可稱為有機的重複，知覺綜合的可稱為「需要的重複」（DR, 77）德勒茲還展示了主動綜合，「以結合於它們之上的知覺綜合，這些有機綜合再展開於心理－有機的記憶和理智的（本能和學習）主動綜合。我們必須因此區分不僅是關聯到被動綜合的重複形式，也要區分被動綜合的層次和這些層次彼此的和與主動綜合的結合。」（DR, 73）顯然被動綜合在刺激雖有差異，收縮而成習慣好像主要是以重複的形式為主，而主動綜合在心理－有機的記憶比較是本能與學習的成長之路。但德勒茲將之擴大到符號圈，即使動物行為學也有本能和學習。「一切這些形成了富饒的符號領域，常圍繞著龐雜的要素和有活力的行為。

每一收縮，每一被動綜合，構成一個符號，被解釋和發展於主動綜合中。動物由符號覺察到（sensed）水的在場，並不相似於它的渴在於有機體所缺少的要素。」（DR, 73）被動綜合即構成符號，在主動綜合中再加以解釋和發展，這是富饒的符號領域，經驗的超越之路，終將成為符號的追尋。

精神

　　由外而內，德勒茲著意在比較兩種重複，「物質的或赤裸的重複，所謂相同的重複，像一層皮揭開了，差異內核的和更複雜的內在重複的外皮，差異在這兩種重複之間。」（DR, 76）物質的或赤裸的重複是顯然較奠基在需要上，這一層不是沒有差異，但德勒茲還是歸類在相同的重複。什麼是內在重複呢？德勒茲進一步說：「這不也是說，相反的，重複在兩種差異之間？」（DR, 76）不要忘記，差異是重複的內核。他藉法國社會學家加布里埃爾・塔爾德（Gabriel Tarde, 1843-1904）的思想來說明：「加布里埃爾・塔爾德描述了在這方式下的辯證發展；一個重複過程被理解為從一般的差異到特異的差異的，從外在的差異到內在的差異的通道——簡言之，重複作為差異的差分（differenciotar）。」（DR, 76）加布里埃爾・塔爾德的思想在注中有評介，（見 DR, 313-314）要點是外在的差異是一般的差異，內的差異是特異的差異。特異這個詞終於再出現，這是差異的內核，重點在於從外在的到內在的過程。德勒茲在另一處說：「在兩個重複之間，物質的和精神的，有廣大的差異。」（DR,

84）內在的重複，「差異」的重複是精神的重複。另外又稱「一個是赤裸的，另一個著衣的；一個是部分的重複，另一個是全體的；一個涉及繼起，另一個共存；一個是現實的，另一個虛擬（virtual）；一個是水平的，一個是垂直的。」（DR, 84）著衣的表示離開現實的需要，是精神的重複。部分的是時間的線性觀點，它收縮的是「沒差（indifferent）的瞬間」（DR, 84），只是現在的繼起，全體的則包含現在、過去、未來的差異。經驗主義要水平的，橫向的進行，垂直的則是精神的超越之路。經驗主要是現實的，但含有過去、未來的層次則是虛擬的。「物質的重複甚至當它發生並未完成，而且只能被主動的綜合再現，把他的要素投射到保存和計算的空間……精神的重複展開在過去的存有本身（在其自己）……」（DR, 84）物質的重複主要涉及需要，保存生命，計較得失。精神的重複要從過去的存有本身來開展，故重複涉及和時間的綜合。

「對時間的第一綜合……生活的現在（生命的緊迫性）。生活的現在，而且與它一起是有機和心靈生命的全體，基於習慣。追隨孔狄亞克，我們必須認為習慣是基礎，由此衍生出其他心靈現象。」（DR, 78）孔狄亞克（Étienne Bonnot de Condillac, 1714-1780）是法國經驗主義學派哲學家，研究心靈哲學，生活的現在是應付生活的需要，需要本身有緊迫性，需要本身是赤裸的現實，習慣是其他心靈習慣的基礎。

在習慣層面上是被動的自我。「被動的自我不是僅由接受性定義——那是藉著經驗感覺的能力——而是由於收縮的沉思構成

了有機體本身,在它構成感覺以前。」(DR, 78)收縮的沉思也有主動性,構成有機體;而感覺則主要是接受性。當然德勒茲不願在收縮的沉思談主動性,因為有機體已構成了,主動性要暫放一旁。「自我是幼蟲的主體;被動綜合的世界構成了自我的系統,在尚需決定的條件下,但它是解消自我的系統,有一個自我只要當偷偷的沉思被建立,只要當收縮機器能從在某些地方起作用用的重複引出一些差異。」(DR, 78-79)幼蟲的主體就是尚未成熟的主體,這只是名義的主體,被動綜合的世界是現在的世界,構成自我的系統是構成幼蟲的自我的系統,既然「真的」自我尚未現前,故只能是解消自我的系統。我們的生命是「收縮機器」,但只要偷偷的沉思,意謂在他人所不了解的地方,能夠在重複的習慣中引出一些差異,「有另一個自我」,不是幼蟲的主體,什麼是記憶的第二綜合?

遺忘

「習慣的第一綜合真的是時間的基礎(foundation)。基礎關心土壤:它顯示某物是如何建立在這土壤上,它如何占據和占有土壤;而根據(ground)從天空來,他從高峰走向基礎,和衡量占有者和土壤互相攻擊,依據所有權的頭銜。習慣是時間的基礎,移動的土壤被消逝的現在佔據。現在的聲明正是它消逝。無論如何,正是那造成現在去消逝的,現在和習慣屬於它,它必然被思考為時間的根據。它是記憶為時間奠基(grounds)。」(DR, 79)習慣以需要為主,現在有維持生命的急迫性,是現實

生命立身的基礎。在此說關心土壤，是占有或占據以為立身之
基。習慣的現在是時間的基礎。但記憶從天空來，這超越的成分
是虛擬的成分。現在必要消逝，不消逝就無法成為過去，占有者
的定居分配，是由社會和法律所定的規則，土壤則是流動的空
間，此兩者彼此反對，所有權的頭銜與自然的土壤不相稱。「任
何現實的現在消逝，只因為所有現在被構成為現在和過去兩者，
在所有過去中呈現了整個過去是保存在自身中，和這包含著從未
呈現的過去（虛擬的）。」[9]總之過去造成現在消逝，過去是時
間的根據。

　　在表面上看，記憶是主動的綜合。「習慣的被動綜合構成時
間為收縮的瞬間在關聯到現在，但記憶的主動綜合構成為插入
（embedding）現在本身。」（DR, 81）習慣收縮的瞬間是時間
的線段觀點與時間的關係是被動的；記憶是主動的，就把過去插
入現在。但記憶除了主動綜合，還有被動綜合一面。「記憶的主
動綜合也許很好地以（經驗的）習慣的被動綜合為基礎，但另一
方面，它能由對記憶是特殊的另一（超越的）被動綜合來奠
基。」（DR, 81）記憶的主動綜合以習慣的被動綜合為基礎，但
又能由超越的（天空的）一面來奠基，超越的一面是被動的與時
間的關係，這是「相關於過去的純粹要素，被理解為一般的過
去，作為先天的（a prior）過去。」（DR, 81）過去的純粹要

9　　Adrian Parr ed., "The Deleuze Dictionary." (New York: Columbia Univ.,
　　 2005), p.297.

素，是過去自身被封存在其自己，那是在主動上無法追憶的過去，在經驗中無法直接獲得，只能是被動的綜合。

我們能記起的，是先前的過去，由現在的瞬間所記起的先前的現在，時間收縮在瞬間中，現象學式的由現在再現過去。我們所無法記起的是遺忘的過去，「整個過去是保存在自身當中，但我們如何為我們自己拯救它，我們如何能穿夠其自身而不把它還原到它曾是的先前的現在或關聯到它是過去的先前的現在？……普魯斯特介入，接下柏格森的權杖……回憶（reminiscence）。在結果上，這指明一個被動綜合，一個非自願記憶（involuntary memory），與任何主動綜合結合於非自願記憶的不同性質。」（DR, 84-85）我們如何拯救無法記憶的過去，不是主動綜合，那還是屬於現在的再現；但被動綜合是非自願記憶。

但德勒茲把這非自願記憶，歸於愛欲（Eros）。「每一回憶，不論是個城鎮或是女人，是性欲的（erotic）。它常是愛欲，本體（noumenon），讓我們穿透這純粹的過去本身，這處女般的重複是回憶。」（DR, 85）為什麼是愛欲？這得要進行時間的第三個綜合時間的空洞形式。

瘋狂

這開始於法國詩人韓波的名言：「我是他人。」何以我是他人？康德在「我思」和「我在」之間考慮到時間關係。「未決定的存在藉由『我思』是可決定的，是那時間的形式……這個結果是極端的：我未決定的存在能被決定，只有在時間之中作為現象

的被動的存在，接受的現象主體出現在時間之中。」（DR, 86）「我思」與「我在」之間有時間的距離，「我在」在「我思」之中成為可決定的，只有在時間之中，結果是「我在」成為現象之被動的存在，那是接受的現象學主體。「時間表示了在我之中的錯誤和破裂和在自我之中的被動性，和在被動的自我和破裂的我構成了超越的發現，……革命的要素。」（DR, 86）「我思」思考並決定「我在」，反省是現象學式的反省「我在」的行動所犯的錯誤，同時「我思」與「我在」成為破裂，思考的我與行動的我之間的破裂。行動的我被思考的我決定為一種被動性。行動的自我就像在思考的我之中的他人。在我之中的內在性分裂，是康德的哥白尼革命。「是荷爾德林發現了純粹時間的空洞形式……荷爾德林在這時間的形式中看到悲劇的本質和伊底帕斯的冒險，好像這是相同死亡本能的恭維形象。」（DR, 87）德國詩人荷爾德林（Friedrich Hölderlin, 1770-1843）如果繼續了康德只沉思不行動的被動性，那麼在德勒茲的心目中，海德格也應入列？被動性是悲劇的本質，以至伊底帕斯王的冒險行動都是被佛洛伊德的死亡本能的陰影所籠罩。主動而不是被動，肯定而不是否定，仍是德勒茲的衡量標準。

「北方王子說時間脫節了（out of joint）……意謂著瘋狂的時間或時間在給它一個神的曲線之外，解放於太過簡單的循環形象，解放於構成其內容的事件，它與運動之間的關係被推翻了，時間呈現自己為空間和純粹的形式，時間自己展開……。」（DR, 86）哈姆雷特說時間脫出了它的秩序，既不是有一個神作

為主宰的時間曲線，也不是簡單的過去、現在、未來的循環，也不是依循事件作為時間的內容。時間不屬於行動，而是時間自己的展開。「重複在它是反省的概念之前，是一個行動的條件。我們生產出某些新的，只在我們重複的條件上，一次在那構成過去的模式，和一次在變形（metamorphosis）的現在。還有，那所產生的絕對新的本身，同樣不過是重複：第三個重複，此次以過度，未來即永恆回歸的重複。」（DR, 90）行動先於反省。不過這次在分裂的我的條件上，沉思的我衡量過去行動的自我的無力感，「行動的影像對他們太大」，現在則「英雄變得『能夠』行動」（DR, 89），至於未來則是永恆回歸的重複。故這是以時間的第三綜合重新審視過去、現在、未來。這樣的過去、現在、未來，不禁讓人想起尼采駱駝、猛獅、嬰兒的「精神三變」。[10]

無名

不過德勒茲認為：「尼采的永恆回歸學說從未陳述，而保留為未來的工作：尼采給我們的只是過去的條件和現在的變形，而不是無條件的，這將有一個結果即未來。」（DR, 92）或許嬰兒之變即是一種陳述。「像柯羅索夫斯基說的，它是秘密的一貫性，它建立自己只是以排除我自己的一貫性，我自己的同一、自我、世界和上帝的同一，它允許的只是平民去回歸，無名之人

---

[10]　Walter Kaufmann ed., "The Portable Nietzsche." (USA: Princeton, 1954), pp.137-139.

（the man without a name），它把死亡的神和解消的自我捲入循環。」（DR, 90-91）永恆回歸躍入了未來，全新的人，是秘密的一貫性，過去、現在的一貫性全被排除，有名就落入社會的機制，故是無名之人得以回歸。自我和世界，上帝的同一全被排除。「時間的形式因此只是為了在永恆回歸中無形式的啟示……根據被無根據取代，一個普通的無根據而以自己為轉移，而且造成的只是尚未來到（yet to come）的去回歸。」（DR, 91）形式是人為的區分，把人為的區分廢棄，時間成為無形式的，也無理性的根據，成為無根據的。但未來就是尚未來到卻也是還要來到，不斷來到，這正是時間的湧現。

第三節　無意識綜合

　　由時間的三個綜合定位，德勒茲用了十個餘頁討論無意識與時間的綜合，當然是有批判的意味。無意識也有時間的三個綜合。首先在第一綜合中要確定的是「習慣在被動束縛的綜合，先於快樂原則，並使之可能。」（DR, 97）這是以習慣來批判佛洛伊德的快樂原則。在第一綜合中他稱為習性（habitus），呈現重複為束縛，在生活的現在不斷更新的形式（DR, 108）。佛洛伊德曾將心靈裝置為本我（id）、自我、超我。「本我在這意義上不只是一個代名詞參照到可畏懼的未知，也是一個副詞參照到變動的地方，興奮和決心的這裡和那裡。」（DR, 96）本我，在拉丁語稱為它，大體上說是本能的領域，無意識所在地，為自我意

識所不知的可畏懼的未知，同時也在身體上不安的地方產生興奮感和決心要這樣。「生物心理的生命含有個體化的領域，在其中，強度的差異被分配到這裡和那裡，在期待的形式。這一差異的決心在量的和性質的過程是我們稱為快樂的，這種——差異的變動分配和部分的決心在一個強度領域中——符合於佛洛伊德稱為本我的。」（DR, 96）生物心理的生命既是個體化的領域，也是強度的領域，但佛洛伊德卻把強度的差異所分配到身體部分的興奮，形成一種期待的決心稱為快樂。而快樂原則必然使「在自由差異的形式中而興奮，在其決心變成為系統可能的方式下，在某種意義上必然被『投資』、『聯繫』、束縛。」（DR, 96）就是把心理能量投資、聯繫、束縛在身體的部分，那是自由差異形式中的興奮。

自戀

　　「在第二綜合中是愛欲－記憶的（Eros-Mnemosyne），置定重複為代替和偽裝，作用為快樂原則的根據。」（DR, 108）德勒茲提出柏格森的虛擬概念以說明小孩並不是那麼以自我為中心。「虛擬（virtual）對象基本上屬於過去，在《物質與記憶》中，柏格森提出世界的圖式（schema）帶有兩個中心，一個真實的和另一個虛擬的，由此發出在一方面『知覺－影像』系列，和在另一方面『記憶－影像』系列，兩個系列合作合作於無盡的回路。」（DR, 101）這兩種影像都是朝向對象，一個是現在的知覺，一個是過去的記憶，是雙中心。這兩種同時並起。彼此無

盡的合作。他同意法國哲學家亨利‧馬迪奈（Henri Maldiney, 1912-2013）的分析：「亨利‧馬迪奈是正確的去說，在分析兒童的運動中，嬰兒的世界不會是循環或自我中心的，而是橢圓的；它有兩個中心和種類上有所不同，兩者無論如何是客觀的或對象的。」（DR, 100）橢圓正是雙中心。故而德勒茲認為在真實－影像上，小孩是朝向真實對象，在虛擬－影像上是朝向虛擬對象。「事實上，小孩是構成在雙重系列：一個在連結的被動綜合的基礎上和在束縛興奮的基礎上。兩個系列都是對象的；一個系列包含真實對象，用來作為主動綜合的相關；另一個虛擬對象，用來作為被動綜合的延伸。延伸的被動自我－實現自己於納息西斯的（narcissistic）影像。」（DR, 100）知覺對象是在聯結的主動綜合的基礎上束縛興奮，虛擬對象是在聯結的被動綜合的基礎上，召喚回憶，甚至自戀。

虛擬

　　相關於這兩個系列，必然有兩種區分。自我保存的驅力（drive）與實在原則不可分，真實對象是全部的（global）。（DR, 100）「性欲驅力更不可分於虛擬中心的構成，或與它們相符合的被動綜合與被動自我的延伸：在先－生殖的性欲中，行動常是觀察或沉思，但被觀察或沉思的常是虛擬的。」（DR, 100）既然真實對象是全部的對象，觀察或沉思的虛擬對象就是局部的。「虛擬對象是局部對象（partial object）——不僅是因為它缺少了仍然在真實中的一部分，而且在其自身和為其自身因

為它分開或雙重化為兩個虛擬部分，一個常常消失於另一個。簡言之，虛擬的從未服從於影響了真實對象的全部性。」（DR, 100-101）全部對象難道不是真實對象嗎？德勒茲在此保留的原因是自我保存驅力朝向全部對象，朝向真實對象，但還不是真實對象「本身」，只是真實－影像，同樣的，虛擬對象還是虛擬影像，局部對象還是局部影像，故虛擬的局部對象是虛擬了在真實對象中缺少的局部對象，但所缺少的局部對象也還是虛擬的，虛擬變雙重化了，主觀性的影像和客觀性的影像彼此競出，俱都獨立出來，一個消失於另一個之中。德勒茲即以此評斷精神分析學說的局部對象。「這些局部的或虛擬的對象是在許多名字下遇到，像是梅蘭妮·克萊因（Melanie Klein, 1882-1960）的好和壞之對象、『過渡』的對象、偶像對象，最重要的拉康的對象小 a（object a）。佛洛伊德確定地顯示先－生殖的性欲包含了局部驅力如何從自我保存驅力的操作中扣減出來，這一衍生預設了對象構成本身是局部的和作用為許多虛擬的中心，許多極點，常與性欲一起雙重化了。」（DR, 101）性欲驅力的局部對象不過是從自我保存驅力之全部對象扣減出來，既然是局部對象，當然有許多虛擬的中心，並與性欲一起雙重化了。

　　德勒茲斷言：「虛擬對象——不僅以其根原而且以自己的本性——是一個斷片、碎片或殘餘。」（DR, 101）局部對象只是全部對象的殘片，還是過去的殘片。他以此來評論拉康著名的評論，於愛倫坡（Edgar Allan Poe）的《失竊的信》吸收虛擬對象。「這是為何虛擬對象只作為它們本身和斷片存在：它們只作

為失去而被發現；它們只作為恢復而存在……虛擬對象屬於純粹過去。」（DR, 102）純粹過去，不可記憶的過去，在精神分析家之手畢竟被性愛（erotic）化了。拉康的「象徵的陽具表示的純粹和性愛模式，不少於性欲的不可記憶的，象徵是常－代替的斷片，代表一個從未呈現的過去：對象＝x。」（DR, 103）從未呈現的對象，即是不可知的對象，而且是象徵化的，這就很難是真實的過去，「固著（fixation）和退轉（regression）概念，沿著創傷和原始（primal）場景，表達了這第一個要素。結果，重複在原則上符合一個物質的、赤裸的和粗野的重複，被理解為相同的重複：自動症（automatism）的觀念在這脈絡中表現了固定驅力的樣態，或者，被固著和退轉所制約的重複。」（DR, 103）固定驅力於局部對象，退轉地回到早期幼年期性欲發展的階段，精神受到創傷的原始場景，這些都是屬於物質的重複，赤裸的重複、相同的重複，還不是精神的重複、穿衣的重複，精神分析是一種強迫式的重複。

死亡本能

　　無意識與時間的第三綜合，在精神分析上是死亡本能。「是這在自戀（narcissistic）自我和死亡本能的關係，佛洛伊德如此深刻的指出，在說並沒有力比多（libido）逆流到自我，而自我不變成去性化和形成一個中立的代替的能量，基本上能夠為死亡（Thanatos）服務。」（DR, 111）也就是說在自戀自我中力比多（原欲）逆流到自我，自我變成去性化和中立的代替能量。那

麼自戀自我是在何等意義上的死亡？「死亡並不出現在生者
（the living）所將回歸的，一個沒差別的無生氣物質的客觀模
型；它呈現在生者中在一種主觀的和沒差別的經驗賦予了它的原
形（prototype），它不是物質狀態，相反的，已廢棄了一切物
質，它符合於純粹形式——時間的空洞形式。」（DR, 112）所
以不是客觀的無生氣的物質狀態，而是主觀的沒差別的經驗。
「愛欲和記憶間的關聯，被在自戀自我而沒有記憶——偉大的健
忘症，和死亡本能的去性欲化而沒有愛這兩者之間所取代。自戀
自我有的不過是個死去的身體，已失去了身體同時失去其對象，
它是藉由死亡本能而反省到自我理想，在超我中有目的的呈現，
好像在分裂自我的兩個斷片中。」（DR, 111）力比多逆流到超
我，作為自我的理想。第二綜合是愛欲和記憶，第三綜合成為自
戀自我沒有記憶，死亡本能去性欲化而沒有愛。既沒有在第一綜
合中身體引起的興奮的重複，也沒有在第二綜合中（局部）對象
的重複，失去了身體及其對象。分裂自我是「我是他人」，超我
出現在自我中。

　　現在、過去、未來，在興奮、記憶與理想間，在自我、本我
與超我的層次上，組成了三種綜合。甚至在第三種綜合中，「死
亡的出現是作為無根據的，超過愛欲的根據，和智性的基礎。」
（DR, 114）無根據的，是時間空洞的形式，在第三綜合中，
「禁止應用快樂原則為先天指導的觀念，是為了之後進行再性欲
化，其中快樂只投資在純粹的、冷淡的、冷漠的和冷酷無情的思
想，像我們在虐待狂和受虐狂的情況。」（DR, 115）虐待狂和

受虐狂是在第三綜合的基礎上，但再性欲化只在思想上，只在冷酷的思想上。「德勒茲通過佛洛伊德的死亡本能的透鏡來閱讀《純粹理性批判》；對他來說，法則不再起於理性，而是起於死亡的形式，德勒茲稱為『虛無化』。死亡本能實踐了這虛無化……。」[11]虛無化的「在超我中聲稱本我和自我的摧毀，過去和現在的摧毀……。」（DR, 115）死亡本能起了支配作用。

德勒茲談到一種真正的死亡本能，不是歸於無生氣的物質，也不是像佛洛伊德這種虛無化的形式，此兩種都是來自沒有。「其他的死亡，死亡的其他面貌或面相，參考到自由差異的狀態，當它們不再服從於由我或自我加於它們之上的形式，當他們假定一個形式，排除了我自己的一貫性，不少於無論甚麼同一……個體不再拘束在我和自我的個人形式，特異也不再拘束在個體的限制。」（DR, 113）這種死亡是喪失自我，喪失自我的一貫性，甚至是「無論甚麼同一」，是人的同一嗎？是「種族、階級、性別」的同一嗎？至少他喪失了個人在社會上可以認同的身分，成為「無名之人」，回到先於個人的特異，特異性的能量流動。

黑暗前體

以柏格森的意義而言，無意識－回憶是種心靈經驗，這種經

---

[11]　Keith W. Faulkner, "Deleuze and the Three Syntheses of Time" (New York: Peter Lang, 2006), p.106.

驗和語言的關係為何？「是否心靈經驗是像一個語言而結構起來的問題？」（DR, 122）顯然針對的是拉康的名言：「無意識像語言那樣結構。」德勒茲說這問題「依賴黑暗前體（the dark precursors）」（DR, 122）。「黑暗前體」的提出，是以雷電說明：「雷電爆炸在不同的強度之間，但它們是由不可見的、不可知覺的黑暗前體在先，那預先決定了它們的路徑，但相反，好像凹刻（intagliated）。同樣每一系統包含它的黑暗前體，保證了周邊系列的溝通。」（DR, 119）如果黑暗前體是渾沌的力量，內容預先決定了雷電爆炸的方向，但出現的形式與內容正相反。內容是黑暗前體，無形式的，一旦形成形式是相反的，出現的形式是凹面，不是力量的凸現，是凹現。故從無規劃的力量出現為有規則的形式，這只是黑暗前體的結果，雷電的光正好與其相反。「同一和相似將會不過是不可避免的幻象——換言之，反省（reflection）概念將說明我們在再現範疇的基礎上思考差異的難改習慣。無論如何，一切那些是可能的，只因為不可見的前體隱蔽了自己和其作用，和同時隱蔽了差異的本身或真正本性。」（DR, 119）現在黑暗前體或混沌，被視為就是差異，隱蔽了自己，是不可見的，濃密的烏雲。我們在反省中再現事物的概念時不可避免地以同一相似為基準，這是主體的定立不可避免的幻相。尼采曾說：「我是濃雲後之閃電。」德勒茲則視濃雲為黑暗前體，閃電為語言規則，「它（前體）在它所失去的地方之外沒有位置，在它缺乏的之外沒有同一：它正是對象＝x……它在自己的結果中隱蔽自己，因為它永遠在自己中代替自己的和在系列

中偽裝自己的方式。」（DR, 120）前體在它出現的地方消失，在出現的地方只是前體作用的結果，它隱蔽自己，也沒有同一。它正是對象已經消失的對象，對象＝x 的不可知，在出現的地方自己代替自己，在系列中偽裝自己。

德勒茲對語言學的前體，是以深奧（esoteric）的字來說明：「語言學的前體屬於一種元語言，和能被具體化，只有在從第一級動詞（verbal）再現的系列的觀點來看缺少意義的一個字。它是疊歌（refrain）。深奧字的雙重層次，它說出它自己的意義，但這樣做只是以再現它和它們自己為無意義，清楚地表現了意義永遠的代替和它在系列之間的偽裝。」（DR, 123）語言學的前體只能是關於文字的文字，俄羅斯諺語：「含有真理的一個字，比整個俄羅斯更重。」這無疑是深奧的字，就如差異也是這樣一個字。從第一級的動詞再現的觀點來看，它缺少意義。它表現自己的意義，只能以無意義的方式，不斷在代替和偽裝二方式表現，成為一首疊歌。

「當佛洛伊德顯示幻想（phantasy）至少在兩個系列的基礎上構成，一個個嬰兒的和前－生殖的，一個生殖的和後－青春期的……如何去解釋『延遲』（delay）的現象，涉及到在時間中視為假定的原始嬰兒景象，去在一個距離產生其效應，在一個相似於它和我們稱為『衍生的』的成人景象？」（DR, 124）原始嬰兒景象在時間的距離上在成人景象產生效應，而後者衍生自前者，故這兩個系列必有一個在先，一個繼起。延遲現象的解釋，德勒茲簡單的答覆就是「就是這延遲，但這延遲本身是時間的純

粹形式，其中以前和以後共存。」（DR, 124）時間的純粹形式是共存，不是繼起，不是成人景象相似於嬰兒時期的景象。「……從包含它們的混沌觀點來說，對象＝x 穿過它們，前體建立了在它們之間的溝通，或指向超過它們的有力運動：差異者（diffenciator）常使它們共存。」（DR, 124）黑暗前體就是渾沌觀點，如果時間的繼起是從現在看的「之前」、「之後」的觀點，兩個系列之間的溝通如果是「之後」相似於「之前」，是（時間的）前體建立的，對象＝x 穿過它們使它們無法確知，故前體的有力運動指向超過它們而二個系列共存。這樣就使佛洛伊德的主體的唯我無意識產生問題。（DR, 124）從兩系列的共存，且沒有哪個系列先於哪個系列，德勒茲發展出萬物平等的理論。「當兩個分歧故事同時展開，不可能使一個在另一個之上有特權，它是其中一切事物皆平等的例子，但『一切事物皆平等』是說到差異，而且說到的只是在兩者之間的差異。」（DR, 125）廣而延伸，一切事物的一切系列都是平等，沒有一個在另一個之上有特權，只是一切事物一切系列的平等，以及其中無盡之差異。

　　黑暗前體不過是德勒茲式存有的別名，混沌的力量狀態，直接說就是差異，差異＝混沌，德勒茲也在魔幻現實主義小說家波赫士（Luis Borges, 1899-1986）和波蘭小說家貢布羅維奇（Witold Gombrowicz, 1904-1969）擅長深刻心理分析，發現一個混沌＝宇宙的等式。（DR, 123）黑暗前體放在各個領域，有時單稱前體，如語言學前體。如果黑暗前體不外是混沌的力量狀態，那麼

這意謂著沒有原型，這將動搖柏拉圖的理型（Idea）觀念，也打破了柏拉圖的重要區分：「原始的和影像，模型和複製。」（DR, 126）從黑暗前體發出的系列，沒有先後而是共存。

擬象

既然模型和複製之間沒有差別，德勒茲推出了擬象（simulacra）觀念。「永恆回歸關心的只是擬象，它關心的只是這幻象（phantasms）去回歸。」（DR, 126）永恆回歸學說原本就是混沌的力量狀態，出現的次序，只能是與混沌相反的情況，所有的次序只能是幻象。「擬象是惡魔般的影像，當剝離了相似。」（DR, 127）相似與同一都是人為次序的產物，當剝離了相似一切復歸於差異，但這差異在特異性上說；而世界沒有次序，故是「惡魔般的影像」。「擬象……是大他者（Other）的模型，另外的模型，由此流出內在化的不相似？」（DR, 128）這大他者的模型可以指黑暗前體，不是相同與相似的模型，是另外的模型，由此流出萬物的特異性，是內在化的不相似，特異性也是內在化的差異。「模型崩潰到差異，複製驅散到他們所內部化的系列的不相似，以致不能說一個是複製，一個是模型。」（DR，128）理念的模型崩潰到黑暗前體的差異，複製驅散到內部化的差異，模型與複製的區分被打破了。

在《意義的邏輯》之中，德勒茲有進一步的討論。「我們已放棄了道德的存在，為了進入意義的存在。」（LS, 295）道德有模型如理型或上帝，審美則稱一切皆是幻相，這個立場與尼采

一致。尼采的第一本書《悲劇的誕生》（1872 年）在 1886 年的
新版〈序〉中，是〈自我批評的企圖〉：「藝術和並非道德，被
呈現為人的真正形上學活動……世界的存在，只有作為審美現象
才能證實。」[12]德勒茲亦視自己的作品為形上學。「這些是擬象
的特性，當它把連鎖打破，並升起到表面，它肯定它的幻象力
量，即它的壓抑力量；佛洛伊德已顯示幻象至少起於兩系列，一
個嬰兒的，一個後－青春期的，情感的控訴結合於幻象，是由擬
象所表示的內在共鳴所解釋。」（LS, 298）兩個系列是共存
的，沒有哪個是先，另一繼起，擬象把連鎖打破，升起至表面，
有幻象的力量，甚至有壓抑二系列因果的力量。擬象表示的兩系
列的內在共鳴，情感控訴在佛洛伊德歸給嬰兒期的，其實與後－
青春期一樣仍是幻象。是共存的兩系列產生共鳴。

　　「偽裝即是幻象本身，即擬象作為機制的作用——狄奧尼索
斯的機器。它涉及錯誤即力量，偽裝（pseudos），在尼采說到
錯誤的最高力量之下。以升至表面，擬象做出相同與相似，模型
和複製，落在錯誤（幻象）的力量之下。它使得參與的次序、分
配的固定、階層的決定不可能。它建立游牧分配的世界和光榮的
無政府狀態。」（LS, 300）酒神的機器是以擬象作為機制，無
論相同與相似、模型和複製，都來自擬象的「上升至表面」，所
以擬象是來自混沌的力量，或者說來自海洋的力量。上升至表

---

[12]　Friedrich Nietzsche, "The Birth of Tragedy." trans. Walter Kaufmann, (New
　　York: Random House, 1967), p.22.

面，相同與相似、模型與複製就朝向相反的方向。那就是說這些都是錯誤的，落在幻象的支配之下，混沌與次序不相類，分配無法定量的固定，階層的決定仍是次序，也不可能。混沌世界只能是不穩定的分配，所謂游牧分配。它是酒神機器而非國家機器，「柯羅索夫斯基正確地說永恆回歸是『學說的擬象』：它的確是存有（Being），但只有當存有（being）是擬象。永恆回歸是相同或相似，但只有它們被偽裝，由偽裝產生，通過幻象的作用。」（LS, 302）學說的擬象只能在混沌處說，這裡大寫的存有和小寫的存有區分很有意義，永恆回歸說及大寫的存有，但只能從小寫的存有處來說，小寫的存有是擬象。大寫的存有是混沌，小寫的存有是特異性，是擬象。永恆回歸而歸向這特異性，被分配到的萬物的特異性力量。

擬象從什麼「上升至表面」？德勒茲引用尼采的話：「『在每一個洞穴背後打開了另一個更為深的，和超過每一表面，地下的世界更為廣大更為奇怪，也更富饒……和在一切基礎之下，一切根據之下，一個更為深刻的下層。』」（LS, 300）後兩句另一譯本作：「一個深淵般的根據在每一根據之後，在每一企圖去提供根據之下。」[13]大的存有即混沌，可以說是黑暗前體，在每一分殊領域則逕稱前體。小的存有即個別物的存有即稱洞穴，擬象由洞穴上升至表面，擬象是相對於「原始的和影像，模型和複

---

[13] Friedrich Nietzsche, "Beyond good and Evil." trans. Walter Kaufmann, (New York: Random House, 1966), p.229.

製」來說。但洞穴後面還有洞穴，更為深的洞穴，地下的世界廣闊、深沉、富饒，在另一譯法，一個深淵般的根據就是在每一根據之後是無根據，根據即深淵，德勒茲回響著海德格式「存有即深淵」[14]的說法，他說洞穴，在洞穴後遠有更深的洞穴，「無底的深淵」。（LS, 121）

第四節　精神分裂

德勒茲的確在談到殘酷戲劇的安托南‧阿爾托（Antonin Artaud, 1896-1948）時，談到精神分裂（schizophrenia）。「精神分裂不僅是人類事實，也是思想的可能性。」（DR, 148）怎麼能表現這種思想的可能性？

洞穴

在《意義的邏輯》中，「對阿爾托來說，沒有、不再有任何表面……精神分裂的身體主要面相是它是一種身體－篩子。佛洛伊德強調精神分裂的抓住表面和皮膚的傾向，好像它們被無限多的小洞刺穿，這個結果是整個身體只有深度沒有別的——它帶著和搶奪一切事物入此裂縫的深度，再現了基本的捲入。一切事物是身體的和肉體的。一切事物是身體的混合，和在身體中聯鎖和

14　「深淵握住和述及一切事物。」Martin Heidegger, "Poetry, Language, Thought." trans. Albert Hotstadter, (New York: Harper & Row, 1975), p.93.

穿透。」（LS, 99）身體是表面，大地的表面，裂開了洞穴，身體就呈現了深度，裂縫的深度。不再有任何表面，大地就是洞穴，洞穴後有更深的洞穴。一切只有身體，而身體是漏勺，有無數的小孔。「活在矛盾中的精神分裂方式：或是在橫過身體的深的裂縫中，或在斷片的部分中彼此包圍和旋轉……這表面的崩潰，整個世界失去其意義。」（LS, 100）不是表面，而是裂縫；不是全體而是斷片，日常世界所定立的價值失去其意義。「對精神分裂，它較非恢復意義的問題，而是摧毀字詞，想像感受（affect）把身體痛苦的激情（passion）轉變到征服的行動，把服從轉變到命令，常在裂縫的表面之下的深度。」（LS, 100）不是恢復原來日常世界的意義，而是內在的痛苦，在皮膚裂縫表面下的痛苦，因此摧毀慣性表意的字詞，力量在字詞中出現，服從的慣性轉為征服的行動，轉為命令。

　　「征服也許現在可以達到，只有通過呼吸－字詞和咆哮－字詞的創造，其中所有字面的、音節的和語音的價值被獨有的語音的和未寫下的價值所取代。對這些價值相應著光榮的身體，是精神分裂的身體的新層次，一個沒有部分的有機體，整個地藉吹氣、呼吸、蒸發和流體的傳送來操作（優良的身體或安托南・阿爾托無器官的身體（body without organs）。）」（LS, 101）為什麼是呼吸－字詞？我們只有設想身體皮膚裂開的小孔，大地之下的洞穴，呼吸是氣體，故吹氣、呼吸。為什麼是咆哮－字詞？我們只有設想裂縫的深度，是內在的痛苦，是血液的蒸發。無論是氣體或液體，都是流體；不是哪個器官對應著的那種感覺贏得

支配權，故沒有部分、沒有器官是由整個身體內部所說的身體。光榮的身體。按照慣性意義接受的字面價值，被呼吸－字詞和咆哮－字詞的新價值取代。「那定義了這第二語言和行動方法，實踐地是其子音的、喉音的和送氣音的過度負擔，它的省略符號，內在的重音，它的呼吸和輕重節奏，和其抑揚取代了一切音節或甚至字面的價值。它是把字詞轉為行動的價值，使它不能被分解和不能瓦解：語言而沒有表述（articulation）。」（LS, 101-102）主要是音調的無與倫比，呼吸和輕重節奏這節奏感，聲響的高低起伏，這都依賴子音、喉音和送氣音，呼吸－字詞和咆哮－字詞都沒有清晰發音，是行動的價值。

行動－字詞

德勒茲觀察到，精神分裂者經常體驗到的字詞如撕裂、迫害的物體衝入體內，[15]這當然造成身體一篩子，斷片的身體和分離的身體。（LS, 100）不過精神分裂的字詞可以總結為激情－字詞和行動－字詞。

「精神分裂的字詞的二元性並未被適當地注意到：它包含激情－字詞，爆炸到受傷的語言價值和行動－字詞接合著不能表述的音調價值。這兩種字詞發展到與身體的二元性相關聯，斷片化身體和無器官身體。它們參考到兩個劇場：恐怖或激情的劇場，

---

[15]　雷諾・博格《德勒茲論文學》，李育霖譯（台北：麥田，2006），頁72。

和殘酷劇場，它們在本質上是主動的。它們參考到無定義的兩種類型：被動的和主動的，字詞缺少意義的無意義，分解到語音的要素；和音調要素的無意義，形成了字詞不能被分解和同樣缺少意義。這裡一切事物發生，在意義的下面和遠離表面。」（LS, 103）激情和行動在字詞上的表現，一個是受傷的語音價值，一個是不能發音的音調價值；前者結合斷片化的身體，後者結合無器官身體。兩者在本質上為主動，都遠離表面的固定意義。但在無意義上，激情－字詞是被動的，分解到語音要素，是恐怖和激情劇場；行動－字詞是主動的，形成音調要素，是殘酷劇場。甚至激情－字詞是局部的混合改變了身體，行動－字詞是完全的混合，液體的混合使身體原封不動。主動混合的秘密在於「海洋原則」（LS, 101）。大地有洞穴，最大最深的洞穴是海洋。

雖然德勒茲用阿爾托的句子：「阿爾托說存有（Being）是無意義，但有牙齒。」存有吸收並吞吃一切意義。（LS, 103）但在另一方面，他說表面是意義的焦點，最深的是皮膚，因為特異性或潛能浮現到表面，一切事物發生在表面，在一個只在邊緣發展的水晶。（LS, 119）那是指個體的存有（being）。《意義的邏輯》是討論語言的意義，德勒茲引用柏格森的說法，「人並不從聲音到影像和從影像到意義進行，而是人一開始就建立在意義中。」（LS, 35）而意義卻在身體和語言間，「柯羅索夫斯基的作品建立在驚人的平行主義，在身體和語言之間，或者是一者在另一者的反映。」（LS, 321）

鬥爭

　　自然是否會有創傷？德勒茲在《意義的邏輯》中有段非常詩意的筆觸，描述地和天是完全和對立的形象。「大地，無論如何，把握和包含了它們，包含它們在身體的深度中，然而天，帶著光和太陽，讓它們在自由和純粹的狀態把它們從限制中救出，為了形成宇宙表面的能量，是一個但有每個元素的特性。因此有陸地的火、水、風（air）和地，但也有空中的和天上的地、水、火和風。在地和天之間有有一個鬥爭（struggle），帶有一切危在旦夕的四元素的監禁或解放，島是這鬥爭的邊疆或領域。」（LS, 341）天有四元素，天是光和太陽的開放，形成宇宙「表面」的能量。地也有四元素，地是海洋和洞穴卻隱蔽？大地的身體把握和包含四元素。天和地是開放和隱蔽的戰爭，島是在戰爭的邊疆或領域。無怪乎德勒茲死後彙集的書名為《荒島及其他文本》（2002 年），「海洋的島，大地仍在那裡，在海下，凝聚著它的強度刺透到表面。」（DI, 9）在「荒島」（desert islands）中，島是大地的能量和強度，「大地和海洋的意識，這是荒島，準備使世界更新。」（DI, 11）看來這場鬥爭是地戰勝了天，雖然德勒茲並未明言。除了四元素和島以外，這段是海德格式的回音，但混合了尼采的強度和元素的收縮。海德格說：「世界奠基於大地，大地透過世界來奠基。……世界在依賴大地時，奮力想超過它。做為自我開放，它不能容忍一切封閉的。大地作為庇護和隱蔽，常傾向把世界拉入它自己。世界和大地的對立是個衝突

（polemos）。」[16]天－世界，地－自然，衝突即戰爭；島明顯是地的勝利，強度的刺透。天與地是戰爭。

進化可不可能有創傷？法國博物學家若弗魯瓦・聖伊萊爾（1772-1844）認為在進化階段中時間要素是基本的，有時會在阻塞（stoppage）的形式。德勒茲卻改以「在折疊（folding）中發現的詩意方法和試驗來討論，是否有可能以折疊脊椎動物通過到章魚？脊椎動物被折疊在這一方式下，旋轉的兩端彼此接近，頭向腳移動，骨骼朝向頸移動，內臟安排在頭足類動物的方式？」（DR, 215）這是在討論動物本身或普遍動物的理念中關於組成的統一（DR, 215）。德勒茲認為「以收縮或延長時間和依據加速和延遲，其他空間被創造了。甚至阻塞在性早熟的例子假定了創造實現的面相。」（DR, 216）說折疊的詩意方法來說，脊椎動物折疊成軟骨動物在進化上也不無可能；頭足類動物是脊椎動物的折疊，章魚是人的折疊？

德勒茲的結論相當有趣：「世界是一個蛋，但蛋本身是一個劇場，一個有舞台的劇場，其中角色支配了演員，空間支配著角色和理念支配著空間。」（DR, 216）這是說理念不僅支配著外部空間，也支配著內部空間，這是一種活力論（dynamism）。理念當然是虛擬的，但「『真實而不是現實，理想而不是抽象』；和象徵的而不是虛構的。」（DR, 208）前二句引自柏格

---

[16] Martin Heidegger, "Poetry, Language, Thought." trans. Albert Hofstadter, (New York: Harper & Row, 1975), p.49.

森，虛擬不是虛構，也非可能性與現實對立。「虛擬不對立於真
實，它本身具有完全的實在。」（DR, 211）

第四章　反伊底帕斯

　　德勒茲的《差異和重複》（1968 年）及《意義的邏輯》
（1969 年）具有強度的哲學創造力。此年認識加塔利（Félix
Guattari, 1930-1992），加塔利是精神治療醫師、哲學家；柯羅
索夫斯基把他的《尼采和惡性循環》著作題獻給德勒茲。過一
年，福柯盛讚說：「或許這是德勒茲的世紀。」《差異和重複》
的確是可與海德格《存有與時間》並肩的劃時代著作。

　　1970 年至 1980 年間，德勒茲與加塔利合作了三部著作：
《反伊底帕斯》（1972 年）、《卡夫卡》（1975 年）和《千高原》
（1980 年），直至 1991 年再次合作《什麼是哲學》。《反伊底
帕斯》出版就獲得廣泛注意，《千高原》和《什麼是哲學》都有
廣大回響。這代表合作的成功，對德勒茲來說是再創高峰。已奠
定哲學地位的德勒茲為何會和加塔利合作？當然不可免的是對精
神分裂的共鳴，德勒茲直言：「費利克斯同我談到他稱為『欲望
機器』（desiring machines）」的：他有一整個無意識做為一個
機器的，精神分裂無意識的理論的和實踐的概念。所以我自己認
為他走得比我遠。但對所有他的無意識機制，他仍然以結構、能
指、陽具等等的觀點談。」（N, 13）加塔利也說得明白：「我

有某些指導方針，例如為何精神官能症必須以精神分裂的觀點詮釋，但我沒有我需要的邏輯去做聯結。我在《探索》寫了一篇文章〈從一個符號到另一個〉，充滿了拉康，但不再求助能指，但我仍然在一種辯證中卡住。我後來在與吉爾作品裡是一些像無器官身體、多樣性與無器官身體聯結的多樣性邏輯的可能性。……我們兩人尋求的是一種同時是政治的和精神病的論述……。」（N, 15）加塔利否認他使用能指，「我們沒有使用能指。我們不是唯一的或首先的，去拒絕那一切。看看福柯，或利奧塔的書《話語・圖形》。」（N, 21）總之，加塔利欠缺的是精神分裂的邏輯，但他有欲望機器的觀念。德勒茲的無器官身體這觀念也需要進一步的發展，向什麼發展，應該是政治。兩人互補不足。

在《差異和重複》中是有談到卡爾・馬克思，例如：「社會性機能的超絕（transcendent）對象是革命。在這意義上，革命是差異的社會力量，社會的矛盾，社會理念的特殊憤怒。革命從未藉由否定進行。」（DR, 208）也就是說革命不是現實經驗能有的，故是社會機能的超絕對象；但他批判馬克思的否定概念，革命是社會理念的特殊憤怒，把抽象的普遍概念還原為具體的主觀性感受。雖然仍有談到馬克思，但分量不及佛洛伊德，雖然並不代表他不熟悉馬克思，譬如說：「在沙特之後，我所屬的這一代，我想是堅強的一代（有福柯、阿爾杜塞（Louis Althusser, 1918-1990）、德里達、利奧塔、塞爾（Michel Serres, 1930-2011），法伊（Jean Faye, 1925-2006），夏特萊（François Châtelet, 1925-1985））等。」（N, 27）阿爾杜塞就以《保衛馬

克思》、《讀資本論》二書馳名。但至少他透過阿爾杜塞了解馬克思。無論如何，《反伊底帕斯》和《千高原》等書，觀念是屬於德勒茲與加塔利共有。

第一節　欲望－機器

書名《反伊底帕斯》，副標題是〈資本主義和精神分裂〉，實際上就是把精神分裂的動能，由批判精神分析而拓展到政治、經濟學上。這條路等於批判了佛洛伊德，而拓展到取代馬克思的革命位置，這個革命位置，可以借用利奧塔的書名《力比多（Libido）經濟》來表達，但德勒茲視力比多為精神分裂的能量。

休姆談激情時涉及欲望，斯賓諾莎的天性觀念涉及欲望與意志，康德事實上把欲望視為必須轉化到意志的更高形式，而尼采只視之為權力意志，並無康德式的二分法。有沒有可能以欲望做為基準點，有沒有可能以權力意志的觀念充實之，既免除掉佛洛伊德式的退轉與固著，又能產生精神分裂的爆炸式活力？事實上，德勒茲在《差異和重複》中已開始這麼做了。

在《反伊底帕斯》中，有這麼一段評論：「佛洛伊德的偉大在於決定了欲望的本質或本性，不再關聯到對象、目標或甚至來源（領域），而是作為抽象的主觀本質——力比多或性欲。但他仍然將這本質關聯到家庭，做為私人的最後領域。」（AQ, 270）依權力意志來衡量，力比多或性欲僅能是欲望的抽象的主觀本

質，因為把欲望簡單化了；但欲望不再關聯到外在的對象、目標或甚至來源（領域），大概是指免除了權力欲。力比多或性欲仍關聯到家庭，權力欲也在家庭中發揮作用——私人的最後領域。

平行主義

　　休姆談人類心靈本有兩原則：「結合原則提供主體其必要的形式……激情原則提供其以獨特的內容……。」（ES, 104）斯賓諾莎的身心「平行主義」：「靈魂和身體；沒有人對這連接詞『and』曾有這樣原始的感受。」（D, 44）尼采也許吸收了斯賓諾莎[1]，「『我是身體，和靈魂』……小孩子這樣說，人為什麼不像小孩子這樣說呢？但覺悟的和聰穎的說：『我整個的是身體，沒有別的，靈魂只是關於身體的一個字詞』。」[2]身體－欲望看來是很好的出發點，雖然尼采以身體捅破了二元論，但德勒茲雖同意一元論，卻也醉心於「和」的多元論，畢竟如果以身體取代康德的理性，身體也有各式各樣的機能，甚至他在柯羅索夫斯基思想也找到一種平行主義：「柯羅索夫斯基的作品是建立在身體和語言之間驚人的平行主義：推論是語言的操作，但啞劇是身體的操作。」（LS, 321）如果以休姆的話來說，激情原則的

---

[1]　尼采指明斯賓諾莎的態度為「單純和崇高」，也是自己精神的一個源頭。Walter Kaufmann, "Nietzsche: Philosopher, Psychologist, Anti-Christ." (Prinston: Prinston Univ., 1978), pp.246-247 注。

[2]　Walter Kaufmann trans. and ed., "The Portabel Nietzsche." (Princeton: Princeton Univ., 1963), p.146.

獨特內容很重要，結合原則的必要形式也很重要，「和」字只是一與多結合的關鍵。「『精神自動機』（spiritual automaton）的問題那麼變成了如何去處理『特異本質』，我們這樣表現在心靈中像表達在身體裡做為特殊的自然傾向（conatus）或欲望……在採用加塔利『欲望機器』的說法——機器『表現了生命』，經由構成，經由德勒茲的『意義的邏輯』的聯結或綜合。欲望機器因此不是機制……。」[3]欲望要成為生命，得通過機器的表現，所謂機器，是構成或「意義的邏輯」的聯結或綜合。「精神自動機」建立在平行主義，特異本質既表現在心靈中也表現在身體裡，表現在心靈中是自然傾向，表現在身體裡是欲望。

那麼這是欲望與自然傾向的平行主義。有一個簡易的區分方法：「德勒茲和加塔利的論題簡述之是：如果我們適當地理解欲望，而且有意義地與利益有所區分，那麼已做了革命。」[4]欲望不是為求利益和有用的欲望，就與自然傾向是平行的。

機　器

為何要「反」伊底帕斯？德勒茲說：「伊底帕斯情結基本上是壓制欲望機器的裝置，不可能是無意識本身的構造。」（N,17）反伊底帕斯是反壓制，伊底帕斯壓制了欲望－機器，與無意識本身的構造無關。加塔利說：「佛洛伊德心靈裝置的分析：有

---

[3] John Rajchman, "The Deleuze Connections." (London: Mit, 2000), pp.71-72.

[4] Ian Buchanan, "Deleuze and Guattari's Anti-Oedipus." (New York: Continuum), p.2.

整個機械的面相，欲望生產，生產線。但有其它面相，個人化了
這些裝置（如超我、自我和本我），一個劇場的安排用只是再現
的表徵，代替了無意識真正的生產力量。所以欲望－機器變得越
來越像舞台機械，超我、死亡本能，變成了機器神（God from
the machine）。」（N, 16）欲望機器應該是無意識真正的生產
力量，欲望生產，但這些心靈裝置被佛洛伊德個人化了，成為超
我、自我和本我，精神分析成為一個劇場，請出超我和死亡本能
來解圍，實際上壓制了欲望。德勒茲更說：「我們稱為唯心主義
在精神分析中是一整個投射，還原（reduction）的系統，在分析
理論和實踐中：把欲望生產還原到所謂無意識再現的系統，還原
到符合因果關係和表現或解釋的形式；無意識工廠還原到舞台的
斷片，伊底帕斯或哈姆雷特；力比多的社會投資還原到家庭投
資，和欲望的投射到家庭座標上，又是伊底帕斯。」（N, 17）
無意識生產、欲望生產，應該是原欲的社會投資；還原就是減
少，被限縮到家庭投資。生產變成再現，再現壓抑欲望的戲劇舞
台，伊底帕斯或哈姆雷特。隨之而來的是一整套因果關係和表
現、解釋的形式。

　　當德勒茲與加塔利說到機器時是把宇宙的一切事物包含在
內。「一切是個機器。天體的機器，在天空中的星球或彩虹，山
的機器──一切事物與他身體的那些聯結。」（AO, 2）簡言
之，宇宙機器與身體機器聯結，他們甚至引用德國法官許瑞柏
（Daniel Paul Schreber, 1842-1911）在 42 歲時，曾因早發性癲呆
症接受治療，後被診斷為精神分裂。「他想那必然是無盡幸福的

感覺，去與每一形式的深刻生命相接觸，為石頭、金屬和植物去有一個靈魂，採取給他自己，像在一個夢中，每一個自然的元素，像花朵與月盈和月缺一起呼吸。」（AO, 2）這是宇宙的大機器，打破了家庭的小機器。所以德勒茲和加塔利說：「現在並沒有不是人就是自然，只有一個過程在其它的之中產生一個和使機器一起成對。生產－機器，欲望－機器在一切地方，精神分裂機器，物種生命的一切：自我或非－自我，外在或內在，不再有任何意義。」（AO, 2）機器是聯結成對的過程，在這過程人與自然沒有區分，自我與非－自我，外在和內在的區分也沒有任何意義。而「伊底帕斯預設了欲望－機器的幻想壓制。」（AO, 3）

過程

德勒茲和加塔利重視精神分裂的經驗，重要的是過程。「精神分裂所經驗到的，既做為個體的又做為人類的一份子，一點也不是自然的任何一個特殊面相，而是自然就是生產過程。」（AO, 3）精神分析是把心靈裝置個人化了，壓制了欲望；精神分裂卻拓展到人類，經驗到自然就是生產過程。無意識的生產在精神分裂中經驗到生產過程。

「甚至在社會裡，這有特性的人－自然，工業－自然，社會－自然的關係，要為相對自主領域的區分負責，稱為生產、分配、消費。」（AO, 3-4）人、工業、社會都離不開與自然之關係，而生產、分配、消費的區分已進入馬克思政治經濟學的範

圍。「……其形式發展的結構，預設了（如馬克思已演示的）不只是資本的存在和勞動區分，還有資本家必然獲得的錯誤意識，既有他自己的也有恐怕在全部過程中的固定要素。」（AO, 4）這種形式化的發展結構，包含資本的存在和勞動區分，就在一種流動的過程中把要素固定了下來，必然造成資本家的錯誤意識。對德勒茲和加塔利，「生產是直接的消費和記錄過程，沒有任何中介，和記錄過程和消費過程直接決定了生產，雖然它們這樣做都在生產過程本身。」（AO, 4）前面放在三個自主領域的區分是生產、分配、消費，現在合成在生產過程本身則是生產、記錄、消費。前面說一切都是機器，欲望－機器，現在則說一切都是生產，欲望－生產。「於是一切都是生產：生產的生產，行動和激情的；記錄過程的生產，分配和協調用來做為參考點的；消費的生產，感官愉快的、焦慮的和痛苦的。」（AO, 4）這是欲望－生產的一體化。甚至是以身體做為基準點的；行動和激情生產能量，分配和協調的記錄能量，感官和心情消費能量，但都是生產過程。

欲望－機器

　　他們先說明生產的生產，是以欲望－機器來說明。「欲望－機器（desiring machine）是二元機器，服從二元法則或一組規則支配著結合：一個機器常與另一個成對，生產的生產，在本性上是固有的聯結的：『和……』『然後……』這是因為常有流－生產的機器，和另一機器聯結於它，打斷或抽出此流的部分（胸－

嘴）。而且因為第一個機器同樣聯結於另一個它打斷和局部或局部流掉的流，二元機器在每一方向是線性的。欲望連續地以連續的流和局部對象成對，本性上是斷片的和斷片化的。欲望造成當前的湧流去流動，它的流動依次的，和打破了流動。」（AO, 5）機器與機器結合成對，常是二元。欲望是流動的，流－生產的機器與另一機器在聯結的過程中，會打斷其流，或使其流局部流掉。流－生產的機器與另一流－生產的機器聯結，等於打斷了起先的流而接續了新的流向，形成線性。簡言之，欲望流不斷打斷舊的形成新的，而且都是斷片化的，斷片接續斷片。就以舉例的胸－嘴來說是局部對象，產生其它流動時，就被其它局部對象打斷了。

　　「無疑的每一器官－機器從它自己流變的透視，從流自於它能量的觀點，解釋整個世界：夏娃解釋一切──說、理解、通便、性交──是就看而言。」（AO, 6）器官－機器只是不停轉換的流，暫時的流變，暫時的能量，卻以此解釋整個世界；特定的器官－機器的透視點、能量流，成為全方位的透視點、能量流。「欲望－機器使我們成為有機體，但在這生產的核心中，在這生產的生產中，身體受苦於以這種方式組織，受苦於沒有其他種的組織或根本沒有組織。」（AO, 8）欲望－機器是由器官－機器不停地轉換組織起來的，有機體就是組織身體的方式。甚至某種器官－機器取得了專橫的權力欲，以其透視和能量流來解釋一切，如夏娃是以眼睛。所以欲望－機器以其器官－機器不停轉換的結果，也導致特定器官的輪流支配，其他被支配的器官－機

器處於死亡狀態，因為不運轉。「因為欲望也欲望死亡，因為死亡的整個身體是它的推動力，正如它欲望生命，因為生命的器官是運轉的機器。」（AO, 8）同樣是欲望－機器，生命的器官－機器一旦運轉，其他的器官－機器處於在死亡狀態。所以索性說：「欲望機器運轉，只有當它們損壞，和以連續的損壞。」（AO, 8）

無器官身體

德勒茲借用殘酷戲劇家安托南・阿爾托（Antonin Artaud, 1896-1948）的說法，提出「無器官身體」。「身體是身體／它全部憑藉它自己／和不需要器官／身體從不是有機體／有機體是身體的敵人。」（引自 AO, 9）欲望機器是有機體，無器官身體拒絕器官－機器。「只是許多釘子刺穿了肉體，許多折磨的形式。為了拒絕器官－機器，無器官身體呈現它的平滑的、光滑的、幽暗的、繃緊的表面裝置為障礙。為了拒絕聯接的聯結和打斷的流，它建立了無定形的、未分化的流體的反流。為了拒絕使用由說出的語音單位所組成的字詞，它說出的只是喘息和吶喊那純然無法說出的聲音的團塊。」（AO, 9）不要忘記殘酷戲劇是受傷的身體，生之殘酷，許多折磨的形式。許多釘子刺穿了肉體，在肉體下造成洞，那是創傷；由創傷說出的是無法以語音結構單位所組成的字詞說出的，是無法說出的聲音，是喘息和吶喊。為了保護洞的創傷，就把身體的表面置定為障礙，呈現出平滑的、光滑的、幽暗的、繃緊的表面。幽暗是因為不讓別人看穿

創傷，故不透明。

精神分析在對欲望－機器的壓制中，發生了偏執狂（paranoiac）機器。「我們的意見是：那平常參照到的『主要壓抑』意謂的正是那個：它不是『反發洩』，而是由無器官身體對欲望－機器的排斥。」（AO, 9）故而精神分析以妄想症取代了精神分裂的偏執狂。欲望－機器主要是器官－機器，當它運轉，就形成服從規則的有機體。這裡好像是以時間的三重綜合為基準，仿照佛洛伊德的三重無意識綜合，在資本主義的社會場域裡，提出精神分裂分析的三重綜合。那麼欲望－機器是現在，現在在一種錯誤意識裡，「顯著的、清醒的真理在妄想症（delirium）」（AO, 4），就是不要只求一切是利益、有用。彷彿社會是一個運轉的機器，「每一機器的成對，一個機器的每一生產，機器運轉的每一聲音」（AO, 9），身體也是一樣，都在生產狀態。「但它（精神分析）一點也無法做出妄想症的精神分裂基礎，精神分裂的線描繪出其非家庭的模態。」（N, 18）故而精神分裂的妄想症已突破精神分析的家庭領域，不但進入開放的社會場域，並且批判資本主義的社會場域。事實上欲望－機器也不只在家庭場域。

「社會生產的形式像那些欲望－生產的形式，涉及一個未發生的、非生產的態度，一個反生產的要素接上了過程，一個完全的身體作用為共有人（socius）的功能。這共有人可能是大地的身體、那暴君的身體或資本家的身體。」（AO, 10）社會生產只是欲望－生產放到社會的領域，也涉及非生產的、反生產的態度或要

素，這反而是完全的身體，不是機器。在這共有人上，大地的身體是自然，暴君的身體是政治，資本家的身體是經濟，但是那是非生產或反生產的。這樣，「構成了一個表面，生產的力量和代理在其上被分配，因此為自己佔用了一切生產和霸佔了過程的部分和整體，現在這些看來是由它流出作為準原因。」（AO, 10）這完全身體因為不是勞動生產所以構成一個表面，在這表面上分配生產的力量和代理，佔用一切生產和霸佔了生產過程，在自然上成為領域，在政治上成為暴君，在經濟上成為資本家。經此佔用和霸佔後，現在一切生產和生產過程的部分和整體的均由領域、暴君和資本家做為準原因而流出。所以德勒茲和加塔利總結說：「力量和代理進而再現它自己力量的奇蹟的（miraculous）形式：它們由自己的力量出現為奇蹟性的。一句話，共有人做為完全的身體形成了一個表面，記錄了一切生產，在其上，整個過程看來是發出自於這記錄的表面。」（AO, 10）完全的身體做為記錄的表面，力量和代理在這表面上再現自己的力量，成為奇蹟性的。

　　「時間是『非線性、非主觀』的實體，這正是德勒茲所說的無器官身體。……無器官身體先於組織化而存在，人們可能直接將它看成是一種混亂狀態或者一個空蕩蕩的空間。但……它充滿了能量、力量和物質。因此，無器官身體是欲望、是潛力、是一種等待。」[5]這裡很精準地說到無器官身體與時間有關。但這只

---

[5]　戴米安‧薩頓、大衛‧馬丁－瓊斯《德勒茲眼中的藝術》，林何譯（重慶：重慶大學，2016），頁158。

能是時間的第二重綜合，也就是說在現在的欲望機器或器官－機器是含有一個創傷的過去，創傷的過去必要回復到無生命的狀態才能得以平復，首先要欲望－機器所造成的創傷停止，先停止器官－機器的運轉。「沒有嘴、沒有舌頭、沒有牙齒、沒有喉嚨、沒有食道、沒有胃。……完全的無器官身體是非生產的、無生氣的、非產生的和不可毀壞的。安托南・阿爾托有一天發現了這個，正在那裡在那個時刻中，發現自己沒有不論什麼型態或形式。死亡模型：那是它的名字，和死亡並非沒有什麼模型。因為欲望也欲望死亡，因為死亡的完全身體是它的發動機，正如它欲望生命，因為生命的器官是工作的機器。」（AO, 8）這裡還是應把死亡本能視做工作機器帶來的結果，為了平復創傷，回到非生產的、無生氣的、非產生的和不可毀壞的狀態中，去停止機器的運轉。死亡本能應是無器官身體的原型。

　　當然，上述模式是在解釋無器官身體落回到欲望－機器，死亡好像為的是再生。「資本的確是資本家的無器官身體。但它不僅是流動的或石化的金錢實體，因為它將給予金錢的無生氣之一個金錢生產出金錢的形式。它生產了剩餘價值，正如無器官身體再生了自己，發射出來，擴充到宇宙最遠的角落。」（AO, 10）這是說當「資本逐漸扮演一個記錄表面的角色，落回到一切生產。……無器官身體現在落回到欲望－機器，並佔用它為自己的。」（AO, 11）這就像回到過去歸零以後回到現在的生產。那麼無意識的精神分裂與時間的第三重綜合究竟是什麼呢？是不是在時間上朝向未來呢？

游牧主體

　　這是由生產的生產到記錄的生產到消費的生產所產生能量運轉。「正如力比多做為生產能量被轉化到記錄能量（神聖力量，Numen），這記錄能量的一部分被轉化到完善能量（淫欲力，Voluptas）。是這殘餘的能量在無意識的第三綜合之後成為動機力：聯繫綜合（conjunctive synthesis）『所以它是……』，或消費的生產。」（AO, 16-17）能量轉化所產生的綜合與語法是不一樣的，「不是……就是……或是（either…… or…… or）從於是（and then）接管：不論涉及哪兩個器官，它們涉及到無器官身體的方式必然是在兩者之間的分離綜合（the disjunctive syntheses）在光滑表面上的等於相同。」（AO, 12）欲望－機器是連結綜合，語法是「於是」，欲望－機器是二元機器，流－生產的機器（AO, 5）。此二元機器必然一個主動，一個被動；一個主宰，一個順從。流的生產也依循這個模式。無器官身體打破此二元，回到能量內容，而無器官的組織形式。無器官身體是分離綜合，語法是「不是……就是……或是」，是奇蹟性機器。「我們的起點是在欲望－機器與無器官身體之間的對立，這些機器的排斥力，是發現在主要壓制的偏執狂機器中，在奇蹟性機器的吸引中。但在吸引和排斥的對立堅持著。看來兩者真正的調和，只有在新機器的層次上能發生，作用為『被壓制者的回歸』……自然＝生產的相等（新人性的生產）……讓我們借用獨身機器來指明繼起於妄想症機器或奇蹟性機器之後的機器，在欲

望－機器和無器官身體之間形成新同盟，以致誕生新人性或光榮的有機體。這約等於說，主體生產只是沿著欲望－機器的殘餘，或他混淆自己為第三個生產機器或它帶來的殘餘調和。」（AO, 17）欲望－機器造成偏執狂機器，它壓制；無器官身體是奇蹟性機器，它吸引。這二者是對立的。藉著能量的殘餘轉化，只有在無意識的第三重綜合中達到殘餘調合，在欲望－機器和無器官身體之間形成新同盟，自然＝生產的新公式無非是人性復歸於自然，自然是生產的力量，新人性等於新的生產機器。獨身機器，被壓制的力量完全回歸於它自己，是聯繫綜合，語法是「所以它是……」原來它是這樣。

　　「獨身機器能生產什麼？……有強度量的精神分裂經驗在其純粹狀態中，到幾乎無法忍受的一點上……獨身的悲傷和光榮經驗到最完全，像呼喊懸擱到生與死間，一種轉化的強度感，純粹狀態，赤裸的強度剝除了一切形態和形式，這些經常被描述為幻想和妄想，但是幻想的基本現象（我看見，我聽到）和妄想的基本現象（我想……）預設了在深層次的我感覺到，它給予幻想一個對象和思想，給予妄想它的內容……和『我感覺到我變成一個女人』，『我感覺到我變成一個上帝』並繼續下去，這既非妄想也非幻想。但將投射幻想或將妄想內在化，妄想或幻想在與真正的情緒關係上只是第二序的。」（AO, 17）有強度量的只是內容，赤裸的強度是沒有任何形式的，既然沒有可見的形式，就常被描述為幻想和妄想。強度量的轉化是我感覺到，強度量的轉化是變成，變成女性或變成上帝，是我感覺到的變化。

　　「分離點在無器官身體形成了循環，聚焦在欲望－機器，然後主體沿著機器生產為殘餘，做為不需要的部分而鄰近於機器——通過一切循環的程度，從一個循環通過其它，主體不在中心，中心被機器佔據，主體在周圍，沒有固定的同一，永遠的非中心化，由它所通過的狀態來界定。……柯羅索夫斯基評注尼采……『離心力並不永遠逃離中心，而是再次抵達它，只是為了再次撤離它。』」（AO, 20）既然德勒茲和加塔利的一切都是機器，以機器指涉能量的連結；所以能量的中心是機器，而不是人。無器官身體本為分離綜合，現在在第三綜合中，分離而無器官組織的力量開始聯繫，故在無器官身體形成了循環，沿著欲望－機器生產為殘餘的能量流。但其自然＝生產的力量大到通過一切循環，主體非中心化，是在周圍循環，圍繞著欲望－機器。能量以離心力為主，但遠離後再次抵達，只是為了再次撤離。「吸引和排斥的力量，高飛上升和投入降落的力量，生產一系列強度狀態，奠基在強度＝0 指定的無器官身體（『但最不尋常的是這裡新的流注又再是必然的，只是去指涉這不現（absense）』。）並沒有尼采－那一自我，語言學教授他忽然喪失心智，並突然認同一切的奇怪的人；而是只有尼采式的主體通過了一系列狀態，而且他將這些狀態認同於歷史的許多名字：『每一個在歷史中的名字是我……』。主體沿著循環的整個周圍散佈自己，其中心已被自我放棄。在中心是永恆回歸的欲望－機器，獨身機器。機器的一個殘餘主體，尼采——做為一個主體從這所逐出的一切事物，收穫幸福感的報酬（淫欲力）。」（AO, 21）無器官身體的

吸引力和欲望－機器的排斥力，高飛又降落，能量的循環生產了
一系列強度狀態，奠基在無器官身體所感受到的一切強度，只有
強度＝0 才能感受到一切強度的震動。柯羅索夫斯基指出：強度
必產生新的流注，只是強度在無器官身體上不呈現。自我非中心
化了，成為非我，只有強度循環通過一系列狀態，產生了尼采喪
失心智，並說道：「每一個在歷史中的名字是我……」。所以畢
竟獨身機器是永恆回歸的狀態，強度重新回流欲望－機器，從被
機器所逐出的，他收獲了幸福感。

　　「真實是在結果的產物，欲望的被動綜合結果做為無意識自
動生產。欲望不缺少任何事物；它並不缺乏它的對象，而是在欲
望中消失的是主體，或者欲望缺乏固定的主體：沒有固定的主
體，除非有壓制。欲望的和其對象是同一個事物：機器做為機器
的機器，而欲望的對象是另一個機器與之連結。產物是從生產過
程移開或扣除的某物：在生產行動和產物間，某些事物變得分
離，這樣對流浪者、游牧的主體給出一剩餘。」（AO, 26）行動
是主動，欲望是被動。欲望也有生產性，直接生產出其對象。他
是在無意識層面的綜合，而不是意識的統一，故無固定的主體。
視欲望為機器，故而為機器與機器的連結，欲望的對象是另一機
器。社會機器是壓制性的，以意識的統一為主體。現在改寫了馬
克思的剩餘價值，是生產過程的過剩，導致有些力量分離出或無
法保存在產品內，這就是剩餘價值，給予了流浪者、游牧的主
體。但在德勒茲和加塔利的心目中，有誰是流浪者和游牧的主體
呢？「革命家、藝術家、先知滿足於客觀的，只是客觀的：他們

知道欲望與緊握著生命，在其有力地生產的擁抱，而且在一種更為強度的方式再生生命，因為它很少需要。」（AO, 27）看來革命家、藝術家、先知滿足於精神分裂與時間的第三重綜合，是朝向未來的人；欲望直接生產實在，故他們緊握著生命，藝術家只有在有力地生產才能擁抱生命。永恆回歸的生命。

藝術家

如果先以藝術家為例：「藝術家是對象的大師；他把粉碎的、燃燒的、損壞的對象放在我們前面，損壞是欲望－機器作用的部分；藝術家呈現了偏執狂機器、奇蹟性機器和獨身機器為許多技術機器，以致使欲望－機器破壞了技術機器。甚至更為重要的是藝術作品本身是欲望－機器，藝術家儲存他的寶藏，以致創造一種直接的爆炸。」（AO, 32）在前所引「欲望和其對象是同一個事物」（AO, 26）欲望－機器運轉，只有當它們損壞，故藝術家「把粉碎的、燃燒過的，損壞的對象放在我們面前」，他是把精神分裂與時間的三重綜合所形成的偏執狂機器、奇蹟性機器和獨身機器這三種技術機器，破壞了、取代了當下社會的技術機器。藝術作品也是欲望－機器，它貯存的能量直接創造了實在，造成日常對象的變化。至於藝術家損壞對象的方式：「藝術家常利用欲望－機器的這性質，藉著創造真正的群體幻想，其中欲望－機器用來使社會－生產短路，和去干涉技術機器的再生功能，藉著引進功能不良的要素。」（AO, 31）社會的技術機器總是壓制性的，故而欲望－機器是使社會的生產短路或是引進功能不良

的要素，才能創造群體幻想。

德勒茲和加塔利所舉的藝術家的例子有：「阿爾曼燒焦的小提琴，或塞薩爾壓縮的車體。更一般的，達到批判的偏執狂之方法，確保了在社會生產的對象中欲望－機器的爆發。但甚至更早，拉威爾偏好將他的發現丟到機器不靈而不是讓它們停擺，而且選擇結束他的組曲於突然地中斷、停頓、顫音、不和諧音符，和未解決的和弦，而不是逐漸結束或漸漸消逝於沉默中。」（AO, 31-32）法國小提琴家阿爾曼（Arman, 1928-2005）用燒焦的小提琴改變了流行。法國雕刻家塞薩爾（César, 1921-1998）是新實在論藝術家，相對於美國的波普藝術，以壓扁的車在表面上做色彩實驗。至於薩爾瓦多‧達利（Salvador Dalí, 1904-1989）是超現實主義畫家，知名於驚人且奇異的影像。而拉威爾（Maurice Ravel, 1875-1937）是法國印象派作曲家，以豐富、細膩的情感和尖銳著稱。故藝術機器以其欲望－機器打破了慣性的技術機器，使技術機器失靈。或可為精神分裂與時間的第一重綜合。至於文學或寫作機器，德勒茲與加塔利又簡潔地再次說明精神分裂與時間的第二重綜合中，即是過去，又再提到。「記錄與傳播來自於內在符碼，來自於外在世界，於一個區域到有機體的另一區域，一切交叉，跟隨著分離綜合的無止盡分歧的路徑。如果這構成了寫作系統，它是寫作銘刻在實在的表面，奇怪的一種多音寫作，從不是一對一的線性化的，寫作的超推論（transcursive）系統，從不是推論的；一個寫作構成了消極綜合非組織化的整個領域……符號的一個召喚是去生產欲望，在每一方向去推動它。」

（AO, 39）記錄和傳播是不斷地橫向聯結、滑移，分叉向別的區域，從非單線的推論系統。這是分離綜合，只是跟隨能量流的轉移前進。我們或可把藉莫里斯・布朗肖（Maurice Blanchot, 1907-2003）說明的文學機器，視為精神分裂；視為與時間的第三重綜合。「莫里斯・布朗肖發現一種方式在最嚴格的術語中提出問題：『如何去生產，如何去思考斷片，其唯一的關係是純然的差異－斷片彼此相關只有在它們每一個是不同的，──而不訴諸於或是任何一種原始的全體性（甚至不是已經遺失的一個），或是也許尚未來到的後來的全體性？』只有多樣性範疇，用來做為實質的和超過一和多兩者，超過一和多兩者的敘述關係。那能說明欲望－機器：欲望生產是純粹的多樣性，那是說，不可還原到任何一種統一的肯定。」（AO, 42）布朗肖以斷片說明差異，以此德勒茲提出奠基於差異的多樣性，是永恆回歸的肯定，不能還原到任何一種統一。

　　如果說布朗肖的文學機器中的說明，德勒茲和加塔利也提到欲望－機器，這是精神分裂與時間的第一重綜合，這是因為在欲望生產中這三重綜合是同時的。「這是因為破裂是生產的過程，而且是再集合它們自己。分離以其是分離的事實，是包含的。甚至消費是轉移，是變化的過程和回歸。」（AO, 42）三重綜合在精神分裂症的創造能量中揉為一體。

第二節　精神分裂分析

　　德勒茲和加塔利曾簡述精神分裂的歷史。「精神分裂理論是以三個概念的圖式：分離（克雷珀林），自閉症（布魯勒）和時－空或在世存有（being-in-the-world）（賓斯旺格）。這些第一個是解釋概念，假定是定位了特別的官能不良或主要的缺乏。第二個是觀念化概念，指出疾病效應的特殊本性，妄想狂本身或完全地從外在世界撤回，『伴隨著對內在生命相對的或絕對的主導權』。第三個概念是描述的發現或再發現妄想狂的個人在他自己的特殊世界。對這三個概念共有的是這事實，它們都將精神分裂的問題，關聯到自我，通過『身體意象』的媒介……。」（AO, 22-23）分離概念對應的是克雷珀林（Kraepelin, 1860-1919），研究優生學和衛生學。自閉症對應的是尤金・布魯勒（Bleuler, 1857-1939）。在世存有對應的是賓斯旺格（Binswanger, 1852-1929），提出小血管性癡呆。關聯到自我，通過「身體意象」的媒介，特別是與佛洛依德的伊底帕斯情結無關。所以不忘指出「精神分析偉大的發現是欲望生產或無意識生產，但一旦伊底帕斯情結進入畫面，這發現很快埋葬在新的一支觀念論之下：一個古典劇場取代了做為工廠的無意識，再現取代了無意識生產的單位，而且無意識除了表達它自己外什麼也不會……。」（AO, 24）這就是以精神分裂角度對精神分析的批判，或可說是唯物論對觀念論的批判。

　　相對於欲望－機器，無器官身體及游牧主體，總結地提出三

種綜合模式。「第一個模式與連結綜合有關，和啟動了力比多為撤回的能量。第二個和分離綜合有關，和啟動了神聖力量為分離的能量。第三個和聯繫綜合有關，和啟動了淫欲力為殘餘能量。這三個面相使欲望－生產的過程馬上是生產的生產、記錄的生產和消費的生產。從主體撤回部分，去分離，去『讓某些事物剩餘』，是去生產，而且在物質世界中實踐欲望的真實操作。」（AO, 41）欲望－機器、無器官身體和游牧主體就以這三種綜合模式補充說明，並對精神分析學提出批判。欲望－生產的過程「馬上」就是這三種綜合，這可說是「三位一體」。

連結綜合

在連結綜合上注重機器與能量流動的關係，所謂機器－流。「每一機器在關係到它所聯結的機器中，作用為流的破裂，但同是它也是流的本身或流的生產，在關係到連結它的機器。這是生產的生產的法則。」（AO, 36）所以任一機器在關係到一機器時，是流的破裂，在關係到另一機器時是流的生產。在布魯諾・貝特蘭（Bruno Bettelheim, 1903-1990）這位兒童心理家的自閉症研究中，「這小孩能生活，吃、通便、睡覺，只有他接上了機器，提供了馬達、電線、化油器、推進器，和駕駛汽車：一個電力供給機器，一個汽車機器使它能夠呼吸，肛門－機器使他輕鬆。」（AO, 37）驅使身體是駕駛汽車，一個電力供給機器，一整套機器的設備。「精神分裂生命表現在的是欲望的缺席和摧毀，而不是欲望本身，和預設了在父母上極端否定的態度，小孩

對父母的反應是他自己轉入一個機器。」（AO, 37）精神分裂在自閉症的欲望－機器上是否定欲望，摧毀欲望，但機器本身就是欲望，結論是：「依貝特蘭，一個自主的反應到全部的生命經驗，母親只是其中一部分。」（AO, 37）

在精神分裂的無意識綜合中，無器官身體已在欲望－機器起作用，在談到小說《追憶似水年華》時：「清楚的是敘事者看不到任何事，聽不到任何事，和他是無器官身體，或像一隻蜘蛛平衡在網上，觀察不到任何事，回應最輕微的符號，最輕微的震動，以跳向牠的獵物。」（AO, 68）無器官身體看不到任何事，聽不到任何事，就如描寫自閉症的小孩：「藉著無器官身體會（眼睛緊閉，鼻孔縐縮，耳朵關閉）……」（AO, 37-38）一樣，無器官身體在平衡中始能僅回應符號和震動，在實際人生中所感到的最輕微震動的是最輕微的符號。

「一切起於星雲，統計學的全體其輪廓是模糊的，克分子的（molar）或集體的形構，包含特異性偶然地分配（起居室、一群女孩、一個風景）。然後，在這些星雲和這些集體中，『邊』（side）成形了，系列被安排了，個人在這些系列中有輪廓了，在缺乏、缺席、不對稱、排除、不溝通、邪惡和罪的奇怪法律之下。」（AO, 68-69）這是所謂「從中間開始」，一切從星雲的模糊輪廓，已含有克分子或集體的形構，我們的特異性被偶然地分配到生活空間，人與人的相遇中，甚至於自然的景色中。然後在這些星雲和集體中，左邊和右邊成形了，在一切秩序中也安排了系列，各種職業的區分，人與人互相競爭，都在社會所創造的

缺乏、不對稱中。這是社會發展的前景，從星雲的模糊輪廓或集體的意識形構，到過度的區分。系列與系列互相排除，不溝通，在星雲的模糊輪廓或集體的形構中上尚存的原始感受和天真（一個起居點、一群女孩、一個風景），已淪為邪惡與罪。這就是為什麼從欲望－機器開始，要反對欲望，那種欲望是被創造出來的缺乏；也是為什麼欲望－機器也得是無器官身體。「再來，一切事物又再次模糊，一切事物瓦解，但這次在一個分子（molecular）和純粹多樣性中，這裡局部對象，『箱』、『瓶』都有它們的積極的決定，和進入越乎常軌的溝通，和跟隨著橫向地（transversal）穿過了整個作品，一個巨大的流每一局部對象再次生產和切割，同時再生和切割。」（AO, 69）這就是復歸於混沌的意思，一切區分和秩序瓦解了，每一個分子恢復其流動，成為純粹多樣性。粉碎一切既定的形式，掏空了既定的價值與觀念，社會機體的局部對象，恢復為中心的「箱」與「瓶」，特異性不同的流動。這是積極的決定，跨過既定的分割而越乎常軌的橫向溝通，一個巨大的能量流穿過整個作業。一切事物再次生產和切割，同時性的。

　　「不僅邪惡，普魯斯特說，那是瘋狂和天真擾亂了我們。如果精神分裂是普遍的，偉大的藝術家的確是攀登了精神分裂的牆和達到了未知之地，那裡他不再屬於任何地方，任何環境，任何學派。」（AO, 69）那不是在法律之下的邪惡，而是一股巨大的能量流橫向地穿過所有區分和封限。故而那是未知之地。「精神分析有它的形上學——它的名字是伊底帕斯。而且那革命——這

次是唯物論者的——能夠進行，只有藉著批判伊底帕斯，藉著廢棄像在伊底帕斯精神分析中發現的無意識綜合的不合法使用，以致去發現其判準的內在性和相符的操作，我們稱為精神分裂分析。」（AO, 75）判準的內在性是內在於我們的本性中，這是超越的（transcendental）。否則就是超絕的（transcendent），超絕的觀念。

分離綜合

對於精神分析的批判不僅針對佛洛伊德，也針對拉康。「我們虧欠拉康於無意識符碼（code）的肥沃領域，合併了意義的整個鍊或幾個鍊：一個完全轉化了分析的發現。（基本的文本在這聯結中是〈失竊的信〉）。但這領域看來本非常奇怪——只因為多樣性——一個如此複雜的多樣性，我們很難說到欲望的一個鍊或一個符碼。鍊稱為『指涉鍊』，因為是由符號構成，但這些符號本身不指涉。符碼並不太相似於術語，沒有封閉的、多音的構型。」（AO, 38）〈失竊的信〉曾在《差異和重複》中用以談時間的過去（見 DR, 101-103），其意旨總是不在現場，總要靠意義的整個鍊或幾個鍊來構築，好像封閉在這些鍊裡。鍊由符號構成，而符號卻不指涉。鍊是意旨的回聲，只有一種空洞的聲音。沒有多音的型構。「符號的本性其中是無意義的，當這些符號很少或無關於支持它們的。或是這些支持對這些符號而言是完全非物質的，支持的是無器官身體。這些漠不相關的符號不跟隨任何計畫，作用在任何層次和進入任何一種聯結；每一個說著自己的

語言並建立與他者的綜合，十分指向橫向的向量（vector），然而在構成它們的基本要素之間的向量是十分不直接的。」（AO, 38）無器官身體像蜘蛛在網上，沒有任何計畫，只是等待最輕微的震動，湧出最輕微的符號。符號總是與他者的綜合，但他者仍說著自己的語言，因此這種橫向的聯結是分離綜合，因為構成他們的基本要素都是差異的，故而彼此基礎要素之間的向量十分不直接。「每一鍊捕捉其他鍊的斷片，由此『抽出』一個剩餘價值，正如蘭花的符碼『吸引了』黃蜂的形象：兩個現象證明了符碼的剩餘價值。」（AO, 39）蘭花的符碼只是一斷片，黃蜂的符碼也只是一斷片，斷片的斷片的相遇，彼此吸引，是一「機遇現象」（aleatory phenomena），所謂「非平行進化」。（D, 3）

　　德勒茲與加塔利論述精神分析的亂倫恐懼，是藉精神分析家勒克萊爾（Serge Leclaire, 1924-1994）的分析。「三個主要的精神官能症稱為家庭的，看來符合於在區分功能或分離綜合中的伊底帕斯過失：恐懼症的人不再確定他是父母還是小孩，著魔的人不再確定他是死的還是活的；歇斯底里的人不再確定他是男的還是女的。」（AO, 75）精神分析最後藉陽具象徵整合了家庭三角。至少可以確定精神分析是否定的，而精神分裂是肯定的。「行動是伊底帕斯特性的乃是引進分離綜合的排除的、限制的和否定的使用。……精神分裂教導我們特異的在伊底帕斯之外的教學，和顯露給我們分離綜合的未知力量，內在使用不再是排除的和限制的，而是肯定的、非限制的、包含的。」（AO, 76）由分離綜合所進入的萬物的未知力量，故是肯定的力量，尼采式肯

定。「這是自由的分離；差異的位置堅持在他們的全部，但他們全都被一個無臉的和轉換的主體居住。」（AO, 77）自由的分離也是自由的綜合，主體無臉而不可辨識，轉換而不可知，成為無名之人。

聯繫綜合

剩下的是強度的問題，主體如何通過強度？「它是強度關係的問題，由此主體通過在無器官身體之上，一個過程使他從事於變化，升起與降落，移動和移位。萊恩醫生完全是對的，定義精神分裂過程為自發的航行，自我喪失的超越經驗。」（AO, 84）萊恩醫生（Ronald David Laing, 1927-1989）以反精神醫學著名。主體以強度通過在無器官身體之上，強度與強度溝通、交流。產生自發的變化，在強度中自我喪失；內在於無意識中，因而是超越經驗。「正如內部的航行，已放棄一切形式和性質，從而造成純粹強度——聯結一起（coupled together），幾乎不堪忍受——放射於之內和之外，由此一個游牧主體通過的強度。」（AO, 84）只有強度的內容，故放棄一切固有的形式和固定的性質，強度與強度通流，聯繫一起，強度的綜合會到不堪忍受的地步；自內自外一起放射，交光互網。這是游牧主體通過強度。但這強度只是一種感受。「……一個感覺，一系列情緒和感覺為強度量的圓滿和消費……。強度的情緒，感受……。」（AO, 84）強度的情緒，是感受（affect），是達到了感動的狀態，故有強度量。強度量匯流達到圓滿的狀態，也是一種消費，消費的狀態。

　　至於安托南・阿爾托的殘酷劇場，可以評注為反文化的力量。「殘酷劇場不能分開於和文化鬥爭，與『種族』面對，與阿爾托的朝向墨西哥大移動，它的力量和它的宗教：個體化被產生，只有在力量的領域，明確地由強度的震動定義，和那激動了殘酷的個人只要他們是被引誘的器官，欲望－機器的部分。」（AO, 85）強度反對已定形式，已朝特定方向的文化，故與文化鬥爭。強度只為強度震動，並只聯繫強度，故阿爾托肯定異族的強度，強度只朝向強度移動，它的宗教也是力量的表現。個體化的產生，明確地說是特異性，只在力量的領域，那是強度震動的領域。至於殘酷，是強度的震動激勵了器官－機器，欲望－機器的部分。在引用了尼采的名言「在歷史上的每個名字是我」之後，評述說：「但它從不是將自己認同於人物的問題，好像它錯誤地堅持一個瘋子『把他自己視為如此和如此……』。它是某些完全不同的問題：認同種族、文化和諸神於無器官身體上的強度領域，認同個人於填滿這些領域的國家和閃現在並橫截過這些領域的效應。」（AO, 86）種族、文化和諸神只是強度的認同領域，所以不是認同於人物的問題。強度只是強度的震動，所以認同填滿強度領域的國家，和閃現在橫截過這些強度領域的效應。「無意識即嬰兒，遊戲的無意識，沉思和社會的無意識。」（AO, 100）無意識即自動生產，沒有缺乏，在個人上既是遊戲的也是沉思的，既是個人的生產也是社會的生產。

第三節　反伊底帕斯

　　以伊底帕斯情結來思考精神疾病，是太為侷限的方式。「家庭在本性上是離心的、去中心的……家庭充滿了缺口和被並非家庭的破口所橫斷：公社、德雷福斯事件、宗教和無神論、西班牙內戰、法西斯主義興起、史達林主義、越南戰爭、1968 年 5 月事件……一切這些事物形成了無意識情結，比持久的伊底帕斯更有效。」（AO, 97）國際戰爭、推翻政府、極權統治、內戰、動亂都是震盪人心的大事件，如巴黎公社曾在 1792 年及 1871 年推翻政府。法國軍方陷害陸軍猶太籍軍官德雷福斯，其夫人奔走求告小說家左拉揭發醜聞。法西斯黨的獨裁、史達林的恐怖統治、1968 年 5 月的法國學運事件；這些事件都橫斷了家庭，家庭不是封閉的，而有破口。法蘭茲·法農（Frantz Fanon, 1925-1961）也研究非殖民化與殖民主義精神病理學。「當法蘭茲·法農遇到迫害性精神病的一個案例是連接到母親的死亡……戰爭創傷、殖民化、可怕的貧窮等等這些極度情境，是不被伊底帕斯裝置的構成所喜愛。」（AO, 96）戰爭創傷、殖民化的種族問題、乃至可怕的貧窮都是精神病的成因。

　　在將精神分裂對比於精神分析上：「它開始探測超越的無意識而不是形上意識；無意識是物質的而不是意識型態的；精神分裂的而不是伊底帕斯的；非形象的而非想像的；真實的而非象徵的；機器的而非結構的……一個無意識，最後是分子的，微物理學的和微邏輯學的而非克分子的或聚結的，生產的而不

是表現的。」（AO, 109-110）超越的正因為其條件是內在於無意識中，而不在「形上」面設立超絕的判準，無意識是身體的力量而不是在意識層面樹立意識型態為壓迫裝置。雖非具體可見的形象（figure），但也非想像。無意識是：動力量，是真實的而不是精神的象徵。它是欲望－機器的運作而非無意識結構。最後是分子的（molecular），是分子的流動，而非克分子（molar）。生產的而非表現出來的。簡單說，「不是說伊底帕斯是錯誤的信仰的問題，而是信仰必然某些錯誤的，轉變了和窒息了有效的生產。」（AO, 107）這就是為何伊底帕斯成為壓制性的意識型態。

　　在重述三個綜合時，就可看出伊底帕斯對生產的壓制性。「首先，連結綜合的部分的和非特殊的使用，是要對立於伊底帕斯的使用，它本身是全體的和特殊性的。全體的和特殊的被發現有兩面相，雙親的和婚姻的，伊底帕斯的三角形式和這形式的再生與此相符。……從能指鍊抽出超絕的完全對象用來做為專制的能指，整個鍊就依賴於此被分派缺乏的要素給每一個欲望位置，把欲望融合於法律。」（AO, 110）爸爸、媽媽和我構成的伊底帕斯三角，抽出一個父親的權威為專制的能指，整個指涉鍊就被分派為缺乏，缺乏陽具。欲望就形同被法律閹割。「在第二位上，分離綜合包含的或非限制的使用，對立於伊底帕斯的排除的和限制的使用。」（AO, 110）這是藉用人類學家貝特森（Gregory Bateson, 1904-1980）提出的雙重束縛（double bind）理論，自相

矛盾的指令：[6]也就是父親是權威，對兒子說：「來吧，批評我吧，但強烈暗示一切有效的批評將非常不受歡迎。」（AO, 79）這種兩難的困境其實是精神分裂的處境。「在第三位上，聯繫綜合的游牧的和多音話語的使用，對立於由它們做成的隔離的和一對一的使用。……兩個時刻，第一個時刻是種族主義者、國家主義者、宗教等等，藉著隔離，構成政策的隔離……次則家庭是注定的隔離……。」（AO, 110-111）社會是政策的隔離，家庭是注定的隔離（如避免亂倫）等等。「關於欲望的三個錯誤，稱為缺乏、法律和能指，這是相同的一種錯誤，一個觀念論形成了無意識的虔誠概念……像尼采說的，從來只有一種心理學，教士的心理學。從缺乏再引進欲望時，一切欲望－生產被壓碎了，還原到不過是幻想的生產。但符號並不生產幻想，它是實在的生產和欲望在實在中的位置。從欲望被結合於法律時……永恆的壓制開始了……但欲望的符號並非法律的符號，它是強度的符號……從欲望促成被依賴於能指時，它被放回到專制主義的束縛，其效應是閹割；但欲望的符號從不是能指，它存在於數千生產的破裂流，從不允許在閹割的一揮中成為所指……」（AO, 111-112）這是對精神分析的總批評，並套上了尼采所謂的教士心理學。欲望－生產，並不缺乏，缺乏引進欲望，成為幻想的生產。欲望是強度符號，不是法律符號，欲望與法律結合時，成為壓制的欲

6　雅卡爾《脫軌》，許連高譯（台北：遠流，1989），頁 140。此中有進一步介紹。

望。欲望是千萬生產的破裂－流，不是能指；當欲望依賴能指，被專制主義束縛，產生閹割的效應，欲望成為所指。

精神病

　　佛洛伊德曾提出在精神官能症（neurosis）和精神病（psychosis）的簡單區分判準。「在精神官能症中自我服從實在的需求和準備好去壓制本我的驅力；而在精神病中自我是本我的控制下，準備打破實在。」（AO, 122）但佛氏理論上的「斷裂也發生在精神官能症中被壓制者的回歸（歇斯底里失憶，迷狂的取消），而在精神病中重獲實在看來是沿著妄想狂的重構。」（AO, 123）佛氏的這些說法大致含乎傳統心理治療的觀念：「瘋狂基本上聯結於實在的喪失。」（AO, 123）在德勒茲和加塔利的心目中：「在精神病中，家庭情結出現為正是做為一個刺激，其性質是漠不相關的，單純的誘導者（inductor）而不扮演組織者的角色，這裡對實在的強度投資對某些完全不同的施加影響（社會的、歷史的和文化領域）？」（AO, 123）這也就是說伊底帕斯情結只是一個刺激或誘導，重要的是對實在的強度投資是闖入社會的、歷史的和文化領域。「精神病反應於孤獨癖（autism）和實在的喪失。或者可能實在的喪失並非精神分裂過程的效應，而是其被迫以伊底帕斯化的效應，即是說它的打斷？」（AO, 123）這裡已把精神病視為精神分裂，反應為孤獨症；而由於伊底帕斯化效應的打斷，才有實在的喪失。

　　「在強度上的一滴到無器官身體＝0，孤獨癖：精神分裂沒

有其它方法去回應這封鎖他對實在的投資，由社會壓制和心靈壓制的伊底帕斯系統放在他前面的障礙。」（AO, 124）伊底帕斯系統不僅心靈壓制也是社會壓制，精神分裂無法在這封鎖和障礙中，把強度的投資實在轉變為由一滴到無器官身體＝0 的。「精神分裂將接受把一切還原到母親，顯然它沒有任何重要：他確定能夠使一切從母親再生，而且把一切處女所放置的保存給他的秘密使用。」（AO, 126）這是運用杰拉德・奈瓦爾（Gérard de Nerval, 1808-1855）的故事，他是法國浪漫主義代表人物，詩人、散文家。母親在伊底帕斯情結中既然沒有任何重要性，就可以把一切還原到母親，並視之為再生的能力，所有處女所放置的各種形象都可以成為精神分裂的秘密使用。

　　對精神分析的批判可以藉用榮格（Carl Gustav Jung, 1875-1961）的話來說明：他提出集體無意識，是分析心理學的創始者。「『對年輕人來說，問題是關於家庭和愛，佛洛伊德的方法！對那些較不年輕的，問題是處理社會適應，阿德勒！和榮格對成人和老人，問題與理想有關。』和我們已見到什麼對佛洛伊德和榮格是共同的；無意識常以神話來衡量。」（AO, 128）阿德勒（Alfred Adler, 1870-1937），個體心理學的創始人。榮格的區分很有趣，但顯然德勒茲反對把無意識視為神話或神話化。榮格的原型（archetype）是古代要素，無限地古老於和從時間的次序中並非嬰兒要素本身。（AO, 128）榮格的確復活了一切神話要素，「我所做的唯一例外是神話模式，正如我以事實證明的那

樣，它是一種深刻的無意識。」[7]榮格也承認：「從原則上說，我是醫治不了精神分裂的⋯⋯。」（同上，110）

　　而現在精神分析的問題也應拉到精神分裂的情況來審視。「我們堅持疾病的原因，精神官能症或精神病，常在於欲望－生產中，在其與社會生產的關係，在那不同或衝突的體制中，和欲望生產表現在系統的投資模式。」（AO, 128-129）現在即使依循伊底帕斯情結的精神官能症也必須和精神病一起放在精神分裂的欲望－生產中，欲望－生產已是社會生產，故能量的強度投資在社會生產系統。「精神官能症、精神病和還有倒錯依賴相關於過程的每一個處境，而且在一種方式中其中每一個再現了過程打斷的模式，人仍然依附的殘餘的一點根據以致不要被解除領域化（de-territorialisation）的欲望流帶走。伊底帕斯的精神官能症領域性，詭計（artifice）的倒錯領域性，無器官身體的精神病領域性。」（AO, 136）這三種病都是在精神分裂過程中打斷過程之模式，為了怕在精神分裂過程中被欲望流帶走，就依附殘餘的一點根據，即領域性。精神官能症依附伊底帕斯，精神病依附無器官身體，不動而且保持沉默，到強度＝0。至於倒錯：「倒錯的劣質和美學主義，到達了牆和對牆而彈回，有時帶著極度的無力。」（AO, 135）牆是領域的界限，倒錯不打破牆，只是在技巧的彈回，但在彈回時有時帶有極度的暴力，如虐待狂和受虐

7　榮格《分析心理學的理論和實踐》，成窮、王作虹譯（北京：三聯，1997），頁66。

狂。精神分裂只是過程，不能打斷。

文學機器

先做一點判讀：有沒有以超我形式為主的精神分析文學？「伊底帕斯在是精神分析以前，事實上是文學的。常有一個布雷東反對阿爾托，一個歌德反對倫茲，一個席勒反對荷爾德林，為了文學超我化和告訴我們：小心，不要再往前走！不要『為缺乏機器而錯』！維特，對了，倫茲，不對。文學的伊底帕斯形式是商品形式。」（AO, 134）為何同是超現實主義的布雷東（André Breton, 1896-1966）要反對阿爾托？一方面，「1924 年，當布雷東在《第一次宣言》中將自動性視為超現實主義的首要技巧時，是佛洛伊德的自由聯想對他產生了更為顯著的影響。」[8]故超現實主義的布雷東精神自動化顯然是精神分析式的。「制定新的美學分類的嘗試……超現實主義則培養了一種揮之不去的烏托邦式的渴望，希望詩學和美學在經驗上能夠完成相互轉換或者正在轉換之中。」（同上，67）布雷東的美學形式主義和精神自動化顯然帶有超我的痕跡。都是德國浪漫主義者，歌德及席勒的狂飆運動受康德的崇高美學影響，而倫茲（Jakob Michael Reinhold Lenz, 1751-1792）曾以歌德為偶像，後來友情斷裂。「倫茲……他不住在自然作為自然中，而是作為一個生產過程，現在不再有或是

---

[8] 戴維‧霍普金斯《達達和超現實主義》，舒笑梅譯（南京：譯林，2010），頁 69。

人或是自然這樣的事，只有一個過程在另一個中產生一個，和聯
合了機器一起。」（AO, 2）而詩人荷爾德林（Friedrich Hölderlin,
1770-1843），1805 年後被判定有心靈疾病。維特是指歌德小說
《少年維特的煩惱》中的維特。

過程

　　「精神分裂做為一個過程是欲望－生產，但正是這生產當它
作用到結束時，做為社會生產的界限由資本主義的條件決定，它
是我們自己的『疾病』，現代人的病。」（AO, 130）欲望－生
產就是社會生產，但社會生產的界限卻由資本主義的條件決定，
是現代人的病痛。「『沙漠生長著……符號近了。』精神分裂一
起帶著解碼的流動，使它們橫過無器官身體的沙漠，在那裡裝設
他的欲望－機器，和生產行動力的永久流出。」（AO, 131）「沙
漠生長著（Wildness grows）……符號近了。」是尼采語。[9]在資
本主義條件所決定的社會生產中，現代人的病痛是生產流被限
制。這時去解碼的流動是精神分裂的，橫過強度＝0 的無器官身
體的沙漠，裝設欲望－機器，讓生產流流出。「這些欲望的人
──或他們尚未存在──是像查拉圖斯特拉。他們知道難以置
信的受苦、眩暈、和疾病。他們有他們的幽靈。他們必然再發明
每一個姿勢。但這一個人生產自己為自由人，不負責，孤獨和歡

9　Friedrich Nietzsche, "Thus Spoke Zarathustra." trans. Walter Kaufmann,
　　(U.S.A.: the Colonial, 1954), p.417, 438.

樂……。」（AO, 131）欲望的人，欲望－機器，在一種強度的能量中，受到社會和家庭的壓制，故受苦、眩暈和疾病是難以置信的。他們的幽靈，正是他們所遭受各種苦楚，所以他們的生產流為自己發明每一個姿勢。做為特異性的表現，重要的是生產流是去符碼的流動，故而不負責、孤獨和歡樂。

「奇怪的盎格魯－美國文學：從湯姆士・哈代，從勞倫斯到馬爾科姆・洛瑞，從亨利・米勒到亞倫・金斯堡和傑克・凱魯亞克，這些人知道如何離開，爭奪符碼，造成流去循環，去橫過無器官身體的沙漠。他們征服了界限，他們粉碎了牆，資本家的障礙。」（AO, 132-133）馬爾科姆・洛瑞（Malcolm Lowry, 1909-1957），英國詩人及小說家，以：《在火山下》聞名，值得注意的是他的航海經驗和旅遊。亨利・米勒（Henry Miller, 1891-1980），美國「垮掉派」（Beat Generation）作家，以《北迴歸線》著名，生活經驗廣博，與窮困潦倒的僑民及放蕩不羈的巴黎人混在一起，有露骨的性描寫。亞倫・金斯堡（Allen Ginsberg, 1926-1997）以投射詩聞名，詩風很野[10]，反主流文化等。傑克・凱魯亞克（Jack Kerouac, 1922-1969）也是「垮掉派」作家與金斯堡齊名，以《在路上》聞名，藥、貧窮、旅遊。故而離開是離開主流文化，征服了資本主義的界限，打破了牆。「革命機器……。那是所謂風格，或是缺乏風格——前句法的，前文法的：當文學不再由它說什麼來定義，甚至更不由什麼造成它是一

---

[10] 翱翱《當代美國詩風貌》（台北：環宇，1973），頁 2 有專文評論。

個指涉的事物，而是由什麼造成它去移動、流動和爆炸的時刻
——欲望。因為文學是像精神分裂：一個過程而沒有目標，一個
生產而不是表達。」（AO, 133）革命機器就是革命的能量、強
度，這是風格，或是缺乏一般所謂的穩定形式的風格。重要是移
動、流動和爆炸，而不是「說什麼」或什麼造成它去指涉的事
物。這是精神分裂的生產過程。

第四節　卡夫卡

德勒茲和加塔利合作《卡夫卡：朝向少數文學》（1975
年）。這本書可以進一步研究文學機器怎麼運作，「處理人的異
化、疏離感、命運之無法自我控制等主題」。[11]他們一開始就提
出「卡夫卡的作品是一個根莖（rhizome），一個洞穴。」（K,
2）根莖是《千高原》的重要主題，至於洞穴，在《差異和重
複》中是個體的存有。「但這是由動物和由卡夫卡本人所安排的
陷阱；洞穴的整個描述作用的是去欺騙敵人。」（K, 2）個體的
存有是由許多洞穴組成嗎？怎麼用來去欺騙敵人呢？「我們將嘗
試去發現我們進入所聯結的其它點，通過什麼交叉路和走道去連
接兩點，根莖的地圖是什麼和如果進入了其它點，地圖如何修
正。只有多樣入口的原則防止引進敵人，能指和那些企圖去詮釋
一個作品，實際上只是開放給實驗。」（K, 2）洞穴的多樣入口

---

[11]　鄭樹森《小說地圖》（南京：江蘇教育，2006），頁28。

和根莖的多樣生長路線是相同的，重要的是通過什麼交叉路和走道去連接兩點，這是開放給生命的生命實驗的。至於敵人，是受騙的，即認為一個能指（the Signifier）總攝了所有的意義，這是詮釋一個作品所產生的問題。洞穴不只是有一個入口。

姿　勢

「他們必須為自己發明每一個姿勢。」（AO, 131）因此這裡注意到姿勢的問題。

彎曲的頭 肖像－照片	＝被阻礙的，受壓制的或壓制中的，中立的欲望，帶著最少的連結，兒童的回憶，領域或再－領域化。
直立的頭 音樂的聲音	＝欲望直挺，向前移動，和開放新的連結，兒童區塊或動物區塊，解除領域化。（K, 5）

這兩者，前者屬於視覺，後者屬於視覺與聽覺。但這種姿勢的區分還有另一種區分：「這是否一種是在一個造型的和仍然伊底帕斯的亂倫及一種與妹妹精神分裂式的亂倫，輕音樂奇怪的從中出現，這兩者之間的差異嗎？」（K, 5）這是把精神分析繫於視覺，欲望受壓制，只有最少的聯結，達不到精神分裂的連結綜合，故有新的連結綜合。解除領域化後，兒童或動物是可以連結的區塊。但德勒茲和加塔利說：「有兩種新的形式：直立的頭是內容形式，和音樂的聲音是表達的形式。」（K, 5）既是形式，還不是實體（substance）。「只要有形式，就仍然有再領域化，

甚至在音樂中。」（K, 6）

　　因此必須再予以區分。「在表達的領域中，聲音並不對立於肖像，就像在內容的領域中直立的頭對立於彎曲的頭。如果我們抽象地考慮內容的兩種形式，在它們間不可否認有一個簡單的形式對立，一個二元關係，一個結構和語意的性質很少讓我們離開能指的領域，和那比起根莖是更為二分法的。但就肖像而論，就其部分，不可否認的是表達的形式，符合於『彎曲的頭』的內容的形式，從聲音來看就不是如此。」（K, 6）這樣似乎有一種新區分。

　　彎曲的頭和直立的頭在視覺上是對立的，簡單的形式對立，必有一個二分法。二分法就會有結構和語意的性質，彎曲的頭或直立的頭做為能指，必有各自的所指，也是對立的，如沮喪對昂揚。肖像是表達的形式，符合「彎曲的頭」的內容的形式，表達與內容一致，不過不要忘記，這兩者是列在精神分析範圍的。看來問題出現在「音樂的聲音」，起先是「音樂常看來趕上於一個無法分開的變成－兒童或變成－動物，聲音響亮的區塊對立於可見的記憶。」（K, 5）看來應是對立，但這變成－兒童或變成－

動物本來屬於精神分裂的範圍，故而音樂的聲音不能侷限於表達的形式，不能形式化。故而「使卡夫卡感興趣的是純粹的和強度的聲音響亮的物質，常連結於自己的廢除——解除領域化的音樂聲音，一個呼喊逃避了意旨、作曲、聲、字詞——一個響亮聲音撕裂了，為了脫離於仍然太有指涉的鏈條。在聲音中，單只有強度有關，而且這聲音一般是單調和常沒有指涉的。」（K, 6）這純粹和強度的物質是（在卡夫卡小說中）一聲叫喊，音樂的聲音在這裡廢除了自己，逃避了意旨、作曲、歌聲、字詞。強度是單調、沒有意義、和解除領域化的。所以「聲音在此並不顯露為表達的形式，而是做為表達的未定形物質。」（K, 6）聲音做為表達的未定形物質以就是響亮聲音表達的流，「這樣，直立的頭不再與自己的有關，而是形式地變成不過是不成形的實體，被一個響亮聲音表達的流清除。」（K, 6）那麼直立的頭與音樂的聲音不再是內容的形式和表達的形式，而是內容的實體和表達的實體，且內容的實體被表達的實體或流所清除。

$$\frac{\text{內容的實體（不成形）}}{\text{表現的實體（或流）}}=\frac{\text{直立的頭}}{\text{響亮聲音}}$$

變形

表達的未定形物質，是一種粗糙質料的流動。「一個作家不是作家－人，他是一個機器－人，和一個實驗的人（……一個變成－動物，一個變成－非人，既然是實際地通過聲音，和通過聲

音和通過一個風格，人變成了一個動物，和當然通過了冷靜的力
量。）」（K，7）欲望－機器所產生的實驗，通過響亮聲音所產
生的變形（metamorphosis），變成－動物和非人。冷靜的力量
是因為他實際上不是，變形只是一個變化的過程。「逃逸線
（the line of escape）是機器的一部分。內部或外部，動物是洞穴
－機器的一部分。問題不是自由而是找到出路，或是入口，另一
面的走道。」（K，7-8）逃逸線從被壓制的狀況逃離，從欲望－
機器的內部或外部，變成－動物，就成為洞穴－機器的一部分。
找到出路，或是從另一面入口，在走道中徘徊。

　　「對『惡魔力量』的非人性，回應以變成－動物：所有小孩
建立或感覺這種逃逸，這些變成－動物的行動。」（K，12）對
惡魔力量的非人性壓制，所有小孩都要建立或感受逃逸線，產生
變成－動物的行動。所以變成－小孩與變成－動物是一體的。
「去發現一個純粹強度的世界，一切形式進而解消，一切意旨、
能指和所指也一樣，到一種解除領域化的流變的，非指涉的符號
的未定形質料的利益。」（K，13）逃逸線就是逃避領域化，在
經驗的流變中去發現純粹強度的世界；把一切形式消解，一切符
號消解，在非指涉的符號裡成為未定形的質料。「卡夫卡的動物
從未參考到神話學或原型（archetype）而是相應於新的層次，解
放的強度地帶，內容解放於其形式和表達，也解放於形構它們的
能指……特殊的地下道在根莖或洞穴中。因為這些地道是地下的
強度。」（K，13）卡爾・榮格（Carl Gustav Jung, 1875-1961）創
始分析心理學，有別於佛洛伊德的個人無意識，提出集體無意

識，他參考到神話，並訴諸無意識的原型學說，這裡遭到批判：
「（原型以同化、同質化和主題來作用，然而我們的方法只有當
斷裂和異質線出現時才作用）。」（K, 7）未定形的質料指明的
是斷裂和異質線，這解放了強度的地帶，內容瓦解了形式，正如
根莖和洞穴的地道瓦解了能指的路徑。

「蘭花看來再生了蜜蜂的影像，但在解除領域化到牠之中的
深刻定義下，正如蜜蜂同樣加入了蘭花而解除領域化：捕獲符碼
的斷片，而非影像的再生。」（K, 14）表面上看來好似再生出
模仿的影像，但變形是解除領域化，蘭花不是模仿蜜蜂，而是截
取符碼的斷片，向蜜蜂變形。同樣的，蜜蜂也是截取符碼的斷
片，向蘭花變形。

語言

在少數文學（minor literature）的問題上，也提出了語言問
題。「少數文學的三個特性是語言的解除領域化，個人連結到政
治當前性和表述的集體裝配（assemblage）。我們也許同樣可說
少數不再指明特殊文學，而是在所謂偉大（或已確立）文學的
核心中對每一文學的革命性條件。」（K, 18）解除領域化有趣
之處在於「每一語言總會有嘴、舌頭和牙齒的解除領域化。嘴、
舌頭和牙齒在食物中發現它們的原始領域。在把它們給到聲音的
表述，嘴、舌頭和牙齒解除領域化了。」（K, 19）說明也有
趣：「食物的——大地的和彎曲的頭的科學……和音樂的是空氣
的和直立的頭的科學。」（K, 20）這仍是表示前者是領域化的，

後者是解除領域化的。不過少數文學並不指少數人的語言，「是在多數語言中構成少數。」（K, 16）問題在於「在關係到自己的語言時如何變成一個游牧人和一個移民和一個吉普賽人？」（K, 19）這也就是說在使用本國語言時變成一個陌生人。個人的文學如何與政治的當前性相關？這也是指明「對每一文學的革命性條件」。借卡夫卡話說：「在偉大的文學中向下走的，構成了結構並非不可或缺的地窖，這裡發生在完全黎明的光中，在那裡少數人流通的興趣的問題，這裡把每個人收進到於生與死的問題。」（K, 17）偉大的文學是攸關生死的。在表述（articulation）的集體裝配上：「因為只有文學機器是決定來填滿在這種氛圍中其它地方所缺少的集體表述的條件：文學是人民的關注。」（K, 18）應該有而未能有，文學機器是為人民而寫作。所以在這裡不是作家的主體的問題：「並沒有主體，只有表述的集體裝配，和文學表達了這些行動，只要它們不是外來的，和只要它們只做為要來的惡魔力量或要被構成的革命力量而存在。」（K, 18）當然在表述的集體裝配中，期待的是要被構成的革命力量。

「既然語言是枯燥的，使它帶著新的強度震動。以語言純粹強度使用，對立於所有對它象徵的或甚至有特殊意義的或單純指涉的使用，達到一種完美和未定形的表達，一個物質的強度表現。」（K, 19）語言是枯燥的，是指卡夫卡[12]。用強度使用來反

---

[12]　吉爾・德勒茲、菲力克斯・迦塔利《卡夫卡：為弱勢文學而作》，張祖建譯（長沙：湖南文藝，2007），頁40譯注。

對象徵、特殊意義或指涉的使用，因為強度解放了這些形式，象徵、特殊意義和指涉都會固定下來，成為再領域化。「這是布拉格學派的進路……象徵的再領域化，基於原型，卡巴拉和煉金術，強調與人民決裂，和只有在猶太復國主義發現其政治結果。」（K, 19）卡巴拉教派（kabbala）是猶太教對《舊約全書》的系統的傳統解釋。榮格除了原型學說外，也有《心理學和煉金術》一書[13]，超現實主義者贊同「將煉金術寓言用做評論基督教的一種方式，強調精神和物質和可以通過男性本質和女性本質在兩性體中的結合來實現。」[14]這是訴諸於古老神秘的原則。象徵、特殊意義和指涉帶進了神話與傳統。「『隱喻是使我對文學失望的事情之一。』卡夫卡有意地殺死所有隱喻、所有象徵主義、所有特殊意義，所有指稱也一樣。變形是隱喻的反面。」（K, 22）這段可說是對文學語言最簡明的表達。「一種對語言、對音樂、對寫作的逃逸。我們所稱為波普的──波普音樂、波普哲學、波普寫作－未決的標題（Worterfluct）。」（K, 26）這種逃逸是屬於少數文學的，在語言上的革命，是對多數語言的反抗；但對人民的關注卻是應該稱為波普（POP）的，大眾音樂、大眾哲學和大眾寫作。

---

[13] C. G. Jung, "Psychology and Alchemy." trans. R. F. C. Hull, (Prinston: Prinston Univ., 1968).

[14] 同注 8，頁 114。

第五章　千高原

　　《千高原》（A Thousand Plateaus，1980 年）副標題為〈資本主義和精神分裂（卷 2）〉，這已是《反伊底帕斯》出版八年後。《反伊底帕斯》由書名看，主題非常集中，《千高原》雖然還是關於資本主義與精神分裂，卻看似關於一千個（許多）強度區域的。不稱為高山，容易成為精神崇高的象徵；高原是由海底強度升起的島再上升的連續強度區域。「『高原』不是一個隱喻，你看，它們是連續變易的區域，或像瞭望台監視或掃描它們自己特別的地區，而且彼此發出信號。一種的印第安或熱內亞的模態，這是我們離風格最近的，即最近於多調性（polytonality）。」（N, 142）連續強度的區域，像印第安人在各地區發出信號，強度與強度彼此呼應；或像熱內亞的磚瓦重重疊疊，強度疊加強度，強度連接強度。

　　再有一個說法；「這是一套裂開的圓環，你可以把任一個套入其他中。……一個概念，如我們所視，應該表達一個事件而不是一個本質。這容許我們把基本的小說方法引入哲學之中。一個概念像間奏（ritornello），例如，應該告訴我們在何種處境，我們感覺像哼唱一個曲調。」（N, 25-26）環扣著環，每個環表達

一個事件，事件之間可以任意組合。事件是四個 W 的說法。「哪個（which）事情發生了：在什麼（what）處境，何處（where）和何時（when）特殊的事件發生。」（N, 25）這是所謂「基本小說方法」。間奏則是應對處境而唱。「或以面貌來說，我們想面貌是做出來的，並非所有社會都做出面貌，但某些社會需要。在什麼處境這發生了，和為什麼（why）？」（N, 26）這是第五個 W。面貌是不是由黑洞升起的白牆？從我們身體的黑洞所浮現的臉的白牆，從不可辨明到可辨明的。

第一節　根　莖

　　根莖和高原有什麼關係？根莖在《千高原》中作為引言提出的概念，在《反伊底帕斯》中的根莖與洞穴的地道，根莖是未竟的討論，現在則成為導論總括全書。

　　「一座高原始終是處在中間，既不在開端也不在終點。一個根莖是由高原構成。格雷戈里・貝特森用『高原』這個詞來指涉某些非常特別的事物：一個連續的、自我震動的強度區域，其發展避免了任何朝向最高點或外在的目的。」（TP, 24）根莖和高原都是內在的強度區域，連續的和自我震動的，英國人類學家格雷戈里・貝特森（Gregory Bateson, 1904-1980）恐不只有高原的概念，另曾引貝特森文「『重估他們在內在價值的連貫性平面（a plane of consistency）。』」（TP, 25）另外貝特森喜歡問「模式」（pattern）的關係，什麼是蟹與龍蝦的關係，什麼是蘭花與櫻花

草的關係，什麼是上四者與我的，我與人的關係，也供對照。不
過一冊《植物學辭典》載明「高原用來在球莖、塊莖和根莖的古
典研究。」（TP, 571 注 20）在中間就意謂永遠在過程中。

書

　　展現先是古典，現代性，到所謂根莖系統的對比。「第一種
書是根－書。樹已是世界的意象，或根是世界－樹的意象，這是
古典的書，高貴的、指涉的和主觀有機的內在性（書的層）。書
模仿世界，像藝術模仿自然：但以對它特殊的程序完成了自然不
能或不再能做的。書的法則是反映的法則，一變成二。書的法則
如何能存在於自然中，當它管理世界和書，自然和藝術的區
分？」（TP, 5）古典把樹當作世界，由根作為根源來表達世
界。由主觀有機的內在性指涉世界，也就是由精神內部的高貴來
模仿世界、模仿自然。但以精神崇高的法則獨立於自然，完成了
自然不能做的，這是精神特殊的程序。卻說精神反映自然，成為
精神與自然的二分，一變成二。問題是不存在於自然的東西，如
何能存在於自然當中？「在自然中，根是直根，帶有分枝更多樣
的、側生的和循環系統而不是二分的，思想落在自然之後。」
（TP, 5）思想是二元性邏輯，自然是多樣性邏輯；思想落在自
然之後。美國語言學家喬姆斯基（Noam Chomsky, 1928- ）也
「從未達到多樣性之理解。」（TP, 5）

　　「胚根－系統或叢生的根是書的第二種形象，我們以現代性
忠誠於它。這次主根已然無效或它的尖端已被摧毀；次根直接不

確定的多樣性接枝於它和經歷了茂盛的發展。這次自然的實在使
主根無效,但根的統一存在,作為過去或尚要到來,作為可能。
我們必須問,是否反省的精神實在並未補償這種事情狀態,以要
求一種更為總括性的秘密統一或一種更為延伸的總體性。」
(TP, 6)現代性是反省的精神實在,在自然的實在使主根的統
一摧毀或無效之後,其胚根－系統和叢生的根仍將根的統一置安
為過去或未來,作為可能性的存在。這就是總括性的秘密統一。
「採取威廉・柏洛茲的分割法、折疊(folding)一個本文到另一
個文本之中,構成了多樣的、偶然的根(像剪輯),會有對那在
考慮中的文本的一個補充的(supplementary)維度。在這折疊的
補充的維度中,統一繼續其精神的勞動。」(TP, 6)這種折疊文
本的辦法,美國小說家威廉・柏洛茲(William Burroughs, 1914-
1919)為垮掉的一代的主要成員,主要作品有小說《裸體午餐》
等,該書由一系列聯擊鬆散的小段落組成,章節可以任意順序閱
讀。這種補充的維度仍預設統一。「補充」也是德里達的重要概
念。「作為補充,能指並不首先或只是再現消失的所指,而是它
是取代另一個能指,因為另一個能指的形式維持了與不充分呈現
的關係,人能憑藉著差異的遊戲來高度估價。因為差異的遊戲是
理想化運動,且因為能指更理想,它就增加重複呈現的力量,更
保持、保存和估價其意義。」[1]德里達的目的是破壞二元邏輯,

---

[1] Jacques Derrida, "Speed and Phenomena." trans. David B. Allison, (Evanston: Northwestern Univ., 1973), p.89.

差異的遊戲是能指的取代，所指還是在那邊，只不過能指如不套在二元邏輯中，能指就更理想，就增加重複呈現的力量。因為起先的能指在呈現上，是維持了與不充分呈現的關係。這當然是德里達在語言的指涉上增殖的方式，但還是精神實在預設了隱密的統一。「喬伊斯的文字，精確地被描述為有『多樣的根』粉碎了文字的線性統一，甚至語言的，只是去置定了句子，文本或知識的循環統一。尼采的格言粉碎了知識的線性統一，只是召回了永恆回歸的循環統一，呈現為在思想中的未知。」（TP, 6）把尼采亦歸於現代性，畢竟是可疑的，因為尼采說：「凡真正的、凡真實的、既非一，也甚至不可能還原到一。」[2]但是這邊有種說法：「世界變成了混沌，但書仍是世界的意象：胚根－混沌宇宙（chaomos）而不是根－宇宙。一個奇妙的神秘化：一本書在成為斷片以後卻更為全體化。」（TP, 7）也就是說書在表達混沌宇宙，即使是斷片式的表達，仍然是全體化的世界的意象。也就是說書本身不能成為混沌宇宙的多樣性。

原則

　　那麼，什麼是根莖呢？首先是連結和異質性原則。（TP, 7）「一個根莖無止盡地在符號鏈、權力組織和相關於藝術、科學和社會鬥爭的情況中建立連結，一個符號鏈是像根莖凝集了非

---

[2]　Friedrich Nietzsche, "The will to Power." trans. Walter Kaufmann and R. J. Hollingdale, (New York: Random House, 1967), p.291.

常不同的行動，不僅是語言學的，而也是知覺的，模仿的、姿勢的和認知的：並沒有語言本身，也沒有任何語言學的普遍，只有方言、土語、俚語和特殊化的語言的群集。並沒有理想的說者－聽者，更不用說同質的語言共同體。語言以尤里埃爾・瓦恩里希的話來說是：『基本上異質的實在。』沒有母語、只有由支配的語言在政治多樣性中。語言圍繞著教區，主教轄區，都市隱定下來。它形成球莖。」（TP, 8）一個根莖是無盡的連結各種異質的領域，否定語言本身，那麼祇有語言的實用，沒有任何語言學的普遍，等於否定結構主義語言學的探討，那麼知覺的、模仿的、姿勢的和認知的，表現在方言、土語、俚語的特殊化語言中。語言學家尤里埃爾・瓦恩里希（Uriel Weinreich, 1926-1967）提倡區分方言的方法。語言是異質的，只圍繞著不同的地區穩定下來，形成球莖。根莖既是塊莖，也包含球莖。

　　多樣性原則（TP, 8）：「木偶的線，作為根莖或多樣性，並不繫於假定的藝術家的或操縱傀儡者的意志，而繫於神經纖維的多樣性，這在另一維度中形成了另一傀儡與第一個傀儡連結。『稱移動傀儡的線或垂線為編織。它也許遭到反對，其多樣性在於演出者個人，他把之投入創作中。承認；但演出者的神經纖維同樣形成一個編織。和經由灰色物質，格子（grid）落入不可區分的……交互作用近似編織者的純粹活動，在神話中分派到命運女神或（挪威的命運女神）諾恩（Norne）。』一個裝配正是在這種多樣性維度的增加，當它擴張其連結時必然在本性上改變。在根莖中沒有點或位置，像結構、樹、根，只有線。」（TP,

9）這裡不僅說到操縱傀儡的技術，也講到命運。雖有意志，但重要在於神經纖維的多樣性，這兩者經由灰色物質，格子落入無法區分，這種交互作用近似編織者的純粹活動。似乎純粹活動更在於神經纖維的多樣性，故移動傀儡的線和垂線為編織。故移動我們身體－生命的線亦可視為編織，這正是命運女神之所為。「多樣性由外部來定義：由抽象線、逃逸線或解除領域化，依此，他們改變了本性和連結於其他多樣性，連貫性平面（格子）是一切多樣性的外部。」（TP, 9-10）與外部的關係決定了抽象線、逃逸線或解除領域化，故神經纖維的多樣性與外部多樣性的連結而改變了本性。這連結稱為連貫性平面或格子。

　　非指涉的斷裂原則（TP, 10）：根莖並不遵循固定的路線「在根莖中有一個斷裂，每當區段（segmentary）線爆發為逃逸線，但逃逸線也是根莖的一部分。」（TP, 10）區段線的生長，先是停住，積蓄能量，然後爆發為逃逸線。為了更說明逃逸線的情況，又要訴諸蘭花與黃蜂。「蘭花以形成一個意象，黃蜂的追蹤（tracing）；但黃蜂在那意象上再領域化了。不過黃蜂解除領域化，變成在蘭花再生裝置的片斷，但牠的傳播其花粉而將蘭花再領域化。黃蜂與蘭花，作為異質性的要素，形成一個根莖。……根本不是模仿而是捕獲符碼，數價（valence）的增生，一種真正的變化，蘭花的變成－黃蜂和黃蜂的變成－蘭花。……兩個異質性系列的爆發，在有一個共有根莖合成的逃逸線上。」（TP, 11）蘭花與黃蜂兩個異質性系列，由彼此意象的追蹤，捕獲對方的符碼，數價的增生，形成真正的變化。一方面自己解除領域化、一

方面又在對方再領域化。兩者交互聯結，成為異質性系列的爆發，兩個異質性共有一個根莖，而異質性的碰撞形成逃逸線。這是「不同線之間橫向的溝通。」（TP, 12）「鱷魚並不再生樹幹，蜥蜴也不再生周遭的顏色。粉紅豹並不模仿，也不再生，牠在粉紅上的粉紅畫出牠的世界。牠的變成－世界。」（TP, 13）

製圖和轉印（decalcomania）（TP, 13）：「地圖並非追蹤。製作地圖而非追蹤。蘭花並不再生黃蜂的追蹤；牠與黃蜂形成一個地圖，在一個根莖中。使地圖與追蹤區分開的，是它整個朝向與真實接觸的實驗。地圖並不再生封閉於自己的無意識；它構成了無意識。它撫育了在領域之間的連結領域，移除了無器官身體上的封鎖，把無器官身體最大地開放到連貫性平面，它本身是根莖的一部分。」（TP, 13）現在已否定是意象的追蹤，而且蘭花與黃蜂兩個異質性系列形成一個地圖，也是一個根莖。這兩者的生命都在一個實驗的過程，與真實接觸的實驗。這是開放的無意識，在實驗過程中構成的無意識。實驗過程是異質的連結過程，故移除無器官身體上的封鎖，而開放與異質系列共構的連貫性平面。

根莖的結論如下述：「一個根莖既沒有開始也沒有結束；它常在中間，在事物之間，交互存有（interbeing），間奏曲。樹是血統。但根莖是聯盟，獨特的聯盟。樹強加動詞『是』（to be），但根莖的紋理是連接詞『和……和……和……』。」（TP, 27）常在中間，所以不去追問存有是什麼（如海德格），如樹的系統「是」做為根源的動力。根莖是間奏曲，只在中間形成獨特的聯盟，沿著根莖開展，如一條河，不斷地連結。

層

　　根莖與層（strate）形成對比，先要了解「層」的觀念。

　　「大地－解除領域化，結晶的，巨大的分子－是無器官身體。無器官身體瀰漫著不成形的、不穩定的物質，在一切方向的流，自由的強度或游牧的特異性，瘋狂的或短暫的粒子。」（TP, 45）以大地作為無器官身體的模型，分子和粒子都是不成形的、不穩定的物質，流向一切方向。這是自由的強度或游牧的獨特性。「層化，層是堆積、地帶。包含給予物質以形式，限制強度或封鎖特異性於共振和冗贅的系統，在大地的身體上生產大或小的分子和組織其入克分子的聚合。層是捕獲的行動，它們像『黑洞』，或吸收，努力去抓取能抓住的，它們在大地上的符碼化和領域化：它們同時由符碼和領域進行。層是上帝的判斷；一般的層化是上帝判斷的整個系統（但大地或無器官身體連續地逃脫了那判斷，逃逸和變成解除層化，解除符碼化和解除領域化）。」（TP, 45）如果大地是巨大的分子，以說明無器官身體，而大地又是瘋狂的和短暫的粒子，層化既是堆積或地帶，如何能再產大或小的分子？顯然是在層化效應的生產，並組織其入克分子的聚合；所以欲望－生產是一直存在的，只有自由的、游牧的，與層化的、克分子的區別。現在，層像黑洞，去抓住流動的分子，就以克分子的聚合來符碼化和領域化。層是上帝的判斷，屬於超越的框架，限制和封鎖，而無器官身體則形成逃逸線。「第一個表述選擇或扣除，從不穩定的粒子－流，亞穩態的

分子或準分子單位（實體），並在其上強加連結和繼起的統計學次序（形式）。第二個表述建立了功能的、固結的、穩定的結構（形式）和構成了這些結構可以同時現實化於其中的克分子混合物（實體）。在一個地質層中，例如：第一個表述是沉澱，依據統計學的次序沉積出周期沉澱的單位：砂岩夾層，是沙岩和片岩的繼起。第二個表述是折疊，置定了穩定的功能性結構和造成了沉澱到沉積岩的通道。」（TP, 46）這分明說是有兩個層：一個是沉澱，有次序、有實體和形式，是較為分子的；一個折疊，穩定的功能性結構，也有實體和形式，是較為克分子的。

也就是在這立場上說：「上帝是一隻龍蝦、雙螯，一種雙重束縛。」（TP, 45）每一個層都是一種束縛。那麼在兩個層之前還有「不穩定的粒子－流，亞穩態的分子和或準分子。」另一方面，在生物形態也一樣，「首先，在形態發生的層次，分子型式的實在帶有偶然的關係，被捕捉在聚集現象或統計學的聚合決定了一個次序（蛋白質纖維和其序列或區段）；在另一方面，這些聚合本身被納入穩定結構『選擇』了實體化合物，形成器官，功能和調節，組織克分子機制，和甚至組織了中心能夠飛越群集，監督的機制，有用化和修復的工具，將聚合過度符碼化（overcoding）（纖維的折疊回自己去形成固結結構；第二種區段）。沉澱和折疊，纖維和包裹。」（TP, 47）

從物理學到地質層綜合出的沉澱和折疊，在生物形態上則成為纖維和包裹。在兩個層之前是不穩定的粒子－流，亞穩態的分子或準分子到現在為分子型的實在。至於兩個層，則與生物型態

的兩個區段可以對照。再來，在語言學上「葉姆斯列夫能夠由物質，內容和表達、形式和實體編織出一個網。這些是層，葉姆斯列夫說。」（TP, 48）丹麥語言學家葉姆斯列夫（Louis Hjelmslev, 1899-1965）的觀念形成哥本哈根學派的基礎，高度化的形式主義稱為語符學（Glossmatics），既然是層，內容和表達可以分屬兩個層。跳出葉姆斯列夫的語言學之網：「他為連貫性平面或無器官身體用物質這辭，換言之，未形的、未組織的、非層化的、或脫離層化的身體和一切其流動：亞原子的和亞分子的粒子，純粹強度，前生命的和前物理學的自由特異性。他為形成的物質用內容這辭，現在必須從兩個觀點考慮：實體，只要這些物質被『選擇』；和形式，只要它們在特定次序下被選擇（內容的實體和形式）。他為功能和結構用表達這辭，這也必須從兩個觀點來考慮：它們自己特殊形式的組織，和實體，只要它們形成了化合物（表達的形式和實體）。」（TP, 49）這裡連貫性平面就是無器官身體。不穩定的粒子－流，純粹強度就是自由特異性。至於兩層；內容有實體和形式，表達也有實體和形式。「理解這一點的途徑之一就是指出『這兩種形式（表達－形式，內容－形式）都是在一個實體中表現自身』。在此，關鍵的東西不是『實體』而是『表現』——使其變成可見的、被揭示的、可認識的、公共的等等。」[3]內容的流、表達的流（N, 21）匯入表現的流，這對

---

[3] 約翰·雷契《敲開智者的腦袋》，吳瓊等譯（北京：新華，2002），頁243。

後來強調語用學有其簡便；但層化的區分也有其必要。所以德勒茲和加塔利說：「層化的表面是機器的裝配，不同於層。裝配是在兩個堆積之間，在兩個層之間；在一方面，它面對層（在這方面上，裝配是一個交互層），但是另一方面又面對其他東西，無器官身體或連貫性平面（這裡，它是元層）。」（TP, 45）欲望－機器的裝配在層化的表面，裝配在兩個層之間是兩個層的交互作用；但在另外一面，是在兩個層上流動的流，不穩定的粒子－流，亞穩態的分子－流。

　　若弗魯瓦・聖伊萊爾（Geoffroy Saint-Hilaire, 1772-1884）是法國動物學家，在十九世紀已發展出層化的宏觀概念。他說：「物質從其最大可區分性的觀點來考慮，包含在減少尺寸的粒子，流或彈性流動是通過空間的放射來『散開自己』。燃燒的過程是在連貫性平面這逃逸的過程或無限區分。電化是相反的過程，由層構成；它是相似粒子由此集聚的過程去形成原子或克分子，相似的克分子去形成更大的克分子，和最大的克分子去形成克分子聚合：『相像由相像吸引』，像在雙螯或雙重表述中。」（TP, 51）這無疑是粒子－流，在連貫性平面上逃逸的過程；而相似的粒子集聚的過程到克分子聚合無疑有兩個層的觀念，是龍蝦的雙螯或雙重表述。

第二節　變成－非人

　　變形仍要從聖伊萊爾開始說：「仍然是抽象的動物通過層來

實現，只是在不同的程度和不同模式。每一次都一如牠的周遭或環境允許牠成為的那樣完美（這顯然尚未是進化的問題：既非折疊或程度暗示遺傳和衍生，只是相同抽象關係的自主實現）。」（TP, 52）粒子－流通過空間的放射來散開自己，抽象動物通過層在牠的周遭和環境允許牠所達到的完美，這只是抽象關係的自主實現，所以聖伊萊爾提出同構：「證明有同構，是你常能藉由『折疊』從有機層的一個形式到另一個形式，無論牠們有多麼不同。從脊椎動物到烏賊，把脊椎動物的脊椎骨的兩端帶到一起，把牠的頸彎下到腳和牠的骨盆提升到牠的頸背……。」（TP, 51-52）這是抽象關係的同構，同構所可能引起的變形。「解剖學要素也許在特定地方由分子的撞擊，環境的影響或鄰近的壓力所妨礙和抑制到這樣一個範圍，以致它們構成不同的器官。」（TP, 52）抽象動物在理論上其變形可以跨越最大的幅度，但在分子的撞擊或聚集，在層上的影響，甚至到克分子層的妨礙或抑制，以致形成不同的器官。從元層、沉澱和折疊共計三層，無疑元層的粒子－流，或亞穩態的分子或準分子單位，仍是變形的關鍵，在連貫性平面上的流動。

　　問題是有沒有可能建立分子知覺？分子知覺與環境的關係為何？「有分子知覺和分子反應能夠在細胞經濟學和調節媒介者的性質中被見到，去在非常多種的外部環境中『認出』只有一或二種化學物。」（TP, 57）不但有分子知覺還有分子反應，存在於細胞經濟學和調節媒介的性質，哪怕是只認出一，二種化學物。分子知覺與環境的關係還可以進一步說，德國生物學家馮・于克

斯庫爾（J. von Uexküll, 1864-1944）著有《動物界和人類世界》借用其思想以說明：「結合環境的發展在馮・于克斯庫爾所描寫的動物世界達到最高點，帶著一切牠們行動的、知覺的和能量的特性。扁蝨難以忘懷的與世界結合，由牠落下的引力能量，由牠知覺到汗的嗅覺特性，和牠抓住的行動特性所定義：扁蝨爬上樹枝和落到牠由嗅覺所認出經過的哺乳動物身上，然後抓住牠的皮膚（一個結合世界由三個要素構成，沒有別的）。行動和知覺的特性本身是某種雙螯，雙重束縛。這裡，結合環境緊密地關係到有機形式。」（TP, 57）能量的強度是否即因為環境的束縛、限制，行動的和知覺的特性已結合環境，成為兩個層，雙螯、雙重束縛。

神話和想像

　　動物有三種區分：「首先，個別的動物，家庭寵物，感傷的伊底帕斯動物，每一個帶有細瑣的歷史，『我的』貓，『我的』狗。這些動物邀請我們去撤退，把我們拉入自戀式的沉思，和牠們是精神分析所理解的唯一一種動物，最好發現一個爹地、媽咪、在他們身後一個小兄弟（當精神分析談到動物，動物就學會了笑）：任何人喜歡貓或狗的是個笨蛋。然後有第二種：動物具有特徵或屬性；種類、分類、或國家動物；像是偉大神聖的神話中對待的動物，在諸如從牠們抽出系列和結構、原型或模型的方式（榮格無論如何比佛洛伊德深刻）。最後有更有魔力的動物群聚（pack）或感受動物形成了多樣性、變化、族群、故事……。」

（TP, 265）簡單的三分法是家庭寵物、國家寵物和分子動物，以家庭寵物來說，受伊底帕斯情節的壓制，動物的能量被侷限在家庭中，只能以寵物的形態來表現。動物好像感傷時的安慰，故精神分析從未真正地了解動物。「在無意識中群居（peopling）的問題：一切通過精神分裂的毛孔，吸毒者的血管，群集、蝟集、發酵、強度，種族和部落。」（TP, 33）毛孔、血管與根莖、洞穴有關，這是強度的區域，與種族部落的群居現象有關。所以佛洛伊德在狼人的案例中是錯誤的，「佛洛伊德從無意識的觀點想要接近群集（crowd）的現象……但他將群集誤為單一個人。」（TP, 33）佛洛伊德誤解了動物，動物成群的現象。「狼作為既定區域中多樣性的瞬間領悟，並不是再現、取代，而是我感覺，我感覺自己變成為狼，在其它狼之中的一隻，在群聚的邊緣。」（TP, 35）這是精神分裂變成－狼的現象。但「絕非相信自己是一隻狼。」（TP, 35）「狼，狼群，是強度、速度、熱度、不可分解的可變距離。一個群，狼吞虎嚥。」（TP, 35）這是列舉出狼的特性，狼有其強度、速度、熱度，狼總是成群，並且狼吞虎嚥。但精神分裂的變成－狼有不可分解的可變距離，並非真成狼人。「甚至在小漢斯的案例裡佛洛伊德誤解了他畫的馬。」（TP, 284）

　　至於榮格，他與佛洛伊德不同；佛洛伊德提出的是個人無意識，榮格提出的是集體無意識。「榮格有一次夢到骨頭堆和頭蓋骨堆。一根骨頭，一是頭蓋骨，從不是單獨存在的。骨頭堆就是多樣性。」（TP, 33）這就是榮格較佛洛伊德深刻的理由，他認

識到集體的現象。至於國家動物是指榮格的動物常成為神話、傳
說中的原型，也就是說，是作為無意識的象徵。「由於它是一種
載人的動物，因此它與母親原型有密切關係。在北歐神話裡，天
神的侍女們把逝去的英雄帶到奧丁大神的殿堂。在希臘神話裡，
特洛伊的馬把希臘人包圍。……它很容易驚慌，正如一切缺乏更
高意識而只有本能的生物一樣。它與媚術及魔咒有關係──尤其
是黑色及夜間出現的馬，它代表死亡。」[4]天神的侍女們指的是
奧丁大神的女武士騎著白馬，宛如雲霧；故馬是無意識本能的象
徵。另外「母親同時也是一種容器，能包含一切容器（子宮），
因此它代表意識的根本。」（同前，145-146）國家神話或象徵
總是精神化的。故可批判榮格：「……即使當想像達到最高宇宙
的或動力的層次，像在榮格和巴什拉。變成一動物既非夢也非幻
想。」（TP, 262）法國科學哲學家巴什拉（Gaston Bachelard, 1884-
1962）的確像榮格一樣談夢與想像：「想像力的首要功能就是造
出動物形態，……若要探求夢幻的根本，心理衝動的淵源本身，
又不同於經典的精神分析經常所採用的方法，不急於尋找出夢中
象徵物的人的體現，那麼我們對天真的想像力的建樹也就不會那
麼感到驚訝了。」[5]這就是巴什拉的動物「形態」，想像動物。

　　另外如結構主義對此想像的系列感到不滿，想提出結構的關
係以為突破。「沒有比李維史陀在圖騰制度的著名文本更明確的

---

[4]　榮格《未發現的自我》，葉頌壽譯（台北：晨鐘，1971），頁147。

[5]　安德列‧巴利諾《巴什拉傳》，顧嘉琛、杜小真譯（上海：東方
　　　2000），頁101。

了：超過外在的相似，達到內在的相同。不再是制定想像的系列組織，而是制定理解之象徵和結構的秩序。不再是漸進相似的問題，最終達到在人和動物之間的同一，在神秘參與的核心。是安排差異的問題，去達到關係的差異性。動物是依據不別的差別關係或不同類別而分布，人類也一樣，依據考慮的群體。」（TP, 260）如巴什拉企圖融合精神分析與現象學，關心的是系列；結構主義則在結構。想像的系列組織只在外在的相似，象徵的和結構的秩序則是內在的相同。「當分析圖騰制度時，我們不說這人類群體與動物種類同一，我們說群體 A 對於群體 B，正是種類 A′ 對於種類 B′。這方法深刻地不同於前一個：給出兩個人類群體，每一個帶有其圖騰動物，我們必須發現兩個圖騰類比於兩個群體之間特定關係的方式——烏鴉對獵鷹。」（TP, 260-261）甚至想象的系列和理解的結構可以簡如下述：「一個人從不說『我是一隻公牛，一隻狼……』。但他能說：『我對一個女人，正是公牛對於母牛，我對於一個男人，正是狼對於羊。』」（TP, 261）系列是人與動物的相似，結構是關係之間的相同。那麼以差異的觀點來看，無論相似與相同，還是太相似了。所以「在原型系列與象徵結構之間，還是達到了許多折衷。」（TP, 261）動物本身是差異性，變成一動物也有其差異性。

　　以上討論了家庭寵物：精神分析的個人無意識，伊底帕斯動物。國家動物：精神分析的集體無意識，神話動物與象徵動物。還可以包含現象學的想像動物，結構主義的圖騰動物。何謂分子動物？

變成－動物

　　那麼變成－動物是真實的「逃逸線或解除領域化的線，變成
－狼，變成－非人，解除領域化的強度：這就是多樣性。變成狼
或變成洞是將自己跟隨不同而糾纏的線解除領域化……一隻狼就
是一個洞，兩者都是無意識的粒子，只是粒子，粒子的生產，粒
子的軌道，即分子的多樣性要素。說強度和移動的粒子穿過了洞
並不充分；一個洞就像粒子一樣是被穿過。物理學家說洞不是沒
有粒子，而是粒子的運行比光速更快。」（TP, 36）變成－狼是
從自己跟隨不同而糾纏的線，解除領域化而創造出一條逃逸線。
洞與無意識的粒子如何能相容？粒子是實際的物質嗎？在量子物
理學上的測量，依所測的位置有時是粒子、有時卻是能量波，呈
現出波與粒子的雙重特性，無意識的粒子實際上所說的是正是能
量波，是粒子－流，分子知覺的單位。「你變成－動物，只有以
不論何種方式或要素，你放射出微粒子進入了動物粒子的運動與
休息的關係，或這也是相同的，進入動物分子的鄰近地帶。你變
成動物只是分子地。你並未變成吠叫的克分子狗，但以吠叫，如
果是以足夠的感覺做到，你放射出分子狗，人並不變成狼和吸血
鬼，好像改變了克分子的種類，吸血鬼和狼人是人的變化，換言
之，在構成之中分子之間的鄰近……。」（TP, 333）變成－動
物只是分子動物，而不是克分子動物。分子動物是元層，克分子
動物帶著上帝的雙螯，沉澱和折疊，纖維和包裹，克分子無疑帶
有環境的束縛、限制，知覺的特性和行動的兩個層化作用。

　　「變化是不自覺的，卷繞（involution）是創造的，退化是運行在某些較無分化的方向。但卷繞是形成一區段奔跑在自己的路線上，在那些遊戲的項之間和在可允許的關係之下。」（TP, 263）變化是人和動物兩個項間的遊戲，兩個異質的項，人向動物的卷繞，形成一個區段。「新進化論看出有兩個理由而重要：動物不是以特徵（特殊的、遺傳的，等等）定義，而是以從環境到環境或在同一種環境下改變的種群而定義；運行的發生不只或不主要是由血統的生產而也由異質種群的橫向溝通。變化是一個根莖，不是分類和系譜的樹。」（TP, 263）動物始終是種群的，不論是從同一環境或不同環境下改變，變化是不同種群的橫向溝通。這種橫向思維與分類和系譜無關。「群集同時是動物實在，和人類變成－動物的實在；傳染同時是動物族群，也是人類的動物族群的增殖，狩獵機器、戰爭機器、犯罪機器惹起了所有在神話中更不用說在圖騰制度中所有的一種變成－動物。杜梅齊爾顯示這種變化基本上屬於戰爭的人……。」（TP, 267-28）杜梅齊爾（Georges Dumézil, 1898-1986）是法國歷史學家，對神話與小說有深刻的探討。群集既是動物實在，那麼人類變成－動物，也是人類的動物族群的增殖，變成－動物造成了狩獵機器、戰爭機器和犯罪機器。杜梅齊爾認為變成－動物基本上屬於戰爭的人。「戰爭的人有整個的變化，含有多樣性，敏捷，無所不在，變形和背叛，感受的力量。狼－人，熊－人，山貓－人，每一種動物性的人，秘密的兄弟關係，使戰場有活力。」（TP, 268）

變成－動物成為戰爭的人，有動物的多樣性，敏捷，在戰場上挖洞穴，無所不在的秘密同盟，是人向動物的變形。「反常現象瀰漫著社會，並非神話次序的退化，而是不可還原的活力拉出了逃逸線和包含神話以外的其它表現形式。」（TP, 262）神話或儀式之外，這不可還原的活力論如何在國家以外拉出了逃逸線？「有多樣性的地方，你將發現例外的個體，以此個體必然成就一個聯盟，為了變成－動物。也許沒有孤獨的狼這回事，但有一群集的首領，群集的主人，或者群集被免職的頭頭現在獨居的，有孤獨者，就是有惡魔。」（TP, 268）例外的個體是反常現象，群集的首領或前首領都是孤獨者，這就具有惡魔的力量。變成－動物具有惡魔的力量，還可以推展。「在戰爭中，飢荒和瘟疫中，狼人和吸血鬼大量增加。」（TP, 268）故狼人和吸血鬼亦屬於變成－動物的戰爭機器。

變成－女人

「在魔法中，血是傳染和聯盟的秩序。可以說變成－動物是魔法師的任務，因為(1)它意味著與惡魔聯盟的初步關係；(2)惡魔作用為動物群集的邊緣，人類通過其中，他的變化發生，藉著傳染；(3)這變化本身意味著第二次聯盟於其他人類群體；(4)這新的邊緣在兩個群體之間在群集中指引著動物和人類的傳染。有一整個變成－動物的政治學，和魔法師的政治學，苦心經營在一種既非家庭的也非宗教的亦非國家的裝配中。」（TP, 272）魔法師的變成－動物，藉血的傳染與惡魔建立聯盟，第一次聯盟；

人類通過動物群集的邊緣，通過傳染，與其他人類群體聯盟，第二次聯盟。變成－動物和魔法師的裝配是例外的裝配，不屬於家庭、宗教和國家的正常體制。

「他們表現了少數群體，或被壓制的、禁止的、在反叛中的群體，或常在被認知的體制邊，因為外在換言之即反常而更為秘密的群體。」（TP, 272）變成動物是少數群體，因為外在於體制而且反常，而顯得更為秘密，在反叛中常遭壓制、禁止。「國家常在國家軍隊的形式來占用戰爭機器，嚴格地限制戰士的變化。教會常燒死魔法師，或把隱士整合入聖徒系列的緩和意象，其與動物唯一存留的關係是奇怪的，家庭的、馴服的。」（TP, 273）國家將變成－動物的戰爭人收編，限制了他們的變化。教會燒死了魔法師，把隱士整合入聖徒系列而馴服其動物。「獨特的重要性不應連接到變成－動物。而是它們占有中間區域的區段。在近的一邊，我們遇到變成－女人，變成－兒童（變成－女人，超越其他變化，具有獨特的引導力量；與其說女人是巫婆，不如說是魔法師藉由變成－女人而進行。在遠的一邊，我們發現變成－元素，變成－細胞，變成分子甚至變成－不可知覺。」（TP, 274）根據區段的近、中、遠、排列出變成－女人，變成－兒童；變成－動物；變成－元素或變成分子等。

近的一邊顯然具有優勢。「少女和兒童並不變化；變化本身是兒童或少女。兒童並不變成成人，少女也不變成女人；少女是每一性別的變成－女人，正如兒童是每一年齡的變成－年輕。知道如何變老並不意味著仍然年輕，它意味著從一個人的年齡中抽

出粒子，速度和緩慢，流，構成了那年齡的青春。知道如何去愛，並不意味著仍然是男人和女人，它意味著從一個人的性別中抽取出粒子，速度和緩慢，流，n 個性別構成了那性別的女人。年齡本身是變成－兒童，正如性別，任何性別，是變成－女人，即是說變成少女。」（TP, 268）看來還是粒子－流，在區段近的一邊可以先行變化，重要的仍是分子知覺，故在年齡和性別中抽出粒子，只能變成那年齡的兒童，那性別的女人。年齡和性別無法轉換，但粒子－流，分子知覺的速度與緩慢，使年齡本身是變成－兒童、性別本身是變成－女人。變成－女人才知道如何去愛。但變成－女人顯然更近，「雖然一切變化已是分子的，包含變成－女人，必須說一切的變化起於通過變成－女人。」（TP, 306）變成－女人成為分子知覺的變化核心。「愛情本身是戰爭機器賦與了奇怪和多少恐怖的力量。性欲是千種性別的生產，那是許多難以控制的變化。性欲藉著男人的變成－女人和人的變成－動物：粒子的放射。」（TP, 307）男與女的戰爭，玫瑰戰爭，帶刺的玫瑰，帶有奇怪和恐怖的力量。千種性別跨越了男與女的異性性欲，是在無意識的粒子中難以控制的變化。男人的變成－女人是性欲，人的變成－動物是性欲或許此間也難以明確區分。

　　「當戰爭的人偽裝自己為一個女人，偽裝為少女逃跑，像少女一樣隱藏，這不是在他生命中可恥的，短暫的偶然。隱藏、偽裝自己是一個戰士的功能和逃逸線吸引了敵人，橫過了某些事物和使它橫過的事物逃逸；戰士起於逃逸線的無限性。」（TP,

306）戰士也變成－女人，成為在脫離戰場的逃逸線，像少女一樣的隱藏，偽裝自己，他所橫過的事物也逃離出戰場，也被隱藏。「戰爭的人與亞馬遜女戰士不可分。少女和戰爭的人聯合並未產生動物，而是同時生產出後者的變成－女人和前者的變成－動物，在一單一的區段中，戰士以少女的傳染同樣變成動物，同時少女以動物的傳染變成了戰士。」（TP, 306）戰爭的人指希臘英雄阿喀琉斯（Achilles），亞馬遜指的是塞西亞族女王參與了特洛伊戰爭，兩個戰爭機器的聯合。「性欲的變化常發生雙重變化，過程的『在－中間』使每一個夥伴去個人化，同時在和通過他者（同時作為主體和變化的中介），給每一個到達他們潛能的分子多樣性。」[6]這樣的變化對戰爭機器是可疑的。「在雙重戰爭機器的形跡中——希臘的，很快被國家取代，和亞馬遜的，很快解散——阿喀琉斯和彭忒西勒亞（Penthesilea），最後的戰爭的人和最後的少女王后，選擇了彼此，阿喀琉斯變成－女人，彭忒西勒亞在變成－狗。」（TP, 307）「阿喀琉斯已與他的力量分開：戰爭機器被忽視而給了亞馬遜女戰士，無國家的女人族，她們的正義、宗教和愛都獨特地依戰爭模式組織。」（TP, 392）阿喀琉斯的戰爭力量交給了彭忒西勒亞女王，但同時阿喀琉斯是「如此地從屬於希臘國家，彭忒西勒亞不能與他進入戰爭的激情關係，而不背叛她民族的集體法律、群體的法律：禁止

6　Eugene W. Holland, "Deleuze and Guattari's 'A Thousand Plateaus'." (London: Bloomsbury, 2013), p.109.

『選擇』敵人和進入一對一的關係或二元區分。」（TP, 392），
彭忒西勒亞選擇了敵人，結束了戰爭狀態而順從阿喀琉斯，這就
是兩人的雙重變化。

　　中國道家曾談到陰與陽，可將陰歸之為女性能量，將陽歸之
為男性能量。「日本大編纂中國道家論文是在西元 982 至 984
年，我們在其中看到在女性和男性能量之間強度的巡迴形構，以
女性扮演著內在和本能力量的角色（陰）被偷取或傳送給男性，
以致男性被傳送的力量，同樣變成內在的，更為內在的：力量的
增大。」（TP, 174）女性是內在和本能的力量，被男性偷取並
傳送給男性，是強度性的。這論述所援引的文獻是利奧塔《力比
多經濟學》[7]，其中的談論的雖是道教文獻，但《千高原》只論
女性能量的轉移，也可以說是道家式的。道家以母為道，重視的
是母子關係，而非伊底帕斯的父子關係[8]。所以「問題在於構成
一個強度的無器官身體，道：內在性領域，其中欲望無所缺乏，
因此不能聯結於外在的或超絕的判準。」（TP, 174）內在性領
域主要是強度的能量，現在道也能構成無器官身體，至少在《千

---

[7]　利奧塔據引的《中國古代的性生活》，卻是道教的房中術，採陰補陽之
　　說。Jean-François Lyotard, "Libidinal Economy." trans. Iain Hamilton
　　Grant, (Bloomington: Indiana Univ., 1993), pp.201-202。法文版為 1974 年
　　出版。

[8]　老子「我獨異於人而貴食母。」（二十章）一句，河上公注：「母，道
　　也。」魏‧王弼等注《老子四種》（台北：大安，2006）其中《老子河
　　上公注》，頁 25。

高原》，愛情與激情都是強度的能量。「使意識成為生命中的實驗，和激情為連續強度的領域，粒子－符號的發射。成就意識和愛的無器官身體，用愛和意識來廢止主體化：『變成偉大的愛，磁化器和催化劑……人必須要經驗成為完全是蠢蛋的深刻智慧。』用我思為變成－動物，和用愛為人的變成－女人。」（TP, 148）意識消解為生命所經驗到的強度，激情既在連續強度的領域，符號成為粒子－流的發射。當意識消解在愛中，造成有機體的解體，廢止了主體。引言為亨利・米勒（Henry Miller, 1891-1972）的話，他著有《北回歸線》、《南回歸線》，成為在美國 60 年代反主流文化中自由與性解放的先知。偉大的愛在強度的能量中意識不到現實的，只有強度的吸引和粒子－流的發射。

沒有臉的人

根據以薩科爾（Otto Isakower, 1899-1972）的精神分析：「所謂的本體感受（proprioceptive sensation）——手的、口的、皮膚的感覺、甚至是模糊的視覺——都指向嬰兒的嘴與胸部之間的關係。」根據庫爾特・勒溫（Kurt Lewin, 1890-1947）：「當夢的內容只有本體感受之時，它就保持於白色狀態。」根據雷恩・史匹茲（René Spitz, 1887-1974）「白色的螢幕並未將胸部本身再現為觸覺或接觸的對象，而是作為一種含有最小的距離視覺的感知，母親的臉在其上出現，為嬰孩用來作為尋找胸部的引導。」由此提出區分：「臉是表面——洞孔的，有孔的表面系統，

這系統在任何情形下不應與身體獨特的表情——洞穴（volume－cavit）系統相混淆。頭被包含在身體裡，但臉不是，臉是一個表面，臉的特徵、線條、皺紋、長臉、方臉、三角臉，臉是一個地圖。」（以上俱見 TP, 188）身體獨特的表情－洞穴，是指嬰孩的嘴與胸部的連結。這樣簡單可分為臉與身體的系統，身體屬於手的、口的、皮膚的感覺、本體感受。臉則是白牆－黑洞系統。

「我們遇到過兩軸，意義和主體化。我們看它們是兩個非常不同的符號系統，或甚至是兩個層。意義從來不會沒有白牆，它刻上它的符號與多餘的。主體化從來不會沒有黑洞，它存放它的意識、激情和多餘的。既然所有符號學是混合的和層至少有兩個，那麼非常特殊的機制置定在其交叉處，夠奇怪的是臉：白牆／黑洞的系統。」（TP, 186）意義把符號刻在白牆上，是一個符號系統，是層；主體把意識和激情存放在黑洞中，是一個符號系統，也是層。層至少有兩個，在這兩個層之間，臉是非常特殊的機制，白牆／黑洞系統。這是因為無論意義和主體化都必須參照臉，「其表義的特徵指示到特殊的臉部特徵……它構成了能指之牆，框架或螢幕，臉挖出了洞，主體性需要的，以便於穿透；它構成了主體性作為意識或激情，攝影機，第三隻眼的黑洞。」（TP, 186）攝影機投射影像到螢幕，主體性投射意義到白牆上。但基本上屬兩個層。但「具體的臉不能假定為現成的。它們是由臉的抽象機器產生的，它產生出它們同時它給出能指於白牆上和給出主體性以其黑洞。」（TP, 187）臉既然是臉的抽象機器產生的，這抽象機器是如何裝配的？簡單說，它犧牲了身體的

系統，手的、口的、皮膚的感覺，本體感受。「當身體，也包含
頭，被解碼，和被我們將稱為臉的超符碼化。」（TP, 188）這
就是抽象的來由，甚至被解碼的局部身體，也被臉部化。「手、
胸部、胃、陰莖、陰道、大腿、小腿和腳，一切都被臉部化。戀
物癖、情愛妄想症等，都與這臉部化的過程不可分。」（TP,
189）戀物癖視局部身體為臉部化，情愛妄想症亦然，這是因為
「它是一種尤為無意識和機器的操作，使整個身體通過有洞的表
面……一切仍然是性的；並沒有升華，但有新的座標系。」（TP,
189）這當然是指臉的抽象機器。

　　「沒有意義是沒有專制裝配的，沒有主體是沒有獨裁裝配
的，而且沒有兩者的混合是沒有權力裝配的，通過能指作用和作
用在主體上。是這些裝配，這些專制的和獨裁的形成給出了新符
號學系統其帝國主義的手段，換言之，既壓碎其它符號學，又使
自己免於外在的威脅。」（TP, 200）意義之白牆是專制，主體
化的黑洞是獨裁，這二者是兩層，兩個符號學。而在兩層之間，
兩個符號學之外，臉的白牆／黑洞裝配著權力，有帝國主義的手
段成為新符號學。兩層之間，兩個符號學之外是帝國主義的新品
種。這是臉為什麼在人性中產生，卻有非人性的。「臉在人性中
產生……人之中的非人：臉一開始就是這樣。它從本性上就是特
寫，帶有它無生氣的白色表面，它閃耀的黑洞，它的空洞和厭
煩。」（TP, 189）白牆的表面無生氣，閃爍的黑洞，和是空洞
和厭煩。在帝國主義的新符號學中：「能指的白牆，主體化的黑
洞和臉的機器是死巷，我們屈服和服從的衡量。」（TP, 209）

帝國主義的大機器下，臉的機器是衡量我們的屈服和服從，是個死巷，沒有出口。「這機器稱為臉的機器，因為它是臉的社會生產，因為它表演了整個身體和一切其周遭和對象的臉部化，和所有世界和環境的風景化。」（TP, 201）臉的機器是由於社會機器生產的臉，身體及其周遭和所及的對象都被臉部化，如同世界與及環境的風景化；這就是無生氣的、空洞和厭煩的，我們的屈服和服從。

如果人類的臉是社會生產的，那麼臉這部抽象機器可以說是面具，但戴上面具的意義並不相同。「並沒有面具的統一功能，除非否定的（甚至當顯示或隱藏的時候，面具不可能用來偽裝或隱藏）。或是面具確保了頭屬於身體，它的變成－動物，就像在原始社會的情況。或是現在的情況，頭和身體的臉部化：面具現在是臉本身，臉的抽象和操作。臉的非人性。」（TP, 201）原始社會避免臉的社會生產，將頭部屬於身體，故以面具遮臉；現代人將頭和身體臉部化，臉就是抽象的面具。「臉與產生出它的抽象機器的關係，和臉與需要那社會生產的權力裝配的關係，臉是政治。」（TP, 201）臉與社會機器和政治權力有關，故是政治。「如果人類真有一種命運，毋寧是逃避臉，去拆除臉和臉部化，去變成難以知覺的，去變成秘密，不是回歸動物性，而是精神的和特殊的變成－動物，以奇怪的特殊變化，通過白牆和跳出黑洞，使臉的特徵逃避了最後臉的組織化⋯⋯。」（TP, 189）白牆與黑洞都是層化作用，要避免層化作用只有拆除臉這部抽象機器，臉畢竟是「人性的、太過於人性的」（尼采書名），且還

是社會生產和權力裝配。拆除了臉，就變成難以知覺的，或精神性的變成－動物，這是一回事。

　　不過這裡也有危險。「拆除臉不是普通的事。瘋狂是確定的危險：這難道是偶然的？精神分裂同時失去的臉的意識，他們自己和其他的人的，失去了風景的意識，語言和其支配意義的意識？」（TP, 208）拆除臉導致可能的瘋狂，失去臉和風景的意識，失去語言的意識，是精神分裂。「在抽搐或痙攣性抽搐和僵硬性或間歇性抽搐之間有醫學的區分。也許我們能說在第一個情況中，想要逃避臉部特徵占了上風，而在第二個情況中臉部的組織化想要嚴格禁止或固定下來占了上風。」（TP, 208）在失去臉的意識後，精神分裂的逃避臉，拆除臉與臉部的組織化的鬥爭與衝突，依何者占上風而定出診斷。「只有通過能指之牆，你才能跑著非意義的線，使所有的記憶、所有回歸、所有可能的意義和詮釋都空洞。只有在主觀意識和激情的黑洞中，你才發現被轉化、被激動、被捕獲的粒子，你應該再出發，為非主觀的、活生生的愛，其中每一會集都在其他會集中結合於未知的廣闊，而不進入或征服它們，其中構成的線是破裂的線。」（TP, 209）始終是粒子－流，被主體化的黑洞捕獲、而投射能指於意義的白牆上。只有在主觀的激情中，你才能發現被社會激動、轉化的，被捕獲的粒子。並不是回歸原始狀態，而是重新出發，為了愛。粒子－流的會集與其他粒子－流的會集，結合在更廣闊的新天地中。故不是一條線，是破裂的線、斷片的線，分子線。

第三節　游牧學

由《反伊底帕斯》到《千高原》有一個重心的轉變，「《在反伊底帕斯》中，精神分裂被呈現為這樣的存有模式，在差異的理性系統之外。在《千高原》中，他們定義自由為『逃逸線』（line off light），起於界定得很清楚的社會群體和行為，但然後離去到未知的方向，朝向沒有地圖的領域，在意識的計畫和先前已知的價值之外。」[9]由存有模式到採取存有的行動，都是為了表達自由觀念。

逃逸線

首先面對層與層的逃逸線，在外在環境的局限與突破。「既然結合環境必然面對著動物參與和必要的冒險的外部環境，必須保有一條逃逸線，當動物在危險出現時重獲牠的結合環境（例如在鬥牛場中公牛的逃逸線，牠用來重獲牠選擇的草地。）第二條逃逸線起於當結合環境由外部的打擊而搖擺，迫使動物放棄而開始結合於外部的新部分，這次依靠著內部環境像脆弱的拐杖，當海洋乾涸，原始的魚類離開結合環境去探索陸地，迫使以『自己的腳站立』，現在由內部來攜帶水，在保護胚胎的羊膜中。」（TP, 61）這些畢竟屬於在層之中或層與層間相對的解除領域化。「動物更是一個逃逸者而非戰鬥者，但其逃逸也是征服、創

---

[9]　Reidar Due, "Deleuze." (USA: Polity, 2007), p.19.

造。」（TP, 61-62）這就是指逃逸線的運動和位移的空間。「在《千高原》之中，德勒茲和加塔利利用逃逸線來指稱生命的生產，即變異和差異的產生不是歷史的進程，而是歷史的斷裂、中斷、新的開始以及『畸形』的誕生。這也是事件；不再是時間之中的某個時刻，而是某種讓時間導向新的進路的東西。」[10]生命的生產、也是征服和創造，不是歷史線性的時間，而是時間的誕生，空間的開展。

「……絕對解除領域化，絕對的逃逸線，絕對的漂流的可能性。前者是層的或層之內的，而後者是連貫性平面和其脫離層化（它的燃燒，若弗魯瓦會說）。無疑的是瘋狂的物理粒子當加速的時候猛撞入層，在其通道下留下最小的痕跡，逃離了時空甚至存在的座標，當它們朝向絕對解除領域化的狀態，在連貫性平面上無形的物質狀態。」（TP, 62）所謂「前者」是指動物的結合環境，始終面對著外在環境的問題，即使是衝破環境也始終面對克分子的聚合，層是補獲的行動，這是形態發生的層次，故而在層之內或是在層之間，仍是屬於層的。雙重束縛。「在一特定意義上，相對解除領域化的加速抵達到了聲音的障礙：如果粒子從牆上彈回，或允許自己被黑洞捕獲，它們落回到層上，落入層的關係和黑洞；但如果它們通過障礙，就達到連貫性平面的無形的，脫離層化的要素。」（TP, 62）為何是聲音的障礙？人的聲

---

[10]　克萊爾・科勒布魯克《導讀德勒茲》，廖鴻飛譯（重慶：重慶大學，2014），頁72。

音，就仍是太人性化的，必須打破牆；黑洞仍是主體化的意義之源，必須跳過黑洞。

「簡言之有逃逸線，已經是複雜的了，既然它有特異性；和那裡習慣線和克分子線帶有著區段；和在兩者之間（？）有分子線帶著量子，造成它傾斜於一邊或另一邊。」（TP, 224）先從逃逸線來說，這是因為動物性的構成已帶有特異性，再來是克分子線，是帶著個人或社會的習慣，有其區段。分子線在分子的聚合基本上屬於層、個體化，但個體化可以傾向特異性也可以傾向社會性。所以另作三種區分：「分裂（break）線、破裂（crack）線、斷裂（rupture）線。僵硬的區段線帶有克分子的分裂；柔軟的區段線帶有分子的破裂；逃逸線或斷裂，抽象，死的和活生生的，非區段。」（TP, 221）分裂線是克分子線，總帶著二元對立的是僵硬區段線。柔軟的區段線在二元對立的克分子線下破裂，但其實它可以傾向克分子線也可以傾向逃逸線。至於逃逸線則與兩個層斷裂，故而是抽象，不是區段；同時是如死的，喪失意義與主體性，但又是活生生的帶有特異性。

「逃逸線在其部分，從未包含在逃離世界而是造成逃跑……關於一條逃逸線沒有任何想像的，沒有任何象徵的。沒有什麼比一條逃逸線更為活躍的，在動物和人之中。」（TP, 225-226）逃逸線無論在動物或人之中都是實在的，沒有任何想像和象徵。簡單說：逃逸線是宇宙線，不是逃離世界而是造成逃跑。「是沿著逃逸線，游牧人掃蕩一切在他們路上的和發現新的武器，使法老嚇呆了。」（TP, 226）在逃逸線上掃蕩一切，游牧人發現新武

器，「逃逸線是實在的；他們對社會危險，雖然社會沒有他們也能通過，和有時維持著把他們保持在少數。」（TP, 226）游牧人與逃逸線一體，橫貫過各種層化的區段；故而對社會危險，社會也把他們保持在少數，少數而且危險。「單子是游牧者。紀元（Aion）：時間是嬰孩的遊戲，投擲特異性。……理想的遊戲，變化的（回歸的）遊戲『開始』於無器官身體的公式：中間是實體。」[11]單子或單細胞生物是游牧的狀態，這是粒子－流的另種說法。紀元是時間的開始，既然是回歸到嬰兒天真的狀態，投擲出屬己的特異性造成變化，其變化也是回歸，實體也在變化中間，這是開始。

語言

　　語言不是以內容－形式的傳統區分，而是以內容－表達這兩個面相，內容有其形式，表達也有其形式。

　　「列華－戈恩的分析，讓我們理解了內容要連結於手－工具的對偶，表達要連結於臉－語言的對偶。在這脈絡中，手不能被思考為只是一個器官而是要思考為符碼（數字的符碼），一個動力的結構化，動力的形構（手工形式，或手工的形式特徵）。手作為內容的一般形式是延伸到工具，工具本身就是活躍的形式含有實體或成形的物質……。」（TP, 68-69）考古學家列華－戈恩

---

[11]　Constantin V. Boundas and Dorothea Olkowski ed., "Gilles Deleuze and the Theater of Philosophy." (New York: Routledge, 1994), p.91.

（Leroi-Gourhan, 1911-1986）的提法與丹麥語言學家葉姆斯列夫認為內容有其實體與形式，表達亦有其實體和形式似可以相合。現在手作為動力的結構化，已是內容的形式，工具是手的延伸，其含有實體或成形的物質。「草原作為結合環境，比森林更為解除領域化，在身體和技術上運用一種解除領域化的選擇壓力（在草原上而不是在森林中，手能夠出現為自由的形式）。」（TP, 68）這是「人類」脫離森林，手在草原上成為自由的形式。

　　「在另一方面，語言變成表達的新形式，或毋寧說是形式特徵的集合，通過整個層定義了在操作中的新表達。」（TP, 68）在表達上直接聚焦於語言，語言是表達的形式，通過了整個層。那麼什麼是語言的實體？「涉及到的實體基本上是聲音實體，把許多器官要素帶入作用：不只是聲帶，而且還有嘴和唇，和臉的所有肌力（motricity）。」（TP, 68）簡單說，實體是聲音實體，把臉部的表情帶入作用中。綜結之「手－工具的一極：事物的課程……臉－語言的一極，符號的課程。」（TP, 95）

　　「技術內容有手－工具的關係為特性，和在更深的層次上，繫於社會機器和權力的形構；象徵的表達由臉－語言的關係為特性，在更深的層次上繫於符號機器和符號的機制。」（TP, 71）無論技術內容和象徵表達都是層化的，可說是兩個層。進一步說，「必需有一整個組織清晰說出權力的形構和符號的機制，和操作在分子層次上（社會以福柯稱為規訓力量的社會為特性）。」（TP, 75）故內容的形式在手－工具的關係和表達的形式在臉－語言的關係，均在一整個組織之權力的形構和符號的機

制之下，這種紀律的力量操作在分子層次上。「兩個不同的形式互為預設和構成了雙螯：在閱讀和寫作課上（以其相關的內容）表達的形式化，和在事物課上（以其相關的表達）內容的形式化。我們從不是能指或所指，我們是層化。」（TP, 75）這雙螯是鉗制或規訓的力量，透過教育作用在分子層次上，內容的形式與表達的形式相互預設，而沒有優先性。在此反對結構主義語言學家索緒爾（Ferdinand de Saussure, 1857-1913）的語言學常量概念。但這已是層化。

「在強度的連續中，層使形式成形和把物質形成為實體。在結合的放射中，它們造成在表達和內容之間的區分，表達的單位和內容的單位，例如符號和粒子。……這樣，層在任何地方設立了雙重連接，由運動賦予生氣：內容的形式和實體以及表達的形式和實體，構成了區段的多樣性，帶有在任何情況下可決定的關係。」（TP, 80）在「強度的連續」中，層構成為形式和實體，表達和內容的區分由之而可能，表達的單位是符號，內容的單位為粒子。這雙重連結既然有區分，就仍然是雙螯或雙鉗。區段的多樣性，都是可決定的關係。這可以說是強度的連續在層或雙重連接中形成了沖積。但強度的連續還是決定性的「層本身是由解除領域化的相對速度賦予生氣和定義。還有，絕對的解除領域化一開始就在，和層是副產品，在連貫性平面上變厚，在任何地方這個平面都是首要的和總是內在的。另外，連貫性平面被抽象機器所占據和畫出，抽象機器存在同時在它所畫出的平面發展和包圍在它所界定其構成統一的每一層中，甚至直立在它所界定其把

握（prehension）形式的特定層中。在那在連貫性平面上加速或跳舞就帶著它的層的氛圍，記憶或張力的波動。」（TP, 78）一種力量的流動是絕對的解除領域化的，是內在的平面並且首要的，層如從個人習慣或社會習慣來說，也只是在連貫性平面上沉積或變厚。抽象機器或是在層上構畫自己的聚合事件，故可以在自己所畫出的平面發展。這樣無論抽象機器在連貫性平面上加速或跳舞，絕對速度在層上沉積或變厚成為相對速度，只有穿破層才能加速度和跳舞。但仍帶著層的氛圍，這波動在記憶上是相對速度。在張力上是絕對速度。所以簡單說：「強度的連續，粒子和符號－粒子的結合放射，解除領域化之流的聯結，這是適於連貫性平面的三個要素，它們由抽象的機器帶來和解除層化的構成。」（TP, 78）

語用學

　　一開始就提出以《西方的沒落》一書聞名的斯賓格勒（Oswald Spengler, 1880-1963）在《人和技術》中的話，「斯賓格勒指出言說的基本形式並不是判斷的陳述或感覺的表達，而是『命令、服從的表達，宣稱、問題、肯定和否定』。……文法的規則在成為句法的標記之前，是權力標記。」（TP, 84）這是把言說的基本形式，簡單說是命令與服從，一開始就認定是權力的，或者是說政治的。「我們相信敘述不包含在溝通人所見到的而在於傳達人所聽到的，某人對你所說的。道聽塗說。它甚至不夠去召喚被激情扭曲的視覺。有些人把重要性歸給隱喻或換喻，

對語言研究證明是災難。隱喻或換喻只是效應；只有當它們預設間接話語（indirect discourse）時它們才是語言的一部分。」（TP, 85）聽說、人云亦云，有點像海德格所謂「閒談」（idle talk），「閒談的無根對其變成公眾的並非障礙，而是它促成了如此。閒談是理解一切事物的可能性，而不先使事物成為人自己的。」[12]雖然對海德格而言，閒談是對此有（Dasein）不真實的理解，但德勒茲卻認為間接對話是語言真實的情形。為何隱喻和換喻只是效應呢？

簡單舉本維尼斯特（Émile Benveniste, 1902-1976）在《普通語言學問題》認證蜜蜂利用了比喻卻不具有語言。「一隻蜜蜂見了食物來源，能夠把訊息溝通其它並未見到的蜜蜂，但沒有見到食物的來源的蜜蜂不能將訊息傳送給其它並未見到的蜜蜂。」（TP, 85）這也就是說聽到比見到更是「語言的最初決定」，那麼隱喻或換喻只是次要的。那麼什麼是間接語言呢？「在一個激情中有許多激情，在一個聲音裡有各種聲音，呢喃聲，說方言。」（TP, 85）這裡參考過巴赫金（M. M. Bakhtin, 1895-1975）的〈馬克思主義和語言哲學〉及另外一位作者。故間接話語是多種聲音的複調，所謂「眾聲喧嘩」。

「奧斯汀的著名論題清楚地證明了行動和語言之間的許多外在關係，由此一個陳述可以在直陳法模式中描述一個行動，或在

12　Martin Heidegger, "Being and Time." trans. John Macquarrie and Edward Robinson, (New York: Harper and Row, 1962), p.213.

一個祈使法模式中激勵行動，等等，並不只是陳述。在言語和特定行動中也有內在關係，以說出它們的完成。「述行的：以說出『我發誓而發誓』……這些行動內在於言語，這些在陳述和行動之間的內在關係，被稱為隱含的或非推論的預設，對立於可能的明確假設，由此一個陳述參照於其他陳述或外在行動。」（TP，85-86）奧斯汀（John Langshaw Austin, 1911-1960）是英國的分析學家，述行的（performative）也有譯為施行的，他著有《如何以言行事》[13]。行動內在於言語，是隱含的預設。至於一個陳述參照於其他陳述或外在行動，是明確的預設；此刻參照於杜克羅特（Oswald Ducrot, 1930-），法國語言學家。另外運用了拉波夫（William Labov, 1927-）社會語言學的理論說明：「不可能再維持語言和言語之間的區分，因為言語不再能只定義為原本意義的外在和個別的使用，或先在句法的可變的運用。正好相反，語言的意義和句法不能獨立於其所預設的言語行動。」（TP, 86）打破了結構主義語言索緒爾語言及言語的二分法，語言不是原本意義或先在句法，現在只有言語行動是真實的，語言學以此為準。那麼言語行動是不是要明確地參照於其他陳述或外在行動呢？顯然是必要的。

「依本維尼斯特，述行觀點不關聯到行動，而是關聯到詞項的自我參照（真正的人稱代詞，我、你……被定義為轉換器）。

13　J. L. 奧斯汀《如何以言行事》，楊玉成、趙京超譯（北京：商務印書館，2012）。

以此說明，主體性和主體間性的先在架構，在語言中，而不是預設言語行動，適合於說明它們。」（TP, 86）換言之，本維尼斯特採現象學的主體或主體間性的立場。以此說明言語行動。「本維尼斯特定義語言為溝通的而不是信息的。」（TP, 87）溝通的能夠優先於言語行動嗎？杜克羅特似乎有相反的看法：「『特定陳述是社會地用於特定行動的實現』說明了自我參照。述行本身是由語內表現行為（illocutionary）說明，而不是相反。語內表現行為構成了非推論的或隱含的預設。和語內表現行為同樣由發音的集體裝配，由司法行動或司法行動的等價物來說明。」（TP, 87）自我參照不是根本的，特定陳述總已實現了社會所制約的特定行動，故而語內表現行為已由社會的集體裝配來說明，故個人的言語由司法行動來說明。故「命令－詞（order-words）並不只關涉命令，而是每一個行動是由社會義務連結到陳述。」（TP, 87）我們的陳述，我們的語內表現行為，已與社會義務連結；言語是權力的，與政治的。故下結論說：「有表現的變量建立在語言與外部之間的關係，而正因為它是內在於語言的。只要語言學把自己限於常數，不論是句法的、形態的或語音的，它把陳述繫於能指和把發音繫於主體，和當然把裝配弄砸了；它把情況移交到外部，把語言封閉於自己，和使語用學成為一殘餘。在另一方面，語用學並不只訴諸於外部的情況，它揭示表現的和發音的變量……。」（TP, 91）在常數和變量的關係，正是語言學與語用學的關係，語言學把語言封閉於自己，語用學訴諸於外部情況。不僅如此，語用學在個人言語上帶出了變量。

　　命令－詞如何會有真正的變量呢？「寫作也許是把我的無意義的裝配帶入了日光中，選擇呢喃的聲音，凝聚部族和秘密的方言，由此抽取出某些我能稱為我自己的。」（TP, 93）命令－詞是無意義的裝配，個人言語行動是集體的裝配，但寫作的選擇呢喃的聲音，自由間接的話語去凝聚「部族和秘密的方言」，如何凝聚符號－粒子的強度量？在這裡訴諸尼采遺忘的力量。「遺忘的力量允許人自由地免除人所追隨的命令－詞然後放棄，為了歡迎其他的；對無形轉化的了解有適當的理想的和幽靈般的能力；傾向把握語言為廣大的間接話語。」（TP, 94）理想的或幽靈般的能力；先來自於遺忘命令－詞，而且在廣大間接話語中尋找有強度量的，這也是凝聚部族和秘密的方言，簡單說是少數語言。「暗示或被暗示的，歌曲的能力在一種多餘的關係中，在音調中把握住一個音調；真正通靈的，黑人方言（glossolalic）和異語（xenoglossic）。」（TP, 94）歌曲的能力正是曲調的暗示能力，正是超出能指與主體的能力。由節奏去把握音調，在音調中把握音調，節奏是強度量。通靈的是指間接話語；黑人方言、少數語言；異語、陌生的語言。多餘的關係是「和」的連接。（TP, 109）

第六章　影像的折疊

　　大體上，把德勒茲在 1953 年出版關於休姆的《經驗主義和主體性》當作前奏，到 1960 年代都是他的沉潛期，1960 年後自從出版《尼采和哲學》（1962 年出版）就進入他創作的高峰期，一直到 1968 年出版《差異和重複》、《哲學中的表現主義：斯賓諾莎》，1969 年出版《意義的邏輯》為止，共出版九本書，已進入大哲學家的行列。1970 年代這十年間，德勒茲與加塔利的合作，可以說把兩人都推向難以企及的高度，《反伊底帕斯》和《千高原》無疑是流傳最廣，也使他們蜚聲國際，其觸角震動了學術的各個領域。1980 年代這十年間，算是人各自分開創作的階段，德勒茲竟開始論畫及電影，尤以《電影》兩大卷最令人驚艷。福柯在這十年間對德勒茲稍生嫌隙；在福柯逝世（1984 年）後，德勒茲以《福柯》（1986 年）表現對他的敬意。又論述古典哲學家萊布尼茲的《折疊》（1988 年），結束這十年的奇峰期。

第一節　從感覺到形象

　　《弗蘭西斯·培根：感覺的邏輯》在 1981 年出版，處理的是感覺與形象（figure）的關係，繪畫藝術無疑與藝術理論有關，無疑也是美學，與德勒茲哲學呼應的關鍵在哪裡呢？德勒茲所受的哲學影響，還有另一條線索：「德勒茲所受法國 17 世紀機械唯物主義影響很大……在德勒茲面對運動、感覺等問題的時候，不無伽森狄的影子……他反對將感覺視為錯誤之來源，認為表象是真實的，『即使理性告訴我們不要去相信的東西』，『也不能去掉現象的真實性』。……打破純粹理性的獨裁，首先就要賦予感覺真正的認識地位與價值。」[1]伽森狄（Pierre Gassendi, 1592-1655），法國哲學家。感覺的獨特地位確立，但感覺如何通往形象呢？

　　德勒茲在《差異與重複》中談過安迪·沃荷（Andy Warhol, 1928-1989）：「波普藝術把複印、複印的複印等等，推到極度點，它倒轉和變成擬象（simulacrum），諸如沃荷驚人的『系列』的系列，其中一切習慣的、記憶的和死亡的重複都結合了。」（DR, 293-294）重複不是複印，而是造成差異。但造成差異的是內在的力量。「藝術並不模仿，畢竟因為它重複；它重複一切重複，憑藉著內在力量。」（DR, 293）什麼是這內在力量？在

---

[1]　董強〈德勒茲的第三條道路──中文版導讀〉，吉爾·德勒茲《弗蘭西斯·培根：感覺的邏輯》，董強譯（桂林：廣西師範大學，2007），頁12。

這部 1968 年的著作之前，福柯在 1966 年出版的《事物的秩序》就分析寫實主義畫家維拉斯開茲（Diego Velázquez, 1599-1660）的〈宮女圖〉，結論為：「的確，再現（representation）這裡所從事於再現它自己的，在其所有的要素中，帶著它自己的影像，它被提供到的那些眼睛，他使之可見的臉和姿態，都質疑了它的存在。」[2]在 1966 年出版的這部書中，福柯已摧毀了再現（一譯表象）理論的基礎，這對德勒茲不無影響。在《差異和重複》後，利奧塔的《話語 形象》（1971 年）中譯為《話語，圖形》，這部涉及廣泛的大書，就在捍衛形象（figure）和感性的尊嚴：「拉康對佛洛伊德所進行的解讀之所以激怒我的原因，在於其象徵理論。象徵這一名稱涵蓋了其餘的一切——整個語言活動領域認識。」[3]在福柯及利奧塔這兩位之後推出的繪畫理論當然期待在一個「內在力量」之下，既摧毀再現又反對象徵理論再現。

再現

英國畫家培根（Francis Bacon, 1909-1992）的畫法，培根經常說：「是去避免形象如果沒有孤立就必然會有的形象化（figurative）、圖示的（illustrative）和敘事的特性。繪畫既沒有模型需要去再現，也沒有故事需要去敘述。因此有兩種可能的

---

[2] Michel Foucault, "The Order of Things." (U.S.A: Random House, 1970), p.16.

[3] 讓—弗朗索瓦・利奧塔《話語，圖形》，謝晶譯（上海：上海人民 2012），頁 5，引自謝晶譯序。

方式去逃避形象的：朝向純粹形式，經由抽象；或朝向純粹形象的，經由抽取或孤立。」（FB, 2）再現一個模型，顯得逼真，一直是古代繪畫的要求；或者是宗教故事中的形象性，需要圖示和敘事，培根提出了兩個因素：「首先，相片取代了圖示和紀錄的角色，現代繪畫不再需要實現此功能，即仍然困擾早期畫家的。第二，繪畫一向被仍然給形象一個圖畫的意義之特定『宗教可能性』所制約，而現代繪畫是無神論的遊戲。」（FB, 6）相片取代了圖示，現代繪畫的無神論取代了敘事。培根這種說法「不見得適當」，德勒茲舉格列科（Greco）《奧爾加茲伯爵的喪禮》（1586-1587）為例：「在上半部，伯爵被基督接受的地方，有狂野的釋放、完全的解放：形象高舉和延長，精美到無可估量，在一切約束之外。不論外表，已不再有故事要說；形象免除了再現的角色，和直接進入與天上感覺次序的關係中。這是基督教繪畫在宗教感情中已發現的：正是圖畫的無神論，嚴格地忠於上帝不能再現的觀念。」（FB, 7）也就是說，在宗教繪畫中，形象可以免於再現的角色，也沒有故事要敘述，只與（天上的）感覺發生關係。但「已放棄了宗教感情，但被照片圍攻，現代繪畫發現自己在一種處境中，不論外表，使它更難於與看來是可憐保留地的形象化決裂，抽象畫證實了這困難：抽象畫的非凡之作是必要的，為了使現代藝術離開形象化。但難道沒有另一條路徑，更直接和更可感？」（FB, 8）抽象畫經由抽象，朝向純粹形式，另一條當然是培根抽取或孤立形象，朝向純粹形象。綜合來說，宗教畫也有離開圖示的和敘事的特性，但有沒有離開形

象化的特性如天上的、地下的？

　　「孤立形象是首要的需求，形象的（再現）意味著一個影像與它假定要圖示的對象之關係，但也意味著一個影像與其他影像的關係，在一組成的整體中分派了特殊對象給每一個影像。敘事與圖示相關。一個故事常常滑進在兩個形象之間的空間，為了使圖示的整體有生氣。孤立是最單純的方法，必要的雖然不充分，打破再現、中斷敘事、逃避圖示、釋放形象：堅持事實。」（FB, 2）再現直接繫於象徵的，figurative 是形象的，但也是比喻的、象徵的；此中德勒茲注云：「對形象的（既有「圖示的」也有「敘事的」）之批判是《培根訪問錄》不變的論題。」（FB, 125）故不要形象成為核心，不要形象成為了打破再現的代表；自然也就中斷敘事、逃避圖示；釋放形象是要集中於感覺與形象的關係，堅持事實。不要形象，其實也是反對象徵，反對再現的「像」（like）。

形象

　　德勒茲視形象為身體的表現，可以沒臉、而頭只是身體的一部分。「身體是形象，不是結構。倒過來，形象是一個身體，而不是臉，而且甚至沒有臉。它的確有頭，因為頭是身體完整部分。它甚至可還原到頭。作為一個肖像畫家，培根是頭的而非臉的畫家，和在兩者之間有絕大的差異。因為臉是結構了的，空間的組織隱蔽了頭，而頭是依賴於身體，甚至如果它是身體的點、頂點。並非頭缺少精神，而是它在身體形式中的精神，肉體的和

生命力的呼吸，一個動物的精神，它是人的動物精神……。」
（FB, 15）臉是以人為中心結構了的，空間的組織；沒有臉，就
不會遮蔽頭。頭是身體的完整部分，而且是頂點，是在身體形式
中的精神，故是生命力的呼吸，也是人的動物精神。這樣，身體
與動物的等式就明顯提出來。

　　「有時人的頭被動物取代，但並非動物作為形式，而是動物
作為特徵，例如鳥的振動特性旋轉在刷理的區域……有時一個動
物例如真的狗，被處理為它主人的陰影；或相反地，人的陰影本
身假定了一種自發的和不確定的動物存在，陰影從身體逃逸，像
我們曾保護的動物。代替了形式上的相應，培根繪畫所構成的是
在人和動物之間不可辨明或不可決定的地帶。人變成動物，但是
並非沒有動物在同時變成了精神，人的精神。人的肉體精神呈現
在鏡中為復仇女神（Eumenides）或命運女神。」（FB, 16）人的
頭是身體的頂點，也是身體形式中的精神，現在會被動物取代，
但不是形式上的動物，而是真實的動物。動物精神自人的身體上
逃逸成為陰影，或代替的頭。故動物精神成為我們身體的頂點。
人變成動物，動物變成人的精神。故看人為何等動物精神，在鏡
中呈現人的精神，就會是復仇女神或命運女神。

　　「肉並非死的肉體，它保有一切的受苦和假定了有生命力肉
體的一切，它呈顯這痙攣的痛苦和脆弱，但也有歡悅的發現，色
彩和特技。培根並不說『憐憫野獸』，而是受苦的每一個人都是
一片肉。肉是人和野獸的共同地帶，不可辨明的地帶；它是一個
『事實』，畫家認同於他的恐懼和他的同情之對象的現況。」

（FB, 17）人的肉體在受苦時就是動物，肉就是肉體本身。受苦及生命力，肉體是痛苦及歡悅的泉源。受傷的肉體有痙攣的痛苦和脆弱，健康的肉體卻帶著對鮮豔色彩的感受，更可作體操特技。肉體成為人、獸的共同地帶，畫家將自己的感受（恐懼和同情）認同這樣的動物精神。「……受苦的人是野獸，受苦的野獸是人。這是變化的實在，革命性的人──在藝術、政治、宗教或其他地方──沒有感受到那極度的時刻，當他或她不過是隻野獸。」（FB, 31）這就是身體、肉與精神的關係。這樣的變成動物，是革命性的人，無論是藝術、政治、宗教或文學等。

感覺

　　德勒茲對可感形式和抽象形式有簡單的區分，「形象是可感形式，與感覺有關；它直接作用到神經系統，那是肉體，而抽象形式是訴諸頭，通過腦的媒介，近於骨骼。」（FB, 25）重要的是感覺（sensation）在我們身體的神經系統直接起作用。「塞尚反對印象派藝術家的教學：感覺不在光和色彩（印象）『自由的』或脫離肉體（disembodied）的遊戲；相反的，它是在身體中，甚至蘋果的身體。色彩是在身體中，感覺是在身體中而不是在空氣中。感覺就是那被畫出的。」（FB, 25-26）不是光和色彩的遊戲，色彩都是身體的感覺，重要的是畫出感覺來。

　　「畫家需要使一種諸感覺的原始統一可以見到，和使多感覺的形象在視覺上出現。但這操作要可能，只有當特殊領域的感覺（這裡是視覺的感覺）是直接地觸及生命力，那超過了每一領域

也橫互過它們。這力量是韻律，這比視力、聽到等更深刻。韻律當投資於聽覺的層次出現為音樂，當投資於視覺層次出現為繪畫。」（FB, 30）感覺和形象的關係，成為感覺要觸及生命力，使形象出現。生命力當然是一種力量，一種內在的力量，這力量超過一切感覺領域也橫過它們。現在，這生命力的內在力量是韻律，投資在不同的感覺層次就出現不同的藝術。生命力必然具有強度，才能成為韻律，而強度必然在有機組織之前，且是一種無機的生命狀態。「這根據諸感覺的韻律統一，只有以超過有機體才能被發現。現象學的假設也許是不足的，因為它只召喚生活著的身體，但生活著的身體比起更深刻和幾乎不可活的力量（Power）是微不足道。我們能尋求韻律的統一，只有在韻律投入到渾沌的、黑夜的那點上，在層次的差異是永遠的和爆烈地混和的那點上。」（FB, 32）只有諸感覺的韻律統一才是諸感覺的原始統一，這必須超過有機體也存在有機體之前。韻律的統一是渾沌和暴烈的力量，幾乎不可活的力量，無機的生命狀態。

「它是整個無機的生命，因為有機體不是生命，它監禁了生命。身體完全是活的，但是非有機的。同樣的，感覺當經由有機體接受一個身體，採取一過度的和痙攣的外表，超過了有機活動的界限。它經由神經波或有生命力的情緒直接傳達到肉體。培根和阿爾托在許多點上相遇。形象是無器官身體（為了身體拆除有機體，為了頭拆除臉）；無器官身體是肉體和神經；一個波流經它和追索出在它之上的層次。」（FB, 33）力量和韻律都在無機的生命，有機體是有組織的身體囚禁了生命。身體不能視為有機

體。現在，感覺如果達到原始的強度，成為力量的韻律時，過度
和痙攣的外表超過了有機體的界限，即是原始的神經波，和有生
命力的情緒。臉總是人的、太過人性的，頭卻是身體的頂點、身
體的精神化。故直接說「形象是無器官身體」。「無器官身體不
是參照到在字面上沒有任何器官的身體，而是一個身體沒有被這
些器官不論是性器官、心或肺決定、統治或結構了的身體。」[4]
生命提供許多曖昧的進路到無器官身體（酒精、吸毒、精神分
裂、虐待－受虐狂等等），但這身體的活生生實在能被稱為「歇
斯底里」嗎？如果能，在什麼意義上呢？「一個波帶著可變的豐
饒的流經過無器官身體；依據其豐饒的變化，追踪在這身體上的
地帶和層次。當波在特殊層次上遇到外在的力量，感覺出現了。
一個器官將會由此相遇決定，但它是臨時的器官，持續地像波的
通道和力量的活動那麼長，而且為了在別處置定它將被取代。」
（FB, 34）許多曖昧的進路包含了藉外物引發或內在的病態，都
可以達到無器官身體。歇斯底里則是波的能量流經無器官身體時
遇到外在力量的阻礙，兩種力量的相遇，感覺停駐在臨時的器
官；當能量流轉移到別的器官時就被取代了。故歇斯底里有過渡
時的器官，臨時的器官。

　　由此能量波，德勒茲有關於繪畫與音樂的區分。「繪畫的冒
險是只有眼睛能達到物質的存在或物質的呈現──甚至一只蘋果

---

[4]　Dorothea Olkowski, "Gilles Deleuze and the Ruin of Representation." (Berkeley: California Univ., 1999), p.57.

的。當音樂建立音響系統和多功能器官，耳朵，它訴諸於某些非常不同於身體的物質實在。它將脫離肉體的和去物質化的身體給予最精神的實體。」（FB, 39）繪畫依賴眼睛達到物質的實在，也就是形象的力量；音樂依賴耳朵，只是能量波流過脫離肉體的和去物質化的身體，是最精神化的。

第二節　時間－影像

克里斯蒂安・麥茨（Christian Metz, 1931-1993）是羅蘭・巴特的學生，在 1977 年推出《想像的能指》代表作，是雄心勃勃的電影理論。運用了拉康的精神分析和語言學，指出：「電影的特性，並不在於它可能再現想像界，而是在於：它從一開始就是想像界，把它作為一個能指來構成。」[5]德勒茲分別於 1983 年和 1985 年推出的《電影》兩卷，當然構成了公然的挑戰，此時德勒茲已是學界巨擘。

哲學的電影還是電影的哲學？電影也有一種影像的沉思。在《電影》兩卷中各有兩篇〈評柏格森〉，這顯得非常特別。

運動

德勒茲說柏格森關於時間的論述：「運動不同於覆蓋過的空

5　克里斯蒂安・麥茨《想像的能指──精神分析與電影》，王志敏譯（北京：中國廣播電視，2006），頁 41。

間。空間被覆蓋過的是過去，運動是現在，覆蓋的行動。空間被
覆蓋的是可分的，的確無限可分的，而運動是不可分的，或不能
被分而不同時在每一次被分的時候改變了性質。」（C1, 1）運
動如果以空間設想，的確可以分割，區分的空間是同質的空間，
這其實是與過去的關係。但運動是與時間的關係運動是現在的，
一被區分就改變了性質。如何重構運動呢？「你只能達成這種重
構，以加給位置或瞬間、繼續的抽象觀念，一種機械的、同質
的、普遍的和從空間複印的，對所有運動同一的時間。」（C1,
1）重構的運動只是抽象的時間或只是做為空間複本的同一時
間。「一方面，你能把兩個瞬間或兩個位置一起帶到無限，但運
動常發生在兩者之間的間隔，換言之，在你的背後。另一方面，
不論你如何分開和細分時間，運動常發生在具體的綿延；這樣每
一運動會有它自己的性質的綿延。這樣我們對立兩種不可簡化的
公式：『真實運動——具體的綿延』，和『靜止區段＋抽象的時
間』。」（C1, 1）真實運動與具體的綿延有關，那才是真實的
時間；靜止區段則是借自空間觀念的抽象時間。

　　那麼電影和這種靜止區段有關嗎？「電影進行於相片－即以
靜止的區段－每秒鐘二十四個影像（或一開始時十八個）。但常
被注意到的是它給我們的不是相片：它是一個中間的
（intermediate）影像，運動不是附加或加上去的，運動相反地屬
於作為直接給定的中間影像。……簡言之，電影並不給予我們運
動是被加上去的影像，它直接給我們運動－影像。它的確給我們
一個區段，但是乃變動的區段，不是靜止的區段＋抽象運動。」

（C1, 2-3）相片是靜止的區段＋抽象運動，電影看來如此。但電影是中間的影像。「電影的進化，征服自己的本質或新奇，是通過剪輯、變動的攝影機和觀點的解放，這變得與放映分開。拍攝因此不再是空間範疇，和變成時間範疇，和區段不再是靜止的，而是變動的。」（C1, 3）不再是固定鏡頭的拍攝，而是可以變動，解放了觀點；還有剪輯，造成蒙太奇的視象。電影征服自己的本質，新奇性是時間範疇。

瞬間

　　古代和現代有兩種重構運動的方式。「對古代而言，運動參考到理解的要素，形式和理念本身是永恆和靜止的。當然，為了重構運動這些形式要盡可能緊密地抓住，直到在物質－流變中的現實化。這些是只能以在物質中具體化來表達出來。但相反的，運動只是表達了形式的『辯證』，理想的綜合給予了它次序和衡量。運動以這方式設想，將是從一個形式到另一個形式的規則過渡。即一種停頓的或特權的瞬間的次序，像在舞蹈中。」（C1, 4）在古代，形式與理念結合，永恆和靜止；在現代，理想的綜合使運動成為形式的辯證，如同停頓的和特權的瞬間，像在舞蹈中。「這的確是愛森斯坦所訴求的現代辯證和古代辯證的差異。後者是超越形式的次序，在運動中現實化；而前者是特異性的生產和對照。現在這特異性的生產（質的跳躍）是由庸俗的累積（量的過程）而達成，以致特異的是採取於任何（any－whatever），而其本身是一個任何，只是非平常的和非規律的。」

（C1, 6）古代辯證是超越形式的次序，「下降」到運動中現實化。俄國電影導演愛森斯坦（Eisenstein, 1898-1948）大量使用蒙太奇的剪輯，採取的是特權的瞬間，即特異性的生產和對照。（但德勒茲提醒，現代辯證的特權的瞬間是來自於任何瞬間。）「愛森斯坦從運動和發展中抽取出特定的危機時刻，他使之成為優越的電影主題。這正是他稱為『令人同情的』（pathetic）：他把景象推入高潮和帶入撞擊。」（C1, 5-6）愛森斯坦特權的瞬間是特定的危機時刻，所謂戲劇性瞬間的時刻，由庸俗的任何瞬間推向頂點和高潮。

　　「現代科學革命包含在不把運動關聯到特權瞬間而是關聯到任何瞬間。雖然仍然要重構，但不再從形式的超越要素（停頓），而是從內在的物質要素（區段）來重構。不去生產運動的理智綜合，一個感知的分析由之衍生。在這種方式下，現代天文學形成了，以確定在軌道和需要去通過它的時間的關係（開普勒）；現代物理學，以把空間覆蓋到落體所需要的時間；現代幾何學，以解決平面曲線的相等，而在移動直線在任何時刻在其過程中點的位置（笛卡爾）；最後是微分和積分的計算，一旦他們有檢查無限的區段的觀念（牛頓和萊布尼茲）。」（C1, 4-5）這裡似乎是在澄清現代科學革命與現代辯證的區別。現代科學革命關聯到任何瞬間，在內在的物質要素來重構運動。而由任何瞬間構成的特權瞬間，仍由形式的超越要素（停頓）來重構運動；這仍是運動的理智綜合，附帶著由之引起的感知分析。但現代科學的任何瞬間是「等距的瞬間」：「快照的等距，這等距移轉到

構成『膠卷』的架構上（是愛迪生和狄克遜在攝影機的膠卷上穿孔）；在影像上移動的機制（盧米埃爾的爪齒）。在這意義上，電影是一個系統，在生產出運動為任何瞬間的功能，即等距瞬間的功能，選擇來去創造連續性的印象。」（C1, 5）這是電影剛開始時的決定條件，與現代科學革命的觀念是一致的。電影技術在開始時，就是等距的瞬間。

整體

　　在科學的等距的瞬間或在愛森斯坦戲劇性瞬間的特權的瞬間，都錯過了真實的運動。「只要整體在形式或停頓的永恆次序中給出，或在任何瞬間的集合中給出，那麼或是時間不過是永恆的影像，或者它是集合的結果；不再有真實運動的位置。」（C1, 7）特權的瞬間仍待有形式的超越要素，是形式或停頓的永恆秩序；任何瞬間，即是等距瞬間，只是一個集合。真實的運動是一個整體，整體是一個真實運動，沒有別的。

　　「不僅瞬間是運動的靜止區段，而且運動是綿延的變動區段；即是整體的（the Whole）或一個整體的（a whole）變動區段。這包含著運動表達了某些更為深刻的，這是在綿延中或在整體中的改變。」（C1, 8）任何瞬間或等距瞬間當然是運動中靜止的區段，那麼由任何瞬間而來的特權的瞬間或戲劇性瞬間，這樣的運動仍不是時間的真實展開，它只是整體的變動區段。這就是德勒茲運動－影像的位置。綿延是整體，整體是綿延，這才是時間的真實運動。

柏格森的名言：「我必須等方糖溶解。」表達什麼意思呢？「我的等待無論它是什麼，表現一個綿延即心靈的、精神的實在。」（C1, 9）綿延是整體，綿延為什麼是心靈的、精神的實在呢？「柏格森的結論……；如果整體並非可給定的，這是因為它開放，和因為它的本性是連續的改變，或使某些新的出現，簡言之，去綿延。」（C1, 10）如果自然是整體，本性就是改變成新奇性，因為它開放，並給精神去綿延。「如果人必須定義整體，可以由關係本定義。關係不是對象的性質，它常外在於它的物項。它也與開放不可分，和展示了精神或心靈的存在。」（C1, 10）這是由休姆的關係概念補充柏格森所來說明的，而關係即開放。德勒茲繼續說：「以在空間中的運動，集合的對象改變了它們相關的位置。但通過關係，整體被轉化或性質的改變，我們能說到綿延本身或時間，即是關係整體。」（C1, 10）集合的對象只是在空間中心運動，但這裡德勒茲又回到他的主觀性進路。

雖然德勒茲不乏如物理學、生物學的客觀性進路，像：「如果我們思考純粹的原子，它們的運動試驗到實體所有部分的交互活動，必然表現了在整體中能量的修正、擾亂和改變。但柏格森在變換之外還發現了震動和輻射。」（C1, 9）重要的是原子本身的震動和輻射，原子本身就是震動和輻射，就由原子間的交互活動帶來整體的改變。因此德勒茲下結論道：「(1)不僅有瞬間影像，即運動的靜止區段；(2)有運動－影像，是綿延的變動區段；(3)最後有時間－影像，即綿延－影像、改變－影像、關係

－影像，強度（volume）－影像，超過了運動本身。」（C1, 12）
運動－影像和時間－影像分屬《電影》兩卷；也分屬戰前和戰後
的電影。時間的開展，精神的綿延，是生命狀態的改變，關係的
聯結，與強度的生命。

運動－影像

　　德勒茲找到影像＝運動的等式。「……說到影像＝運動的世
界，讓我們稱那所出現的集合『影像』……每一事物，即是說每
一影像，和它的行動難以分開：那是普遍的變化。」（C1, 60）
為什麼每一事物是一個影像呢？因為我們的知覺是在事物中，那
麼現象學的自然知覺沒有任何特權。「模型毋寧是事物的狀態連
續的改變。沒有停泊點、沒有參考中心是可指定於其中的流動－
物質。」（C1, 60）故而流動－物質只是事物的狀態在連續的改
變中，沒有自然知覺所參考到的主體作為知覺中心。「所有影像
的無限集合構成一種內在性平面。[6]影像自己存在，在這平面
上。影像本身是物質：不是什麼東西隱藏在影像後，而相反的是
影像和運動的絕對同一……運動－影像和物質是同一的。」
（C1, 61）流動－物質即是運動－影像。既然影像即是運動，背
後有沒有康德所謂的物自身，背後有沒有東西？影像即流動－物
質的狀態，作為影像而被知覺把握在內在性的平面中，是所有的

---

[6]　德勒茲相信「內在性平面」是忠於柏格森的，「它是一個運動表現了在
　　變化中連續出現和再生自己的改變，它因此包含時間，它有作為運動變
　　種的時間。」（C1, 233，注 11）

無限集合。德勒茲甚至直接說：「事物和事物的知覺是同一件事，同一個影像……事物是影像自身，它關聯到所有其它影像，他完全服從於其行動或它直接地對之反應。」（C1, 65）簡單說，事物就是影像，可以說是影像的唯物主義，知覺在事物中，事物不離影像的行動與反應。

行動與反應也是德勒茲用以解釋運動－影像的三個變體：動作－影像，感情（affection）－影像和知覺－影像。「在任何點上，不論什麼平面都出現了間隔——在行動和反應之間的間斷。……對柏格森而言，間斷、間隔，足夠來在其他影像間定義影像的一種類型，但非常特殊的類型－生活影像或物質。」（C1, 63）這已經是以生物學的刺激與反應的關係定義影像了，柏格森在這點上無疑有尼采緩慢地反應（slow to react）的概念，對尼采是生命的美學風格，對柏格森則是生活影像。

不過這裡德勒茲似乎要把事物和事物的知覺區分開，把事物還原到原子，即是客觀性的宇宙知覺，事物的知覺只是主觀性的有限知覺。「例如原子，所知覺的無限多於我們，在界限上知覺了整個宇宙……事物是全部的客觀把握（prehension），和事物的知覺是不完全的和偏見的、部分的主觀的把握。」（C1, 66）原子知覺整個宇宙，而單個事物的知覺無疑帶有尼采透視主義的視角，只是有限的透視，察覺不到主觀以外的事物。「從暫時佔據我們的觀點來看，我們從與事物無法區分開的全部的、客觀的知覺，到以簡單淘汰或扣除而與事物區分開的主觀知覺，這單一中心的主觀知覺，才是精確地說的知覺。」（C1, 66）這是德勒

茲從事物的知覺而說的主觀透視，單一中心的主觀知覺，即知覺
－影像。

　　然後他從在刺激與反應之間要留下緩衝地帶來說動作。「反
應越是停止是直接的和變成真正可能的動作，知覺越是變得遠離
和預期和抽出事物的虛擬動作。」（C1, 67）從知覺到動作，無
疑是要避免主觀知覺，即「在這裡知覺事物的所在，我抓住事物
對我的虛擬動作和同時還有我對事物的可能動作。」（C1, 67）
故在行動前已有虛擬的狀態在作用，而不是知覺的反應那麼直
接。德勒茲在比較知覺－影像和動作－影像後說：「知覺是空間
的大師，在精確的衡量中，其中知覺是動作的大師。」（C1,
67）主觀的知覺仍知覺到空間中的許多影像的彼此衝擊、互動，
動作卻要經過虛擬的作用。這是德勒茲所謂動作－影像，動作無
疑是生命所採取的行動。

　　「感情是佔據了間隔的，佔據了它不填充它或填滿它。它起
於未決定的中心，即在主體中，在一個於特定方面有麻煩的知覺
和猶豫的動作。它是主體和對象的一致，或者是『從內在』經驗
自己或感覺自己。」（C1, 67）所謂「間隔」，即刺激與反應之
間的緩衝地帶，尚未決定好如何行動，即有麻煩的知覺和猶豫的
動作。知覺的對象尚未釐清和應採取的行動，故對知覺的對象還
有距離感，也未成為行動的主體。此時與對象的一致是直面混沌
狀態並從內部經驗自己。這是感情－影像。

　　有趣的是德勒茲把這三種影像關聯到名詞、動詞和形容詞。
「正如知覺把運動關聯到『身體』（名詞），即到穩固的對象用

來作為感動的身體或作為被感動的事物，動作把運動關聯到『行動』（動詞），將是設計為假定的目的或結果……感情把運動關聯到『性質』作為生活的狀態（形容詞）。」（C1, 67）這是巧妙的構思。「常說格里菲斯發現剪輯正是以創造了動作的剪輯。但德萊耶發現了剪輯或甚至感情的畫面，是帶著其他法則，諸如《聖女貞德蒙難記》是一個幾乎獨特地感情電影的例子，維爾托夫也許正是知覺剪輯的發現者，由整個實驗電影發展……長鏡頭主要是知覺－影像；中鏡頭是動作－影像；特寫鏡頭是感情－影像。」（C1, 72）三種影像相應於三種剪輯方式，也相應於三種鏡頭的距離應用。格里菲斯（David Llewelyn Wark Griffith, 1875-1948）是美國導演；德萊耶（Carl Theodor Dreyer, 1889-1968）是丹麥電影導演，被認為是歷史上最偉大的導演之一。維爾托夫（Dziga Vertov, 1896-1954）是蘇聯紀錄片導演，被視為先驅。

時間－影像

影像是否可以直接表現時間？義大利導演塞瓦提尼（Cesare Zavattini, 1902-1989）定義「新－現實主義是一種相遇的藝術——片斷的、零碎的、瞬息的、錯過的相遇。」（C2, 1-2）為什麼是一種零碎的相遇？而不是完整的行動？「那定義新現實主義的是建立純粹視覺的情境（和聲音的，……）。」（C2, 2）德勒茲很快就給出了時間－影像與運動－影像的區別，在運動－影像中，「觀眾知覺的是感覺－發動影像，其中他多少認同於角色。」（C2, 2）但認同關係被打破了，「但現在認同被實際地

轉換了：角色變成了一種觀眾。……他記錄而不是反應，他被現象捕獲，被現象尋求或尋求它，而不是參與到行動中。」（C2, 3）在視象中的尋求，無法參與行動。「旅行－民歌的形式，陳腔濫調的增多，事件很少與他們發生的有關，簡言之，感覺－發動的緩慢。」（C2, 3）英雄式的行動是感覺－發動的認同，這種事件已遠離當代的情境，與他們無關。現在是感覺－發動的緩慢，旅行－民歌或陳腔濫調是一種純粹視覺的、聽覺的情境。

「不再是發動延伸到已建立的，而是夢幻般的連結，經由被解放的感覺器官的媒介。好像動作漂浮在情境中，而不是把它帶到結論或強化它。這是維斯康提夢想的審美主義來源。」（C2, 4）義大利導演維斯康提（Luchino Visconti, 1906-1976）不是完整的行動，而是動作漂浮在情境中，夢幻美學。「安東尼奧尼的藝術連續在兩個方向發展：日常平庸的閒散時期的驚人開拓；然後由《蝕》開始，界限－情境的處理推到了非人性化風景的、空的空間的點上，可視為已併吞了角色和動作，保持的只有地球物理學上的描述，抽象的發現。」（C2, 5）義大利導演安東尼奧尼（Michelangelo Antonioni, 1912-2004）平庸的日常生活，而界限－情境卻推向非人性化風景的，空的空間。至於義大利導演費里尼（Federico Fellini, 1920-1993）：「不僅是奇觀傾向於淹沒真實，日常生活連續地組織旅行的奇觀……。」（C2, 5）將日常生活構成奇觀（spetacle），淹沒了真實。

至於法國新浪潮電影，「高達對幻想少有耐心和同情，《各自逃命》向我們顯示了性幻想解體到分開的、客觀的要素，視覺

的，然後聲音的。……圖畫和音樂影像的自由建立如《激情》，
而其他端點則感覺－發動的連結被禁止所包圍。」（C2, 10）高
達（Jean-Luc Godard, 1930）避免感覺發動為行動，性幻想被分
解為先是視覺要素，然後是聲音要素。里維特（Jacques Rivette,
1928-2016）也是一樣：「感覺－發動情境的決裂——為了視覺
的和聲音情境的效益——連結到熟知的主觀主義，移情，最常經
由幻想、記憶或假記憶來作用，而發現獨特的歡悅和輕鬆。」
（C2, 10）主觀上的幻想，記憶或假記憶都牽涉到與未來或過去
的時間－影像。終結傳統電影感覺－發動的情境，是不是僅產生
視覺的、聲音的情境？羅伯－格里耶（Alain Robbe-Grillet, 1922-
2008）：「他不僅廢棄了觸覺，甚至聲音和色彩，不適於報導，
太過限制於情緒和反應，和他保持的只有經由線、表面和尺寸所
操作的視覺描述。」（C2, 12）這也是他在新小說所作的實驗，
想與傳統的敘述分開。布烈松（Robert Bresson, 1901-1999）以
不同的方式：「手……取代了臉本身的位置，為了感受的目的，
和在知覺的領域中，手變成了空間構成的模式，適合於精神的決
定。」（C2, 12）用手所展開的空間超越感覺－發動的情境，成
為精神的決定空間。

　　另外如德國導演劉別謙（Ernst Lubitsch, 1892-1947）：「那
是運動－影像作用為索引的問題。」（C2, 13）換言之，不是正
文。小津安二郎（Yasujiro Ozu, 1903-1963）修正了這個程序：
「它現在顯示了情節的缺如：運動－影像消失了，為了角色是什
麼的純粹視覺影像。」（C2, 13）就在這純粹視覺影像中，人及

一切事物變成靜物，顯現了時間變化的過程。任意空間。

　　這種純粹的視覺的、聲音的情境不使用隱喻：「甚至隱喻是感覺－發動的闖入，當我們不知道要做什麼時提供給我們某些可說的；它們是感情本性的特殊模式：現在這是陳腔濫調。」（C2, 19）簡單說，它只是提供我們看得到的，提供不了我們看不到的。對隱喻的批判，構成時間－影像的關鍵。

水晶－影像

　　現實影像如何展現為時間－影像？「純粹視覺的和聲音的情境（描述）是一個現實影像，但不把它延伸到運動。結合虛擬影像，並與它形成循環。」（C2, 45）虛擬影像看來帶出時間的特別意義。

　　「我們看到主觀性已出現在運動－影像中；它出現於只當有一個間斷，在接受的和執行的運動，行動和反應、刺激和回應、知覺－影像和動作－影像之間。」（C2, 45）主觀性出現於運動－影像中的間斷，主要是刺激與反應之間的緩衝地帶。「和如果感情本身也是最先的主觀性層次，這是因為它屬於這間斷，它構成了間斷的『內部』，它在某個意義上佔有它，但並不填充它或填滿它。現在回憶－影像來填充這間斷和真正填滿它，在這方式下它將我們個別地引回到知覺中……。」（C2, 45）感情是間斷的內部，故回憶－影像填充間斷來引發感情；引發感情是引發與時間的關係，首先引回到過去中。「實際影像到回憶－影像的關係能夠在閃回鏡頭中見到。」（C2, 46）閃回鏡頭不能在運動－

影像中運用的方式，「它能由傳統指示心理的因果性，但仍然類比於感覺－發動的決定，和論其循環，只有肯定線性敘事的進程。」（C2, 46）這是傳統的運用方式。「它是命運超過了決定論和因果性，命運描繪出超－線性；命運既證實閃回鏡頭和提供回憶－影像一種過去的標誌。在《太陽升起》中，縈繞的間奏曲的聲音來自於時間的深度去證實閃回鏡頭……。」（C2, 46）引回到過去，不是心裡的因果性的過去，是在命運裡超－線性的過去。命運來自時間的深度，是真正的過去，就可以說是時間之謎。「時間在曼凱微支正如波赫士《小徑分岔的花園》：並非空間而是時間交岔，『時間之網被切割或未被注意已有許多世紀，擁抱著每一可能性。』」（C2, 47）美國導演曼凱微支（Joseph Leo Mankiewicz, 1909-1993）善於運用閃回鏡頭，現在時間之網在每一點上交岔，擁抱著每一可能性；在時間之心中。「在本質上回憶是聲音，……畫外音（voice off）伴隨著閃回鏡頭。」（C2, 49）因此，畫外音是主觀性的精神化；波赫士是魔幻寫實主義小說先驅。

夢和時間的關係何在？「歐洲電影再較早的階段就面對一些現象：失憶症、催眠、幻覺、瘋狂、死去的景象，和特別是夢魘和夢。」（C2, 53）簡單說，這些都是非自主的意識，甚至是無意識的回憶。「回憶相反的，柏格森稱為『純粹回憶』──必然是虛擬影像。」（C2, 54）與實際的現在影像不同，就必然是虛擬的。而夢呢？「夢不是隱喻而是一系列變形，描繪出非常大的循環。這兩個特性是聯結的。當夢者有綠色表面被白色般點打破

的實際光感覺時，夢者在睡者中召喚了點綴著小花的草原影像，但這影像只有由已變成布置著球的撞球桌影像才現實化，同樣它不變成某些其他的就無法變成現實。這些並非隱喻，而是能繼續到無限的變化。」（C2, 54）夢與變形相互聯結，每一個影像變成另一個影像才得以現實化，只在無盡的變化中。「一系列散佈的影像形成大的循環，每一個都像使之現實化的次一個的虛擬性，直到一切一起回歸到隱藏的感覺，長時以來在英雄的無意識中是現實的……。」（C2, 55）影像無盡的變化，散佈成大循環，看似無關，終於一起回歸到英雄隱藏的感覺，長時以來，他不知道自己知道，在無意識中是現實的。英雄在現實上是往前的運動，離開了自己的本質；夢或無意識是往後的運動。這樣說來，夢是純粹過去。音樂喜劇和舞蹈都有夢的特性。「因為它（音樂喜劇）整個是巨大的夢，但是含蓄的夢，同樣包含假定的實在於夢中的通道。」（C2, 59）這樣回憶和夢都是到時間甚至實在的通路。

「水晶－影像也許有許多不同的要素，但其不可還原性包含在實際影像和『其』虛擬影像不可區分的統一。」（C2, 76）虛擬影像是過去，但是什麼意義的過去？「現在是實際的影像，和其同時的過去是虛擬影像，在鏡中的影像。」（C2, 77）這同時的過去卻是不可追憶的過去、純粹的過去。「虛擬影像（純粹回憶）並非心理學的狀態或意識：它存在意識以外，在時間中。」（C2, 77）它不是心理學上可以追溯或意識得到的。德勒茲承認時間水晶的概念來自加塔利，在注中（C2, 285）。德勒茲因此

說：「水晶－影像因此是實際的和虛擬的兩個不同影像的不可辨明點，一點在純粹狀態中的時間……。」（C2, 99）實際影像和虛擬影像共存，其不可辨明處即是水晶影像。「水晶－影像，我們現在稱為時間的水晶。」（C2, 79）亦即是時間－影像。「偉大作者的任務之一，即在體現把原本看不到的時間變為可見。」[7]超出我們回憶的時間在於何處？

震驚

　　德勒茲在身體的概念上就顯得很特別。「身體的狀態必須就其日常性和戲劇化來考慮。」[8]日常性的身體，怎麼產生戲劇化呢？首先是「未思考的身體」（C2, 189）類似於康德的崇高概念，德勒茲提出電影的崇高概念。「構成崇高的是想像力遭受了震驚而被推到界限上，和迫使思想去思考整體為智力的整體，超過了想像。」（C2, 152）整體無非是宇宙的力量，只不過康德並不那麼針對智力而言。現在對德勒茲，宇宙的力量需要智力的沉思。「蒙太奇在思想中是『智力的過程』本身，或在震驚中思考這震驚。」（C2, 153）然後引進思考的力量如尼采：「在『權力意志』之名下，用錯誤的力量取代了真實的形式……為了錯誤和其藝術家的、創造的力量。」（C2, 127）就實際來說，影片必然不真實，「當心！這是電影。」但這是藝術家創造力量之所在。

---

[7]　齊隆壬《電影符號學》（台北：書林，1992），頁110。

[8]　Felicity Colman, "Deleuze & Cinema: The Film Cincept." (Oxford: Berg, 2011), p.185.

第三節　折　疊

　　德勒茲推出《福柯》（1986 年），是在福柯死去兩年。德勒茲的第一本書《經驗主義和主體性》（1953 年）要早於福柯的第一本書《精神病和人格》（1954 年），但兩人都是 28 歲出版第一本書。但福柯第二本書《瘋癲和無理性——古典時期瘋癲史》（1961 年）是博士論文，且是在「偉大的尼采式求索的光輝照耀下展開一系列文化邊界研究」[9]，又早於德勒茲《尼采和哲學》（1962 年）一年，這年前後兩人認識相熟，展開尼采學與監獄調查等合作。兩人是並肩的大哲學家，以新尼采學來看，福柯尚算是先行者，故這是一本向福柯致敬的書。

知識和權力

　　福柯的思想來源有兩個主要的哲學家：海德格和尼采。德勒茲說明：「『海德格經常使他著迷，但他能夠理解海德格只有通過尼采和靠了尼采（而不是相反）。』海德格是尼采的可能性，而不是相反，和尼采並未見到他可能性的實現。必需要恢復力量，在尼采的意義上，或權力，在『權力意志』非常特殊的意義上，去發現這外部作為限制，在存有折疊（fold）前的最後點。」（F, 113）在較近的哲學系譜上，應該可以建立尼采－海

---

[9]　米歇爾・福柯《瘋癲與文明》，劉北城、楊遠嬰譯（北京：三聯，1999），〈讀者後記〉，頁 273。

德格－福柯，甚至尼采－海德格－德勒茲，只不過德勒茲淡化了
海德格的影響，變成尼采－柏格森－德勒茲。尼采意義上的力量
（force）或權力（power）均來自外部，由此折疊了存有，就成
為權力－存有。「權力－存有引進了不同的要素，一個不能形式
化或未形式化的外部力量出現，和改變了結合。……這顯示存有
的第二個形象仍然不是折疊。它毋寧是沒有輪廓的流動線使在戰
鬥中的兩個形式得以溝通的唯一要素。」（F, 113）如果權力－
存有是第二個形象，那麼它向存有的第一個形象引進不同的要
素，第一個形象是知識－存有。權力－存有是在知識－存有的外
部，不能形式化或未形式化的外部，使知識－存有的力量出現，
改變了知識－存有的兩個型式的結合關係。權力－存有是外部力
量，沒有輪廓的流動線。正因為「權力－存有對立於知識－存
有。」（F, 112）而權力－存有為外部力量，就使「知識－存有
的兩個形式是外部形式，既然陳述（statement）散佈於其中之
一，而可見性散佈於另一個。」（F, 113）由於外部的力量使知
識－存有的兩個形式，在戰鬥中得以溝通。就知識－存有的本身
來看，有外部力量的闖入。「在福柯總有一個轉化了任何存有論
的雙重和雙重化的幻覺主題……這是權力的策略領域，對立於知
識的層的領域。」（F, 112）就知識來說，有權力的外在力量，
故有雙重的論題；權力的策略就在知識的層起作用。

　　就知識－存有的兩個形式來說，「正如陳述不可分於系統，
因此可見性離不開機器。一個機器不需要是視覺的；但它是器官
和功能的裝配（assembly）使某些事物可見和顯明。」（F, 58）

知識－存有的層化作用使陳述有系統，可見性需要機器來裝配器官和功能。至於權力－存有亦有其虛擬性：「力量之間的關係，或權力關係，只是虛擬的、不穩定的、消失的和分子的，和定義的只是互動的可能性。只要它們未進入巨觀的整體，能夠對其流動的物質和散佈的功能給出形式。」（F, 37）權力－存有是力量之間的關係，不穩定、消失的，在微觀物理學的分子層次；進入了鉅觀的整體，就進入知識－存有的層化，陳述和可見性的戰鬥。權力－存有中的權力基本上只是力量之間的關係。「力量從不是特異的，基本上存在於與其他力量的關係中，以致任何力量已是關係，即是說權力；力量除了力量之外沒有其他對象或主體……和暴力只是伴隨著力量或其結果，但不是構成要素。」（F, 70）故力量不是單個的成為主體，也不是以其他力量為對象，而是在流動的、消失的甚至在微觀分子層次的與其他力量的關係。暴力有主體和對象，只是力量的伴隨結果。這點上，德勒茲認為福柯走得比尼采遠。（N, 89）

自我

　　以權力－存有為旋轉軸，必得向存有的第三個形象邁進，自我－存有。「他並不寫主體的歷史而寫主體性的過程，由折疊所支配的，操作在存有論的和社會領域。事實上，一個問題縈繞著福柯。問題：『思考指的是什麼？我們稱思考是什麼？』是首先由海德格發射的箭，然後福柯再次射發……知識、權力和自我是思想有疑難的三重根。」（F, 116）自我－存有正是折疊，才成

為主體性過程。由於福柯思考著「什麼稱為思考」的問題，就與海德格合拍，一方面把福柯推到大哲學家海德格的層次，但是會不會像海德格也停留在思考－存有的層次？德勒茲說：「去思考是去折疊，去以共存的內部雙重化外部。」（F, 118）那麼折疊就是把外部折疊入自我的內部，外部就在內部共存，成為外部的雙重化。

「自動－感情（auto－affection）……成疑難的未思讓渡給思考的人使自己成為疑難，作為一個倫理主體。（在阿爾托是內在生殖，在福柯是自我和性慾的相會。）」（F, 118）因為自動－感情，個人所朝向的外部力量－關係也有不同，使自己成為疑難的方式也有差異。這只有一個方式來解釋，即機遇（chance）。「這外部必須被稱為機遇嗎？骰子的一擲的確表現了最簡單的可能的權力－關係或力量－關係，建立在由機遇所達到得在特殊的特徵之間的關係。」（F, 117）這是藉由尼采的機遇概念或象徵主義詩人馬拉美（Stéphane Mallarmé, 1842-1898）的名作來說明與外部力量－關係的偶然相遇。德勒茲自己喜歡法國晚期象徵主義詩人瓦雷里（Paul Valéry, 1871-1945）的格言：「沒有東西比皮膚更深。」（N, 87）皮膚是一層膜，表面的藝術，內部和外部的接觸面。

這種自動－感情的觀念使德勒茲再又借用物理生物學家西蒙東的話：「把過去裝入內部，在外部帶出未來，並在生活的現在中使二者面對。」（F, 119）這樣就使自動－感情在時間中成為過程的主體性。「這不再有任何可歸於海德格的──福柯理解了

雙重化或折疊。」（F, 116）這表示福柯已比海德格更推進了一
步和別開生面：力量與自我的關係。

　　在自我－存有的展開上，事實上德勒茲指出福柯的方向應是
朝向尼采所謂超人的位置，但似乎還在路上。德勒茲版的超人已
加入了他創發的觀念：「何謂超人？它是在人之中的力量和這些
新力量的混合物。它是起於在力量之間新關係的形式。人傾向於
解放生命、勞動和語言，在他自己之中，超人……是甚至充滿著
動物的人（一個符碼從其它符碼中捕獲斷片……），它是充滿岩
石或無機物質的人（矽的領域）。它是充滿語言－存有的人（無
形式的、『沉默的』、語言在此發現它的自由之未指涉區域……）
超人遠不是活著的人的消失，更多是概念的改變：它是新形式的
來臨，既非上帝亦非人，期待的是不會比兩個先前的形式更
差。」（F, 132）破除上帝的超越概念，破除人的主體概念，是
法國 1968 年之後的思潮；以尼采的超人作為概念的轉變，就是
新形式的來臨。新形式來自於力量之間的新關係，如何解放生
命、勞動和語言？那麼變成－動物、變成－石頭甚至變成矽，指
出了解放的可能性，這是德勒茲式的。

物質

　　德勒茲在 1988 年推出古典哲學家萊布尼茲研究，書名是
《折疊：萊布尼茲和巴洛克》，正式以折疊作為全書主題。折疊
概念在《差異和重複》即已出現，這樣就有把哲學專題研究在概
念上創造性總結的味道。沉思加上收縮，等於折疊。事實上在

《福柯》一書結論的〈附錄〉中又談到法國博物學家喬弗魯瓦・聖伊萊爾的折疊方法。

巴洛克有折疊，「巴洛克折疊展開直到無限，……好像折疊由兩個階段或樓層構成：物質的折痕（pleats），和靈魂中的折疊。下層，物質根據第一種折疊集合，和根據第二種折疊組織，到它的部分構成『不同地折疊和多少發展』的器官的範圍。上層，靈魂唱著上帝的光榮由於他跟隨自己的折疊，而沒有整個發展成功，既然『這溝通無窮地延伸』迷宮說是在字源上多樣的，因為它包含許多折疊。多樣不僅是有許多部分，而且在許多方式中折疊。」（FLB, 3）在物質上說是折痕，被動的；但也有折疊，組織成器官。靈魂跟隨著自己折疊，沒有整個發展成功，只好和上帝無窮地溝通。物質中也有折疊，發展成器官，上升到靈魂的折疊。至於迷宮，就是表示這折疊的多樣狀態，折疊中又有折疊。

至於萊布尼茲是如何「偉大的巴洛克蒙太奇」？首先是物質概念。「隨著萊布尼茲，宇宙曲線是隨著三個其他基本觀念延伸：物質的流動性，物體的彈性和發動精神為機械裝置。」（FLB, 4）由流動性、彈性才發動精神。必得要先說明物質和宇宙的關係：「首先，物質清楚地不會跟著曲線延伸。而是，它跟著切線。但宇宙由一種活動的力量壓縮而出現，給了物質以曲線或旋轉運動……。」（FLB, 4-5）宇宙和物質力只能說互相作用而形成，各分殊的物質沿著曲線運動或旋轉。

在物質的流動性上：「物質提供無限多孔的、海綿的或洞穴

的構造而不是空虛，洞穴無盡地包含在其它洞穴中：不論多小，每一物體包含了一個世界，由不規則的通道刺透，由無盡地蒸氣的流動圍繞和穿透，宇宙的整體相似於『物質的池塘有著不同的流動和波浪』。」（FLB, 5）簡單說物質就是多孔的洞穴，洞穴中還有洞穴。由洞穴間不規則的通道刺透宇宙；洞穴間是蒸氣的流動，去圍繞和穿透宇宙。或許可以說是存有的蒸氣，蒸氣流動或是水形成波浪。

在物體的彈性上：「物質的單位……不是從未是部分的點，而是單純的線的極端性。這是為何物質的部分是集結或聚合，相關於有彈性的壓縮力……『粒子轉入折疊』……。」（FLB, 6）粒子必是集結或聚合，不是點；在集結或聚合時轉入折疊，形成有彈性的壓縮力。在向量上發展成線的力量。「風、水、火和地的折疊和在礦坑中礦脈的折疊。」（FLB, 6）大自然中處處有折疊，風、水、火、地都有折疊的力量，形成自然的元素。

精神

至於精神如何發展的呢？「顯然的是發動力變成物質的機械裝置。如果世界是無限地洞穴的，如果世界存在於最小的物體裡，這是因為任何地方都能發現『在物質中的精神』。」（FLB, 7）除非發動力停止，變成折痕；發動變成機械裝置，就成為折疊，在物質中有精神。「物質－折疊是物質－時間；其特性相似於『風－槍的無限性』的連續發射。」（FLB, 7）折疊就是時間，物質在時間裡折疊，存有的蒸氣在洞穴中的流動，成風

一槍的無限性。

「生命不僅在任何地方，靈魂也在任何地方，在物質中。」
（FLB, 11）所以在物質中不僅有精神，也有靈魂，顯然都因為
折疊。「在巴洛克中，靈魂享有和身體的複雜關係。永遠和身體
不可分離，它發現令人暈眩的動物性，糾纏在物質的折痕中，但
也有有機的和睿智的人性（發展的程度）允許它上升，而那將使
它上升到所有其他折疊之上。」（FLB, 11）兩層樓，第一層樓
是物質只有折痕，因發動力形成折疊的機械裝置形成了器官，這
裡就有令人暈眩的動物性。再折疊，有有機的人性甚至睿智的人
性。靈魂有更多折疊，要看發展的程度，甚至可上升到一切折疊
之上。「靈魂相反的，是原始的力量或生命的非物質原則，只由
內部定義，在自我中，和『通過心靈的類比』。」（FLB, 12）
故靈魂只是身體密封的內室，只由內部定義，是非物質原則。

最後靈魂發展成尼采的透視主義（perspectirism）。「對萊
布尼茲、對尼采、對威廉·詹姆斯和亨利·詹姆斯和對懷海德一
樣，透視主義……它不是真理依據主體的改變的真理出現到主體
的條件，這是巴洛克透視的觀念。」（FLB, 20）透視主義顯然
是折疊發展的不同程度，靈魂的折疊的多樣性，造成觀點的不
同，這是多樣性。德勒茲在此把英美的經驗主義也納入，例如威
廉·詹姆斯（William James, 1842-1910）的純粹經驗：「經驗的
各部分通過關係——這些關係也是經驗的一些部分——而一個接
一個地連結到一起。簡言之，直接把握的宇宙不需要什麼外來的
超經驗的連結性的支持，而是自己有權擁有一個相連的或連續的

結構。」[10]經驗中關係的連結，不需要去連結超經驗；與德勒茲在經驗主義上的說法有一定的親和性。

事件

　　就萊布尼茲式迷宮的說法：「連續的迷宮在物質和其部分中，自由的迷宮在靈魂和其述詞中。」（FLB, 3）靈魂怎麼和述詞（predicates）相關呢？「主詞是由其統一定義，和述詞作為一個動詞表現了行動或激情。」（FLB, 53）這樣，是主詞在述詞中，而非述詞在主詞中；行動和激情才是一切。「這樣，我們有巴洛克文法。其中述詞最重要是關係和事件，而不是屬性。」（FLB, 53）重要的是關係和事件如何表示？「述詞是『實現旅行』，行動、運動、改變，和不是旅行的狀況。」（FLB, 53）這樣述詞必須是動詞：「（不是『樹是綠色』，而是『樹綠著』……）」（FLB, 53）。這是事件概念，「事件本身是關係的形式，它們是關係到存在和時間。」（FLB, 52）

　　再來事件的邏輯把世界也捲入其中。「世界本身是事件，和作者無形的（等於虛擬的）述詞，世界必然被包含在每一主體中成為基礎，由此每個人抽出相應於其觀點（面相）的風格。」（FLB, 53）世界本身是動態的事件，在運動和改變中；每個人的透視主義發展出不同的生命風格。

10　威廉・詹姆士《徹底的經驗主義》，龐景仁譯，〈編者序言〉（上海：上海人民，1965），頁5。

　　第三個事件概念來自於懷海德（Alfred North Whitehead, 1861-1947）。「但對萊布尼茲，因為單子的為世界的存有（being-for the world）是服從於封閉的條件，一切可共存的單子包含單一和相同的世界。」（FLB, 81）這就是著名的「單子無窗論」，服從於封閉的條件，單子與單子間不相連結。「當這世界並不存在於表達它的單子之外，後者並不接觸和沒有在他們之間的水平關係，沒有世界內的連結。」（FLB, 81）單子與單子間沒有「關係」或橫向的連結。「而對懷海德，正相反，一個開放的條件造成所有的把握（prehension）[11]，已是其他把握的把握，或是去控制它或是排除它。把握自然地開放，開放到世界，無須經由窗子通過。」（FLB, 81）我們對世界的把握，已是其他把握的把握，已自然開放到世界中。德勒茲特地在注中引述海德格在《現象學基本問題》中對萊布尼茲的評論：「單子並不需要窗子，因為它『已在外部，與其存有一致』。」（FLB, 154）

　　至於德勒茲的事件概念，似仍有區分。「對德勒茲，（目的論的）效應是虛擬性、特異性、消極的多樣性領域，在事件中現實化；對懷海德，這些目的論效應是價值，特異性主動的（雖然接受的）多樣性領域。」[12]虛擬性和價值的區分可以接受，但特

---

[11]　或亦可譯為「攝受」，楊士毅《懷海德哲學》（台北：東大，1987），頁55。

[12]　Roland Faber and Andrea M. Stephenson, "Secrets of Becoming: Negotiating Whitehead, Deleuze, and Butler." (New York: Fordham Univ., 2011), p.176.

異性沒有消極可言，其連結是積極的。德勒茲的新巴洛克風格
是：「在相同混沌世界中，分歧系列無盡地追蹤分岔的小徑，這
是喬伊斯・勒布朗、波赫士、貢布羅維奇所發現的混沌宇宙型
式。」（FLB, 81）這是音樂的多調性乃至複調的世界。（FLB,
82）

第七章　概念和感受

　　德勒茲和加塔利在 1991 年再度合作《何謂哲學》，又成為法國年度轟動的暢銷書之一；兩人的合作互相激盪生發，往往成為思想界的盛事。《何謂哲學》或許對兩人都意謂著思想路線的總結，當然也是德勒茲思想路線的總結。另外，在 1993 年德勒茲自己再出版《批評與臨床》，這是晚期德勒茲的最後作品。此書雖然也涉及柏拉圖、斯賓諾莎、康德、尼采和海德格，在十八篇文章中占了五篇，且以〈文學和生命〉開篇，對文學有深刻的省思，或也可以用「何謂文學」來代替書名。或許這也算是文學路線的總結。

第一節　何謂哲學

　　我們先有一個哲學、科學與藝術的三種分別：「從句子或其相等物中，哲學抽出概念（這不能混淆於一般或抽象的觀念），而科學抽出展望（命題不能混淆於判斷），和藝術抽出感知（percepts）和感受（affects）（這不能混淆於知覺或感覺）。」（WP, 24）此書重點還在哲學，也列有專章談科學與藝術，但又

要經過概念的疏理，例如〈展望和概念〉和〈感知、感受和概
念〉兩章。

概念

什麼是概念呢？「概念說到事件，不是本質或事物－純粹事
件，個體性（hecceity），實體：他者的或臉的事件（當臉也被
視為概念）。」（WP, 21）個體性被視為事件，是純粹事件；不
是本質或事物。個體性：此時此地的事件。「概念的定義，是在
無限速度中絕對測量的一點，橫過了混雜成分的有限數量的不可
分性。」（WP, 21）故概念是把混雜成分的有限數量黏合在一
起，混雜成分不能是無限的，因為受個體性的限制。但思考的速
度可以無限。「概念是思想的活動，它是思想操作在無限的（雖
然更快或更慢）速度。」（WP, 21）那就是無限速度的思想活
動，在概念的平面上進行。那是混雜成分的有限數量所組成的平
面。「平面必須構成，問題要提出，正如概念要創造。」（WP,
27）提出問題，就形成新的平面去解決問題，而形成新的概念，
這就是創造概念。「新概念必然關聯到我們的問題，我們的歷
史，我們的變化。」（WP, 27）要解決當時的問題，概念要突破
歷史的限制，我們在當前的變化中所聚焦的事物。

在概念上重估在歷史上這些哲學家的概念平面。「在柏拉圖
的平面上，真理被置定為預設。這是理念。」（WP, 29）真理是
預設，客觀的理念。理念是「客觀地具有純粹性質，或不是某些
外在的，只有正義是正義，只有勇氣是勇氣，這些是理念。和有

母親的理念，如果沒有什麼在母親之外的（她會不曾是個女兒過）……。」（WP, 30）理念是關於事物的本質，客觀的預設。至於笛卡爾：「這是一個新奇的區分。這一平面需要不預設任何客觀的第一概念，所以問題是『在這平面上什麼是第一概念，或者是要始於什麼概念，真理才能被決定為絕對主觀的正確性？』，這是我思。」（WP, 29-30）笛卡爾從我思的絕對主觀的確定性出發，開展出新的平面，自我概念中有三個組成成分：懷疑、思想、存在。（WP, 24）康德在時間概念的開發，顯得意義非凡。「我思，和這樣我是主動的；我有一個存在；這存在只有在時間中可以決定為被動的自我；我因此被決定為被動的自我，必然再現自己的思想活動給自己，成為影響它的他人（Other）。這不是另一主體，而是主體變成了他人。」（WP, 31-32）我思是主動的；由於時間因素的導入，我在成為被動的；主動影響被動，我思成為我在的他人。自我的分裂是由於主動和被動的分裂；由於時間因素，自我之中有他人的成分，我即是他人。把時間導入自我概念，成為內部性的形式，也有一個新的空間概念。「這同樣含有空間的新概念，不能由簡單的同時性規定和變成外部性的形式。」（WP, 32）被動的我是在空間中活動與主動的我思不是同時的，我思在內部是時間，我活動的空間卻是在外部。哲學史是創造概念的歷史，每個哲學家在不同的平面創造新概念。

故可以說，概念是事件。「概念是將到來事件的地形、輪廓、星座。」（WP, 32-33）基本上是「原創概念的風暴」。（WP, 32）

內在性平面

概念和內在性平面互為作用，這是哲學的構成主義。「概念的創造和展開平面。概念像多重浪，漲升和退落，但內在性平面是單一的波浪將其捲起再打開。」（WP, 36）內在性平面由概念群構成，但構成的是共在單一的內在性平面上。這樣，內在性平面當然不是一個概念，只能是「思想的影像」。（WP, 37）概念交會的影像。

「內在性平面有兩個小平面，作為思想和作為自然，作為精神（Nous）和作為自然（Physis）。這是為何常有許多無限的運動彼此包含，每一個折疊入其他的。一個回歸，馬上就再發動另一個，在這方式下，內在性平面無止息地交織著，像巨大的梭子。」（WP, 38）簡單說，唯心主義與唯物論所構成的內在性平面不同，概念群聚落的側重面也不同，是側重思想或精神的小平面呢，還是側重自然的小平面呢？像梭子的往返，都以一個折疊另一個。內在性平面本身還面對超越性的幻相。「每當有超越性，垂直的存有，帝國在天上或大地上，就有宗教；而有哲學每當有內在性，甚至作為爭鬥（agon）或敵對的區域。」（WP, 43）這是超越性與內在性的區分。超越性是垂直的存有，自上而下，在天上的是神的國度，在大地上則由思想或精神統一，內在性平面歸屬於它，還是宗教。至於內在性是橫向的存有，水平的存有，簡單說是經驗領域。例如說希臘城邦：「如果我們真正想說哲學起於希臘，是因為城邦（city），不像帝國或國家，發現

了爭鬥作為『朋友』社會的規則，自由人作為敵手（公民）的共同體的規則。」（WP, 9）所以內在性平面有將有混淆於其中一個小平面的危險。「混淆的危險很快就會升高：不是這存有的實體或思想的影像，由內在性平面本身構成，內在性將關聯到某些事物像『隨意贈與的』（dative），物質或心靈。」（WP, 44）存有的實體即物質，思想的影像在於精神，本應由內在性平面構成；現在內在性平面隨意贈與了其中一個小平面。

「不以內在性平面構成──全體（all），內在性內在『於』一，以至另一個一，這次是超絕的（transcendent），添加到內在性延伸於其中的或歸屬到的一之上：新柏拉圖主義的公式總是一在一之上。」（WP, 44）超絕的一添加到內在性所歸屬的一之上，一在一之上。「而在基督教哲學方面……它是被散發的，尤其是創造的超越性（transcendence）所嚴格的控制或框限。」（WP, 45）超絕的通常是指與經驗隔絕的，不是可能經驗的範圍。現在超越性控制內在性，或框限它，超越性先於經驗而作用於經驗；內在性要生發出超越性，而不是被它控制或框限。「起於笛卡爾，然後是康德、胡塞爾，我思使對待內在性平面為意識領域為可能。內在性是假定為內在於純粹意識，思考主體。」（WP, 46）內在性平面歸屬於小平面的意識領域，所謂純粹意識或思考主體。這樣是不是免去了超越性幻相呢？「康德會稱此主體超越的而不是超絕的，正因它是一切可能經驗的內在性領域的主體，由此沒有任何外在的和內在的能夠逃離。」（WP, 46）超絕是超絕於可能經驗，而超越主體則超越地統一了一切可能經

驗，超越性則內在於主體對自己的反省中。「胡塞爾設想內在性為由主體性所生活過的流變，但既然這純粹的和甚至未馴服的生活並不完全屬於將它再現給自己的自我，某些超絕的是再建立在界域（horizon）中，在非隸屬的區域。」（WP, 46）也就是說外在未馴服的生活，是不屬於主體的區域，那麼就要在界域中建立超絕的。「首先在由意象對象所居住的世界之『內在的或基本的超越性』；第二，由其他自我所居住的主體世界的特權超越性；第三，由文化形構和人類共同體居住的理想世界的客觀超越性。」（WP, 46-47）簡言之，他人世界的超越性，互為主體世界的超越性，文化理想世界的超越性。「三種普遍──沉思、反省和溝通──像三個哲學紀元──本質直觀（Eidetic）、批判的、和現象學的──與長期的幻相歷史不可分。」（WP, 47）這是對前述總結的評論：笛卡爾沉思的本質直觀，康德自我反省的批判，胡塞爾溝通的現象學。

前面雖然肯定希臘城邦展開了內在性平面，但「也讓自由意見佔優勢。哲學因此必須從意見中抽取『知識』……。」（WP, 79）如何抽取知識，靠意見的辯證。「……測量對立意見的真理價值，或是選擇某些比其他的更聰明的，或是固定他們對真理相關的分享。這常是被稱為辯證的意義和把哲學化約為無終止的討論。」（WP, 79）辯證無非是對立意見的辯證，把意見提升為知識。中間經柏拉圖「沉思的普遍」、亞里斯多德「溝通的普遍」、康德「反省的普遍」（WP, 79-80），辯證的情況依舊，並到黑格爾達到高峰。「直到黑格爾有在敵對的意見之間使用矛盾的觀

念,並抽取出超科學的命題能夠本身運行,沉思,反省和溝通和在絕對中(思辨的命題,意見變成了概念的時刻)。」(WP, 80)無論如何,超越性和普遍仍在其中作用,命題也不是概念。

內在性平面「只有內在的判準。生命的可能性是經由自己重估,在它展開運動忠和它在內在性平面所創造的強度。……不依賴善和惡或任何超越的價值,在存在的進程和生命的強化之外沒有任何判準。」(WP, 74)沒有超越的判準,只有內在的判準。生命是一個進程,生命的可能性只在內在性平面所創造的強度。在內在性中,仍提到斯賓諾莎、尼采及柏格森,或許可將他們三人並觀:「斯賓諾莎提供我們內在性,差異造成血肉。柏格森提供我們綿延的時間性,無此,內在性不能誕生。和尼采的精神,對差異主動的和創造的肯定,而不補償到某種認同的形式。」[1]內在性的生命,不認同於各式各樣的思想幻相,此三人有積極的開拓。

但在思想的現代影像中,畢竟海德格仍是重要的一位;但首先第一個特徵仍是尼采。「完全廢棄此關係以致視真理為只是思想的創造,將思想視為其預設的內在性平面列入考慮……像尼采成功地讓我們理解的,思想是創造,不是真理意志。」(WP, 54)關係是指思想和真理的關係,廢棄此關係是思想不以客觀的真理為目標,尼采的權力意志代替了真理意志,這是他思想上的

---

[1] Todd May, "Gilles Deleuze: An Introduction." (Cambridge: Cambridge Univ., 2005), p.26.

創造。而他在價值的重估完全是內在性力量的重估，不同於概念的重估。不過此書也說到尼采提到的「四大謬誤」：超越性幻相、普遍性幻相、永恆的幻相和推論性幻相。（WP, 49-50）其中永恆的幻相談到「概念必須要創造」。第二個特徵是海德格和布朗肖。「為我們要變得能夠思考，什麼暴力要施加在思想上？同時，什麼無限運動的暴力，從我們拿走了說『我』的能力？」（WP, 55）布朗肖（Maurice Blanchot, 1907-2003）是透過列維納斯（Emmanuel Lévinas, 1905-1995）而認識到海德格的思想，小說《黑暗托馬》所表達的是：「我死了，死了。這顆頭，我的頭，甚至看不見我了，因為我已經被消滅了。因為我看著我自己，卻又看不到。」[2]自我概念被質疑，什麼暴力？第三個特徵是克萊斯特和阿爾托：「思想的無能仍然在核心中，甚至在他獲得了可被決定為創造的能力，一組模稜兩可的符號就升起了，變成圖解的特徵或無限運動。」（WP, 55）克萊斯特（Heinrich von Kleist, 1777-1811），德國浪漫主義詩人，小說家，創作時有不受拘束的心靈狀態。阿爾托（Artaud）的殘酷戲劇。思想仍無能說我，但卻在內在性中獲得不被自我局限的創造的能力，產生脫離日常認知模式的模稜兩可的符號。所以暴力是由無限運動帶來的暴力，內在性即無限運動。

---

[2]　莫里斯·布朗肖《黑暗托馬》，林長杰譯（南京：南京大學，2014），頁 40。

地理

為什麼是地理，而不是歷史？簡單地說，地理是偶然性，而歷史是必然。「哲學是地理哲學，正在從布勞岱爾的觀點來說歷史是地理歷史的相同方式下。為何哲學在希臘在那個時刻？對資本主義是同樣的，依布勞岱爾：為何資本主義在這些地方和在這些時刻？為什麼不在中國和在其他時刻，既然許多成分已呈現在那裡。」（WP, 96）這就要反過來說，資本主義發生在希臘，主要是地理環境，這就產生了哲學。布勞岱爾（Fernand Braudel, 1902-1985）為法國年鑑學派史學家，看重地理、物質等因素對歷史的影響。而在中國，雖然有許多成分，可是沒有發生資本主義。在這意義上，哲學是地理哲學。故而開篇就說：「思想發生在領域和大地的關係中。」（WP, 85）這關係可以非常具體的解說：「大地連續地實踐當場解除領域的運動，由此它超過任何領域：它是解除領域化和已解除領域。」（WP, 85）故而領域是封閉的領域，大地是開放的大地；大地是流動的大地，有解除領域的運動，故超過領域。

「大地混合於那些群體解除其領域的運動，混合於龍蝦在水底出發在縱隊中前進，混合於朝聖者或騎士騎著一條天國的逃逸線。」（WP, 85）大地的解除領域，是脫離生活的疆域，領域的生活的疆域。龍蝦解除領域縱隊前行，朝聖者或騎士藉天國的逃逸線以解除領域。「國家和城邦（city）相反地實踐了解除領域化，因為前者並列和比較了農業領域，把其關聯到更高的算數的

統一，和後者把領域適應到幾何學的延伸，能繼續到商業的循環。」（WP, 86）國家和城邦都解除領域的生活疆域，國家把農業領域關聯到算數的統一以便利計算和分配，城邦則與商業有關，在領域得出的公理後再作邏輯推論。這種解除領域或者再領域化有個公式：「解除領域（從領域到大地）和再領域化（從大地到領域）。我們不能說哪個先來到。」（WP, 86）而帝國與城邦就成為「國家的帝國空間和城邦的政治空間。」（WP, 86）

帝國和城邦

首先在帝國和城邦之間有一個超越性和內在性的區分。「在帝國中解除領域是經由超越性產生：它傾向由高度垂直的發展，依照大地的天國成分。領域變成沙漠大地，但天國的陌生人抵達，重建領域或將大地再領域化。在城邦中相反的，解除領域經由內在性發生：它解放了原居民，即是說大地的力量追隨著海上的成分，到海洋底下去重建領域。」（WP, 86）帝國是垂直的超越性，城邦是水平的內在性。超越性在天國，故領域是沙漠大地；由天國的陌生人降臨來重建領域。內在性是在海洋，大地力量的橫向運動解放了原居民，故在海洋底下去重建領域。

無疑的是希臘城邦在地理位置上的重要性。「希臘看來有一個碎形結構，因為半島的每一點近於海洋，而海岸線很長。愛琴海人民，古代希臘的城邦和特別是雅典原居民並非第一個商業城邦。但他們首先同時是夠近於又是夠遠離東方帝國，既能從他們獲益又不必追隨其模型。」（WP, 87）商業城邦是經由海洋貿

易，這使希臘「足夠近於又足夠遠離」東方帝國；換言之，與帝國的貿易使希臘城邦獲益，又沒有帝國的政治模型。「它像沿著東方邊界組織的『國際市場』，在一個無疑彼此吸引的獨立城邦或不同社會的多樣性之間，和在其中工匠和商人發現被帝國所拒絕的自由和流動性。這些型態來自於希臘世界的邊界，逃逸中的陌生人，與帝國斷絕和被阿波羅殖民——不僅工匠和商人也有哲學家。」（WP, 87）城邦的國際市場化，不同社會的多樣性彼此吸引，從帝國逃逸的陌生人包括工匠、商人和哲學家，在希臘卻擁有自由和流動性。更直接肯定「哲學家是陌生人，但哲學是希臘。」（WP, 87）「這些移民在希臘氛圍發現什麼？至少有三件事是哲學的實際條件：純粹的社交作為內在性氛圍，『結合的內在性』，對立於皇帝的君權和不帶有先天的利益，競爭的利益已預設了它；形成結合時的特定愉快，構成了友誼，但也有友誼破裂的愉快，構成敵對……；和在帝國不可預想的意見的趣味，交換看法、對話的趣味。我們連續地再發現這三個希臘特徵：內在性、友誼和意見。」（WP, 87-88）相對於帝國從天國來的陌生人，從帝國逃逸的逃亡者從海上來，在希臘氛圍中的社會環境，社交構成內在性環境；社交的結盟構成友誼和敵對；在意見的交換中溝通。

至於帝國呢？「主要的差異是基於是否相關的解除領域是經由內在性還是超越性而起。當它是超絕的、垂直的、天國的，和由帝國的統一帶來，超絕的要素為了刻在自然－思想中總是內在的平面上，必須常讓渡於或服從於一種旋轉。」（WP, 88-89）

超絕的、垂直的和天國的都是超絕於經驗的內在性平面。超絕
（transcendent）與經驗隔絕，超越則是先於經驗而作用於經
驗，負責綜合統一；只要是垂直於經驗，超絕和超越都與經驗隔
絕，幾為同義詞。超越與內在必須區分，是主要的差異，自然－
思想總起源於內在性平面。超絕的、垂直的、天國的要刻在內在
的、橫向的、大地的，要服從於一種旋轉。「帝國的統一或精神
的王國投射在內在性平面上，都以形象鋪滿它或填充它。是智慧
或宗教──都不太相關。只有從這觀點，中國六線形，印度曼陀
羅，猶太生命之樹，伊斯蘭『意象符』（imaginals），和基督教
聖像能一起考慮：通過形象思想。」（WP, 89）垂直軸要投射到
水平軸，它所服從的旋轉，就是以形象鋪滿或填充在內在性平
面。無論帝國的統一是來自天國還是帝王，精神王國的智慧，超
絕面或超越面要投射到內在面。中國六線形指的是易經八卦。重
點總在「形象是投射到平面上，含有某些垂直的和超絕的。概念
在另一方面只有在地平線上的鄰近和聯結。」（WP, 92）

哲學

　　如果希臘哲學的發生是個事件，這事件本身是「非歷史的要
素」，因為是地理哲學。「事件本身需要變化作為非歷史的要
素。」（WP, 96）變化就純粹是偶然。但希臘哲學未抵達概念，只
是意見的交換而有辯證。「今天我們具有概念，但希臘人還不具
有，他們具有平面，我們不再具有。這是為何柏拉圖的希臘人沉
思概念為某些仍然非常遙遠和高尚的，而我們具有概念──我們

內在地在心靈中具有概念；所需要的是去反省。」（WP, 101）這
也就是說哲學只能以概念去思惟，在思惟的內在平面中創造；但
我們失去了那個內在性平面，卻具有概念，認為自己反省即得。

　　笛卡爾的我思在近代哲學是革命性的起點。「在哲學中法國
角色的傾向……是支持概念，通過反省知識的簡單次序，理由的
次序，一個知識論。」（WP, 104）支持概念，但透過反省，這樣
建立起知識和理由的次序，知識論。至於德國的：「它想要再征
服希臘的內在性平面，它現在感覺為它自己的野蠻，它自己的無
政府的未知，大地自從希臘人消失以後就丟棄給游牧民族。它必
然不斷地清理和鞏固這根據，那是說它必須奠定基礎。」（WP,
104）我思的反省現在成為意識的綜合統一，這就是不斷地清理
和鞏固這根據。內在性平面與地理（解除領域）有關，現在成為
「在意識之外」，注中說明這是根據康德《純粹理性批判》的論
述：「由於立法仍然帶著古代野蠻的痕跡，她的王國逐漸經由內
戰進入無政府狀態和懷疑論者，游牧民族一類，藐視一切生命的
安定模式，不時打碎一切文明社會，幸虧他們是少數，不能防止
其再一次被全新建立，雖然在沒有相同的和自我一貫的計畫。」
（WP, 225）形上學立法一再被建立，內在性平面卻是自己的野
蠻，無政府狀態反而成為是游牧民族帶來的。「定立內在性平
面，作為哲學的必然根據……」，可見內在性平面的重要性。[3]

---

[3]　Ian Buchanan, "Deleuzism: A Metacommentary." (Durham: Duke Univ.,
　　2000), p.57. 但是我不贊同此書作者以為內在性平面是德勒茲的「辯證
　　策略」。

至於英國的，很容易讓我們聯想起德勒茲綜合的休姆學說：「習慣起於沉思和收縮所沉思的。習慣是創造性的，植物沉思水、大地、氮、碳、氯化物和硫酸鹽，和它收縮它們是為了獲得自己的概念和以它們充滿自己（享受）。概念是由沉思我們由之而來的要素獲得一個習慣（英國哲學非常特殊的希臘性，它的經驗的新柏拉圖主義）。我們都是沉思，和因此是習慣。**我**是一個習慣。有習慣的地方就有概念，習慣在徹底經驗的內在性平面上發展和放棄：它們是習俗。這是為何英國哲學是概念之自由野蠻的創造。」（WP, 105）所以內在性平面是在徹底經驗上形成的，並非概念的辯證。習慣拓展到植物，包含沉思許多要素並收縮這些要素才獲得自己的概念。這就是在內在性平面上創造概念。

總結而論：「在**奠基－建造－居住**的三分法中，法國人建造和德國人奠基，但英國人居住。」（WP, 105）但英國人的居住不是定居，而是游牧民族式的：「英國人正是那些游牧民族對待內在性平面為可移動和流動的土壤，徹底經驗的領域，愛琴海列島的世界……。」這是說英國人既有希臘人的內在性平面，又有概念的獲得。另外，「英國人是習慣和習俗的法律，法國人是契約的（演繹系統）和德國人是建制的（有機統一）。」（WP, 106）這是由概念獲得的方式延伸到居住和法律。

海德格事件

海德格在 1930 年代已成歐陸最重要的哲學家，並對法國哲

學影響甚鉅，如沙特、列維納斯和布朗肖等。海德格曾在納粹時期擔任大學校長，已成為法國哲學必須認真考慮海德格哲學的「概念」。

首先必須以地理哲學來反對海德格（和黑格爾）的歷史哲學：「海德格和黑格爾仍然是歷史學家，由於他們置定歷史為內部性形式，其中概念必然發展或揭露其命運。」（WP, 94）也就是視希臘為西方哲學的起源，卻沒有希臘人的內在性平面。「希臘人是自由人，首先在與主體的關係中把握對象：依黑格爾，這就是概念。但因為對象仍被沉思為『美』，它與主體的關係並未決定，我們必須等到後續的階段，此關係本身能被反省到或被溝通。」（WP, 94）黑格爾是自我意識作為概念，「自我意識的概念性力量正在於此，它逐漸能夠在自己之中達到絕對的自我確定，正如它能夠在自己的真理中知道他者，是像自我一樣有相同的本性。」[4]主要仍在他者與自我的關係是否有相同的本性，故胡塞爾的溝通現象學建立互為主體性。「海德格移換了問題和置定概念在存有和存有物之間的差異而不是在主體和對象之間的。他視希臘人為原居民而不是自由公民（和像建造和居住的主題所指出的，一切海德格的反省存有和存有物，都把大地和領域帶到一起）：希臘的特性是居住在存有中和具有其詞語。」（WP, 94）簡單說是主體和對象的差異，被移換為存有和物的差異。但

---

[4] Werner Marx, "Hegel's Phenomenology of Spirit." trans. Peter Heath, (New York: Harper & Row, 1975), p.10.

既視希臘人為原居民，大地即領域，而不是解除領域。的確，在這層面上，這論點是對的，「Polis 一般譯為城邦，這並未抓住完全意義。Polis 意謂的寧是地方，那裡，在那裡和像那樣歷史的此有在。……屬於歷史的地方和景象的有諸神、廟堂、教士、節日、遊戲、詩人、思想家、統治者、長老、人民集會車隊和艦隊。」[5] Polis 是歷史的地方，就在那裡，海德格強調的是大地的安定性而不是流動性。海德格也重視語言：「人類對存有的投射首先是語言事件。」[6]這仍然也是說海德格企圖回到希臘語言的根源，仍是歷史性的。所以「海德格的希臘人未能成功『說出』他們與存有的關係。」（WP, 95）

至於海德格與納粹的關係呢？「這是因為存有由於它自己的結構，當它連續地轉而朝向時又轉而離開，存有或大地的歷史是其轉而離開的歷史，是它在西方文明科技全世界發展再領域化的歷史，起於希臘而再領域化於國家社會主義。」（WP, 95）轉而而朝向或轉而離開，這也就是存有的解蔽（unconcealment）和隱蔽（coucealment）的運動；不過在解蔽和隱蔽間似乎也有一層不同的意思。「斷片說到當它抵達，達到解蔽中和達到了那裡，以撤回到遙遠之中離開，無論如何，在這一抵達和離開是有其本質的。我們喜歡稱為變化和毀滅，這是說無常（trasiency）

---

[5]　Martin Heidegger, "An Introduction to Metaphysics." trans. Ralph Manheim, (U.S.A: Yale Univ., 1959), p.129.

[6]　Christopher Fynsk, "Heidegger: Thought and Historicity." (U.S.A: Cornell Univ., 1986), p.127.

而不是存有；因為我們長期來習慣於讓存有對立於變化，好像變化是一種空無和甚至不屬於存有，而這因為存有長期以來被理解為不過是純然的持續。無論如何，如果變化在（is），那麼我們必須如此基本地思考存有，以致它不只在某些空洞的概念方式包含了變化，而是在一基本的適當的方式下存有維持了和表出了變化的特點這種方法。」[7]存有抵達是解蔽，但撤回到遙遠之中離開是隱蔽，到此為止是沒問題的，存有史是抵達和離開的歷史。但當海德格談到存有如此基本地包含變化，也就是包含毀滅和無常，這就是傳統認為存有只是持續，發生了改變。也就是存有史和歷史必須拓清：存有史不是由希臘再到國家社會主義，這是歷史的命運。存有史必須到希臘隱蔽的根源中去尋找另一個開端。所以他否定城邦的傳統譯法，歷史的存在是在歷史根源中的此在，那種地方和景象表示大地對海德格來講是安寧的，西方文明科技的全世界發展破壞了它。

「他弄錯了人民、大地和血統。因為由藝術和哲學召喚的，不是宣稱是純淨的，而是被壓迫的、私生的、低階的、無政府的、游牧的和不可救藥的少數種類。」（WP, 109）海德格倒認為藝術和哲學召喚的是存有，是大地寧靜的存有，在西方歷史的另一個開端（another beginning）。至於納粹是歷史的命運，他順應了它，並對弱者的問題保持了緘默，也是事實。

---

[7] Martin Heidegger, "Early Greek Thinking." trans. David Farrell Krell and Frank A. Capuzzi, (New York: Harper & Row, 1975), p.31.

第二節　何謂文學

　　《批評與臨床》（1993 年）是德勒茲最後一部文集，第一篇是〈文學和生命〉；而德勒茲所發表的最後一篇文章是〈內在性：一個生命〉（1995 年，他逝世那年）。重疊的關注點是生命，那麼文學與內在性有否相關？在將德勒茲最後一篇文章和〈尼采〉（1965 年）和〈休姆〉（1972 年）合集的英文翻譯就以《純粹內在性：關於生命的文集》為題，什麼是純粹內在性？《純粹內在性：關於生命的文集》說：「在我們的身體或有機體的同一之下，我們都有德勒茲稱為一個身體的（一張嘴，一個胃，等等）。這樣我們有特異性，斯賓諾莎已稱為『特異本質』，使佛洛伊德的無意識特異，我們每一個都具有特殊的『情結』，通過我們生命的時間展開。」[8]在同一之下是差異，我們身體的一張嘴、一個胃已經是特異性了，這特異性甚至自分子活動時就開始展開了，這樣就使受精神分析限制的無意識產生純粹內在性的特異性，特殊的「情結」而非伊底帕斯情結。「像尼采關於權力的意志一樣，關於欲望的觀點是對差異本身的純粹肯定。這樣一個欲望是解除領域的，這即是說它沒有植根於任何預先給定的特性或制度之中。」[9]無意識即欲望，來自純粹內在性

---

[8]　Gilles Deleuze, "Pure Immanence: Essays on Life." trans. Anne Boyman, Introduction by John Rajchman, (New York: Zone Books, 2002), p.14.

[9]　加里·古廷《20 世紀法國哲學》，辛岩譯（南京：江蘇人民，2005），頁 416-417。原譯文為「非地域化」，改譯文為「解除領域化」，以求統一。

的特異性；來自於個人以前，故脫離國家、社會等限定的制度，
這把解除領域解釋得相當簡明。

　　在〈文學和生命〉中開宗明義說：「寫作是一個變化的問
題，總是不完全，總在被形成的中間，超過任何可生活的或生活
過的經驗。……寫作與變化不可分：在寫作中，人變成－女人，
變成動物或植物，變成分子到變成－不可知覺的點上。」（CC,
1）變化是在時間中變化，總是在過程中。但如果德勒茲是經驗
主義，如何超過生活經驗？不要忘記德勒茲自述是超越的經驗主
義，超越性自哪裡來？「對康德，知識的領域是由在條件的次序
中保留了完全形式的超越理念所限制。對德勒茲的超越經驗主
義，這理念的領域是無限制的，如鮑達斯（Boundas）和史密斯
所指出的，理念的概念在這裡所發展的是德勒茲自己發現的複雜
特異性……。」[10]康德的超越理念限制了知識的條件，德勒茲的
理念則在特異性，具有超越性。德勒茲說：「超越領域是由內在
性平面定義，和內在性平面由生命定義。」（RM, 390）如果沒
有在個體之前的特異性，寫作無法造成變化。這樣變成分子的流
動性似乎是個關鍵，使寫作的人與女人動物、植物都在鄰近地
帶，分子的流動成為不可知覺的點。

---

[10] Paul Patton ed., "Deleuze: A Critical Reader." (Cambridge: Blackwell,
1996), p.11. 此兩人皆為詮釋德勒茲的名家。

感知和感受

感知和感受在《何謂哲學》中有專章討論藝術，即〈感知（Percept），感受（Affect）和概念〉，對藝術家的感覺有清晰的說明。「所保存的——事物或藝術作品——是感覺的區段，就是說感知和感受的混合。感知不再是知覺；不依賴於那些經驗它們的人的狀態。感受不再是感覺或感情（affections）：超過了那些經歷它們的人的強度。感覺、感知和感受是有效性在於自己和超過任何生活經驗。可以說存在於人的消失，因為人被石頭、畫布，或文字捕捉到時，本身是感知和感受的混合。藝術作品是感覺的存有。」（WP, 164）存有訴諸於感覺，感覺的區段，混合了感知和感覺，這兩者與自然知覺無關，也超過生活經驗。如果訴諸於人的消失，則是在個體以前的狀態，與分子的知覺有關。所以人物如果被捕捉到雕刻、繪畫或在文學中，都無關乎自然知覺，而是感知和感受。

石頭、畫布或文字是雕刻、繪畫或文學的材料，藝術或文學應該如何看待材料呢？「憑藉著材料，藝術的目標是從對象的知覺中奪取感知，和在知覺主體的狀態，從感情中奪取感受⋯⋯。」（WP, 167）感知不是對象的自然知覺，而是對材料的感知，感受也不是知覺主體所經歷的情感，對材料的感受也相當重要。「如果相似性出沒於藝術作品，是因為感覺只參考到材料：它是材料本身的感知和感受，油彩的微笑、焚燒的黏土的姿態、金屬的推動、羅馬石材的蹲伏和哥特石材的上升⋯⋯材料的

平面無法抵抗地上升和闖入了感覺本身的組合平面，到成為它們的一部分或與之無法分辨。」（WP, 166）在這裡，我們能不能說材料的存有？油彩的存有、黏土的存有、金屬的存有和石材的存有？似乎未嘗不可。只是這樣又與超越的經驗主義之主觀或進路有違，故而寧可說材料的平面上升和闖入了感覺的組合平面；故只說感覺的存有，它是材料本身的感知和感受。「一切材料變成表現的，感受是金屬的、水晶的、石頭的等等；和感覺不是被上了色彩，而是像塞尚說的，著色中。」（WP, 167）物質面的材料有表現的力量，闖入了感覺的組合平面，感受是金屬的、水晶的、石頭的；但感受不是被動的，不是被上了色彩，而是主動的著色中。

　　如果說上述較偏向繪畫，甚至雕刻或建築，那麼文學呢？「作家特殊的材料是文字和句法，創造的句法無可抵抗地上升到他的作品和進入感覺。回憶召喚來的只是舊的知覺，顯然不足以離開生活過的知覺；非自願的回憶也無法為現在所保存的要素增加記憶。回憶在藝術中只扮演一小部分（甚至和特別在普魯斯特）。」（WP, 167）材料平面要上升並闖入感覺平面中，（文字和）句法顯然必須重新創造，才能是感覺的存有。記憶只是生活過的知覺或自然知覺，看來還是要說明感覺的存有：感受和感知。

　　分述之：「感受正是人之非人的變化，正如感知──包括小鎮──是無人的風景。」（WP, 169）那麼感受又好像朝向主觀面，而感知朝向客觀面。「風景在看，一般地說什麼偉大的作家

不能夠創造這些感覺的存有物，它們自己保有了一天的時辰，一個時刻的溫度，（福克納的丘陵、托爾斯泰的或契訶夫的大草原？）感知是在人之前的風景，在人的消失中。」（WP, 169）風景在看，表示風景的力量升起，闖入了作家感覺的存有；風景自身有保存的力量就如同材料保存自己，一天中的時辰或一個時刻的溫度。所以是「人的消失」。另一方面，「感受超過情感，不亞於感知超過知覺。感受不是從一個生活狀態到另一個的通道，而是人的非人的變化。亞哈（船長）並不模仿莫比・迪克（白鯨），彭忒西勒亞也不『假裝』母狗。變化既非模仿也非經驗到的同情。……感受是在不相似的兩個感覺聯結的極度接近中……。」（WP, 173）感受是在人和白鯨或人和母狗的兩個感覺，在聯結中極度接近，故船長變成白鯨，彭忒西勒亞變成母狗，人變成非人。這不是由一種生活狀態到另一種生活狀態。故感受超過感情（情），感知超過知覺（知）；都超過自然知覺，也超過意見（意）。感受本不惟主觀面，而是「一個身體理應被界定為構成它的關係的集合，或（準確說來是一回事）它的承受感受的力量。」[11]感受本就在關係中。「在我們之中的動物、植物、礦物或人現在不可區分——雖然我們自己會特別接受區分。」（WP, 174）這也是動物之變、植物之變、礦物之變，在個人之前的分子的流動。

---

[11]　汪民安、郭曉彥主編《德勒茲與情動》（南京：江蘇人民，2016），頁13。原譯文為「承受情動的力量」，為求行文統一而改；此文為德勒茲的「斯賓諾莎課程」的紀錄。

　　結論是簡單的，「作家扭曲語言，使它震動，抓緊它、撕碎它，為了從知覺中奪取感知，從感情中奪取感受，從意見中奪取感覺——盼望著，希望是，那仍然缺少的人民。」（WP, 176）這也就是作家的風格所在。

生命

　　德勒茲說：「一切寫作涉及運動主義……這運動主義運用在逃逸和在有機體的瓦解中……。」（CC, 2）寫作在建立逃逸線和無器官身體，那就是在內在性平面，「語言必須奉獻於達到這些女性的、動物的、分子的迂迴，和每一迂迴事變得一致命。……句法是必要迂迴的集合，創造來在每個情況中去顯露在事物中的生命。」（CC, 2）語言要奉獻於個人之前的分子的流動，在個人之前無論植物、動物甚至女人都在感受的極度接近中。每一迂迴要變得致命，是對語言變得致命，所以首先表現在對日常語言的破壞，打破自然知覺、習慣的情感或大眾意見，奪取感知、感受和感覺，以顯露在事物中的生命。「……當它（文學）發現在可見的個人之下有一個非個人的力量，這不是一般性而是在最高點的特異性：一個男人、一個女人、一個野獸、一個胃、一個小孩。……並非前兩個人稱作用為文學表明的條件；文學始於在我們之中誕生的第三人稱，剝奪了我們說『我』的權力（布朗肖的『中性』）。」（CC, 3）非個人的力量即是特異性，特異性即強度，無論這強度在一個男人、一個女人、野獸、胃，或小孩。不是我和你的日常溝通，而是在我之中的「他」，

剝奪了說「我」的權力。「句法的創造或風格——這是語言的變化……通過句法的創造,它帶來的不僅是母語的分解,也是在語言中發現新的語言。」(CC, 5)句法的創造就是風格,要打破母語的熟悉性,創造陌生的語言。

路易斯‧沃夫森(Louis Wolfson, 1931-)是精神分裂患者,德勒茲為他的書寫了序言。沃夫森自稱是「精神分裂語言的學生」,也就是以第三人稱寫作的方式,而非個人的方式。「對抗母語,是生命的吶喊,他必須在一個整體和連續的方言中結合每一陌生的語言,作為語言或語文學的知識。」(CC, 14)結合每一陌生的語言成為他對抗母語的方法。「美國英語甚至不以英語為母語,而是成為外來的混合成『許多方言的混合曲』(在保持於把世界移民帶到一起的美國夢)。」(CC, 10)美國英語是世界移民的方言混合曲。雖然德勒茲認為沃夫森缺少「創造的句法」,但「相同的受苦,將也使我們從受傷的字母通到有生氣的呼吸,從有病的器官通到宇宙的無器官身體。」(CC, 16)為何是相同的受苦?生命的吶喊,受傷的字母由於許多方言的混合曲成為有生氣的呼吸。

對德勒茲而言,知識來自生命,故「生命不與知識對立,因為甚至最大的痛苦對於那些經驗過的人都提供了奇異的知識,而如果不是在偉大人物的腦海裡痛苦生命的冒險那什麼是知識呢?」(CC, 19)這像是尼采「詛咒亦是一種祝福」的版本,痛苦提供了奇異的知識,生活經驗的擺盪本含括著痛苦,故而冒險者的實驗——使生命有最大的可能性。帶有最大量的經驗,濃縮

到簡單的結論，這是智慧。反過來說，「知識也不與生命對立，因為甚至當它把無生氣物質最枯燥的化學公式為其對象，這公式的原子仍然進入了生命的組成，如果不是原子的冒險那什麼是生命呢？」（CC, 19）生命由原子組成，故原子式的生命本來就是冒險，冒險地進入與其他事物的關係中。可否稱為原子式的生命？當代量子物理學的發展，對德勒茲也已說明清楚了生命構成的基本模態。「原子是由粒子組成的，而這些粒子卻不是由任何有形的『材料』組成的。在我們觀察它們時，決不會看到任何物質。所看到的只是不斷地相互轉化著的動態圖像——能量的繼續『舞蹈』。量子理論表明粒子並不是孤立的物質顆粒，而是概率的圖像，是不可分割的宇宙網絡中的相互聯繫。」[12]這種動態的關係圖像，正如德勒茲說：「生命是不可辯明的，也無須辯明。」（CC, 19）甚至生命是回歸到原子式的冒險，「當前者放棄它天生的有機體，後者放棄它獲得的知識，兩者產生新的和非凡的形象，那是存有的啟示。」（CC, 19）前者是指生命，生命放棄機體的組織；後者是指知識，知識放棄學習來的知識。生命和知識的關係構成新而非凡的形象，可否說回歸到「原子的冒險」呢？這是存有的啟示。

---

[12] 〔美〕卡普拉（Fritjof Capra）《物理學之道》，朱潤生譯（北京：中央編譯，2012），頁160。

自我

如果生命和知識的雙重放棄可被稱為「事件」（CC, 19），那麼事件可說是「讓無形的上升到表面像霧升到大地上，從深度中純粹的『被表現』；不是劍，而是劍的閃光，無劍的閃光就像無貓的微笑。」（CC, 22）所有的實體的粒子被隱沒，只剩下能量波的運動，表現出來。劍的實體、貓的實體被隱沒，只剩下閃光和微笑。「卡羅爾的獨特性在於不讓任何事物通過意義出現，而讓一切事物在無意義中上演，既然無意義的多樣性是足夠說明整個宇宙，它的恐怖和它的榮耀：深度，表面和體積或滾動的表面。」（CC, 22）深度、表面和體積或滾動的表面，一切失去穩定的中心；而在於無意義的多樣性，宇宙的恐怖和榮耀。

在康德的《判斷力批判》中，「它是美和崇高的美學，感性為自己承擔了自發的價值，和超過一切邏輯在情感（pathos）中展開，和將在時間線的根源和在時間的暈眩中抓住時間的迸發。」（CC, 34）這是在反省和行動中自我的分裂，把「時間定義為自我被自我影響的可能性」（CC, 31）也就在這裡，時間的繼起和空間的同時或共存已改變了，時間「成為內部性形式（內感官）」，空間「成為外部性形式」（CC, 31），故而感性在情感中展開，在時間的爆發中成為時間線的根源。

德勒茲認為尼采在基督和聖保羅中發現一種對立，而勞倫斯在基督和寫《啟示錄》的拔摩島的約翰有一種對立。對於前者來說，「基督是頹廢者中最溫和、最多情的，把我們從教士的統治

和過錯、懲罰、獎賞、審判、死亡和隨死亡而來的解放的一種佛陀……黑色聖保羅使基督待在十字架上，不休止地把他引回那裡，使他從死裡復活，換代了引力的中心而朝向永恆的生命，和發明了新型的教士比其先輩恐怖。」（CC, 37）理由是「現在基督很少宣稱自己到在我們之中那集體的。」（CC, 38）所以基督擺脫了猶太教士及其權力，基督解放了我們，免於過錯、懲罰和獎賞、審判的觀念。至於聖保羅，以審判的觀念帶來新型的教士，比猶太教士的權力還恐怖。至於拔摩島的約翰：「《啟示錄》中，人子在大地上帶來新和恐怖的權力，這權力大於任何龐培或亞歷山大帝或居魯士的軍隊。權力，恐怖的、打擊的力量。」（CC, 40）這引自《啟示錄》的話，已將新型教士的復仇精神武裝起來。「《啟示錄》不僅與先知主義決裂，更與基督高雅的內在性決裂，基督的永恆首先是在生命中經驗到和只能在生命中經驗到的。（『去感覺自己在天堂』。）」（CC, 41-42）內在性只能在生命中經驗到，這是德勒茲的內在性判準。

　　如何解釋小孩子的「自我」呢？德勒茲認為首先要理解想像和現實的並列關係。「想像是虛擬的意象融合於真實的對象，反過來也一樣，因此構成了無意識的水晶。」（CC, 63）想像與真實相融合，現實裡真實的對象也融合於虛擬的意象。至於精神分析在小漢斯的案例上「將馬與父親等同是近於怪誕，糾纏著無意識與動物力量關係的誤解。」（CC, 64）這不是關於父母親之間的關係，而是強度和力量的無意識地圖。「感受的名單或星座，一個強度的地圖，是一個變化。」（CC, 64）所以不能誤解小漢

斯的名單，這只是一些不確定詞。但它是「變化的決定，它的特性力量，非個人的力量並非一般性而是在最高點上的特異性……以抵達鄰近地帶，我不再與我變成的相區分。」（CC, 65）因此小漢斯是在個人之前的，非個人的力量變成馬，這種變化是達到人與馬難以區分的鄰近地帶。在這最高點的特異性中，是力量和力量的關係。小漢斯的特異性力量對馬的力量的感受，這種力量是一種變化。

世界

　　德勒茲對由全世界移民運動所構成的美國「革命」特別致意，美國的實用主義。「實用主義首先是對世界在過程中的肯定，一個群島。……孤立和漂浮的關係，多島和海峽，不動的點和彎彎曲曲的線－因為真理常有鋸齒的邊緣。」（CC, 86）世界在過程中就是在變化中，群島無非是移民社群的島與其他移民社群的島所構成的關係，既孤立又漂浮，多島構成多樣性，彎彎曲曲的海岸線或許是關係的接觸點。什麼是群島的透視法呢？「必須由感知（percept）來取代概念，即一種在變化中的知覺。它需要新的共同體，其份子能夠信任和有信心，即信仰自己，信仰世界和信仰變化。」（CC, 87-88）感知是在變化中的知覺，所以群島之間不外是強度的地圖，力量與力量之間的關係。「卡夫卡對『小國』的說法，正是梅爾維爾對偉大美國的說法。」（CC, 89）這不是大一統的國家，而是由多樣性的島嶼構成，每一個島是一個孤立的小國，不同的移民社會。

第八章 九十年代哲學家的回響

　　德勒茲在二十世紀的思想光譜中，在歐陸哲學中，無疑與德國哲學家海德格前後輝映。海德格因為在納粹時期擔任大學校長，而對納粹的作為保持緘默之事，尤其使其思想顯得可疑。德勒茲對海德格的抨擊，就顯得義正辭嚴，但在思想的大綱架下，值得注意的是：德勒茲的「單義存有論」畢竟仍是在海德格存有論的大纛下。換言之，他繼承了海德格的存有論。

　　當代義大利哲學家吉奧喬・阿甘本（Giorgio Agamben, 1942-）曾有段中肯的評論：「德勒茲就這樣清除了意識的價值，繼承了他實際上並不喜歡的一位哲學家的路線，但在 20 世紀現象學的任何其他代表中，卻與他更接近，這位哲學家就是海德格爾，那個寫了一篇關於阿爾弗雷德・雅里（Alfred Jarry）的精采文章的『荒誕玄學』的海德格爾；通過這種無與倫比的愚比式滑稽模仿最終令德勒茲接受的那個海德格爾。」[1]德勒茲的這篇文章〈海德格未被承認的先驅：阿爾弗雷德・雅里〉收在

---

[1]　汪民安主編《生產第五輯：德勒茲機器》（桂林：廣西師範大學，2008），頁 220。

《批評與臨床》中，「現象的存有是『附帶現象』，無用和無意識……附帶現象是現象的存有，而現象只是一個存有者，或者生命。」（CC, 92）存有論是研究這無用和無意識的附帶現象。至於「愚比」（ubu）：「代表肥胖的存有者，形上學的結果作為全球科技和完全機械化的科學，在所有其邪惡狂熱中的機器科學。」（CC, 92-93）的確看來雅里發了海德格的先聲，但阿甘本卻認為海德格雖不被德勒茲「喜歡」，但德勒茲繼承了海德格的路線。

　　海德格與德勒茲的哲學值得比較，尚待書寫。在某些程度上，這兩人的哲學路線與繼承關係，十分類似於老子與莊子的哲學路線與繼承關係。即是說，如果老子偏重於道的沉思（這當然並不正確，老子著的是《道德經》，《馬王堆帛書老子》有〈道經〉與〈德經〉的區分）；但海德格也不僅止於對存有的沉思，只是因從存有出發，對存有者之間的存有差異較少表現。另一方面，莊子偏重於德的表現，又類似於德勒茲的強調特異性；只不過莊子「體盡無窮，而游無朕。」（《莊子內篇·應帝王》）對「無」的肯定，是對人生有無窮盡的生活體驗而優游在沒有徵兆與形跡之處，其實頗類似德勒茲「超越的經驗主義」。這樣一來，德勒茲的尼采式肯定哲學也不必對海德格好像限於沉思的無的觀念持批判態度，因為「無」正是無用和無意識。由此才能「體盡無窮，而游無朕。」此處只能簡約談論。

　　德勒茲哲學遭受了法國當代著名哲學家阿蘭·巴迪歐（Alain Badiou, 1937-）的挑戰，撰寫出《存有和事件》和《世界的邏輯》

兩部宏大的哲學著作，曾是激進的忠誠毛澤東主義者，「由數學引導，雖然批判數理邏輯」[2]，以《存有的喧囂》一冊書來批評德勒茲哲學。另外斯洛文尼亞的學界明星齊澤克（Slavoj Žižek, 1949-）是位拉康化的馬克思主義哲學家，也出版《無身體的器官》對德勒茲反擊。此處也只能簡約討論。

大體上說來，主要的交鋒是一與多的問題。巴迪歐認為自己談論的才是真正的多。「『多』是實踐的名字。或者說一旦我開始在多所展開的秩序中進行思考，這會是我稱呼一個情勢（或處境，situation）的名字，實踐的優先性，準確說來，認可了『所有的社會存在都是不同的實踐的位（site），它們可以完全不從本質的符號，即大寫的一的符號來理解社會存在。』」[3]巴迪歐把「多」擺在社會上不同的實踐位置，無論是經濟，政治意識型態或技術上，這都是社會區分中不同的實踐脈絡，他稱之為處境或情勢，這當然不是本質的一，而是必然的多。

或許在集合論上可以看出兩家最大的差異。「德勒茲稱為『集』的東西——區別於他所識別的多元性——不過重複了傳統上外在的或分析式的多元性，實際上忽視了自 19 世紀末以來這個觀念在數學上所擁有的辯證內涵。從觀點出發，多元性的建構

---

[2]　Peter Hallward, "Badiou: a Subject to Truth." Slavoj Žižek's Foreword, (Minneapolis: Minnesota, 2003).

[3]　巴迪歐《小萬神殿》，藍江譯（南京：南京大學，2014），頁 52。

就是時代錯誤，因為它是前康托爾概念。」[4]德勒茲所認識的集合概念是前康托爾的概念，那麼他所攻擊的集合的多元性只是傳統上外在或分析的多元性，包括德勒茲自己承襲自尼采的透視主義也是前康托爾的概念。巴迪歐視十九世紀末數學家康托爾的集合觀念是包含辯證內涵的，被德勒茲忽略了。換言之，德勒茲沒有攻擊到集合論的要害。事實上，在實踐的位置上，巴迪歐認為德勒茲的觀念與他的之間有政治上的類似性。「在一個處境中（在一個集合中），是像一個放逐的點，這裡有可能某件事情也許會發生。和我必須說在 1994 年開始在把深度細節化時，我非常高興於他的去除遮蔽（dis-sheltering）的論題和我的事件位置的論題有「政治的」相似性，德勒茲比較了『空虛（void）的邊緣』和在領域（現實化空間）和解除領域化（由一切現實化真實──虛擬的事件溢出了領域）之間的交叉，這是說在一個點上所發生的既不能分派給領域（位置）也不能分派給非領域，既不能分派給內部也不能分派給外部。空虛的確既非內部也非外部。」[5]「空虛的邊緣」正是事件發生的位置，既非內部也非外部，是政治的；德勒茲的領域和解除領域，也是政治的。兩者有政治的類似性。巴迪歐的哲學由此處出發，德勒茲的哲學卻是由特異性開始，不從此處。

---

[4]　陳永國主編《激進哲學──阿蘭・巴丟讀本》（北京：北京大學，2010），頁 224。

[5]　Alain Badiou, "Deleuze: the Clamor of Being." trans. Louise Burchill, (USA: Minnesota, 2000), p.84.

巴迪歐斷言：「1.無須求助於超越性的大一……真理就是情勢的真理。2.真理源於一種獨特的程序。事實上，這個程序只有在事件的補充點上才開始運轉。這是從情勢中溢出的東西，即事件。真理是帶有風險的補充的無限後果。」[6]所以巴迪歐把真理放在處境或情勢上，由此出發，由處境或情勢溢出的東西才成為事件，這無疑的只是現實的而毫無德勒茲的虛擬成分。情勢的溢出造成事件的補充，真理是種補充帶有風險性的無限後果。「進而這正是一回事，去說無（nothing）是計算的操作——其作為一的來源，本身不能被計算——和去說無是計算操作於其上的純粹的多。」[7]這是將集合論用在空虛的邊緣。對情勢或處境來說「被計算為一的非一」（同上），無本身不能被計算，是非一，但被計算為一；計算操作於無上，但無是純粹的多。這樣巴迪歐可以說：「我稱處境的空虛為這縫合到其存有」（同上），可以說是處境的存有。所以正確的評論是：「哲學是外在於它的東西創造的——它的四個前提都處在非哲學的科學、政治、藝術和愛欲的維度上。……對這類存在的研究（本體論）如今成為了數學上的集合論研究的對象。」[8]數學的集合論是科學，接管了本體論。

6　巴迪歐《哲學宣言》，藍江譯（南京：南京大學，2014），頁80。

7　Alain Badiou, "Being and Event." trans. Oliver Feltham, (New York: Continuum, 1988), p.55.

8　A. J. 巴特雷和尤斯丁·克萊門斯編《巴迪歐：關鍵概念》（重慶：重慶大學，2016），頁218-219。

　　如果簡單概括，可以說德勒茲的哲學本體論是在存有者（物）以前的生命層次，巴迪歐的數學本體論，卻是在存有者以後的層次。事實上德勒茲在《何謂哲學》中非常準確地評述巴迪歐的事件概念，「最後，事件本身出現（或消失），較少是特異性，而是分開的機遇點（aleatory point），從位置上加上或減去，在空虛的超越性中或真理作為空虛，而不可能決定事件的忠實於它在其中發現其位置（不可決定的）的處境。在另一方面，也許在位置上有像骰子的一擲的操作來證實事件，使之進入處境，『造成』事件和力量。」（WP, 152）德勒茲所堅持的特異性是兩人的差別，有特異性也可以說到骰子的一擲，只不過這樣一來，巴迪歐卻認為德勒茲所說的有一而不是真的多，缺乏事件的多樣性。對德勒茲，「事件從未是，因為任何事件是特異的，一個獨特的強度的回響……」[9]，對德勒茲，事件帶有「不同的」獨特的強度的回響。

　　至於齊澤克在《無身體器官》中是擁護巴迪歐的，以數學為純粹存有的唯一科學：「純粹的多的無意義實在，空虛的廣大無限的冷漠，而以巴迪歐，我們得到多而沒有任何基本的一。在德勒茲，生命仍然回應於『為何有某些事物而不是空無？』而巴迪歐的回答是更為清醒的，近於佛教和黑格爾：只有空無，和一切

9　Charles J. Stivale ed., "Gilles Deleuze: Key Concepts." (Montreal: McGill-Oueen's Univ., 2011), p.90.

過程發生『於空無通過空無到達空無。』像黑格爾提出的。」[10]
顯見得齊澤克批評德勒茲還是海德格式的，並擁護巴迪歐空虛的
邊緣，事件的機遇點，簡單說：回應我們欲望的，只有空無，故
近於佛教和黑格爾。不過要討論齊澤克，這位二十世紀的黑格爾
主義者，勢必又牽涉到他所熟悉的拉康學說；甚至巴迪歐也是一
位拉康派學者。

　　朗西埃（Jacques Rancière, 1940-）和巴迪歐、齊澤克一樣，
擁護辯證法及拉康，「德勒茲是試圖不想看見：要讓繪畫圖表變
得可見，那就得讓圖表的工作與隱喻的工作對等，就得有一個言
語來構建這種對等。」[11]即使是繪畫，也離不開德勒茲要驅逐的
隱喻。

---

[10] Slavoj Žižek, "Organs without Bodies." (New York: Routeledge, 2012), p.26.

[11] 雅克‧朗西埃《圖像的命運》（南京：南京大學，2014），頁111。

國家圖書館出版品預行編目資料

德勒茲的生命哲學

趙衛民著. - 初版. - 臺北市:臺灣學生,2019.08
面;公分
ISBN 978-957-15-1803-9 (平裝)

1. 德勒茲(Deleuze, Gilles, 1925-1995)　2. 學術思想
3. 哲學

146.79　　　　　　　　　　　　　　108008034

德勒茲的生命哲學

著 作 者	趙衛民
出 版 者	臺灣學生書局有限公司
發 行 人	楊雲龍
發 行 所	臺灣學生書局有限公司
地 址	臺北市和平東路一段 75 巷 11 號
劃 撥 帳 號	00024668
電 話	(02)23928185
傳 眞	(02)23928105
E - m a i l	student.book@msa.hinet.net
網 址	www.studentbook.com.tw
登 記 證 字 號	行政院新聞局局版北市業字第玖捌壹號
定 價	新臺幣四八○元
出 版 日 期	二○一九年八月初版
I S B N	978-957-15-1803-9

14601